VORLESUNGEN

AUS DER

ANALYTISCHEN GEOMETRIE

DER

GERADEN LINIE, DES PUNKTES UND DES KREISES IN DER EBENE

VON

OTTO HESSE.

DRITTE AUFLAGE

REVIDIERT VON

DR. S. GUNDELFINGER,

ORD. PROFESSOR AM GROSSHERZOGLICHEN POLYTECHNIKUM ZU DARMSTADT.

LEIPZIG,

VERLAG VON B. G. TEUBNER.

1881.

Vorrede.

Das vorliegende Lehrbuch dient dem Studium der Geometrie, sowohl auf der Schule als auf der Universität.

Die behandelten Gegenstände, sowie die notwendigen Voraussetzungen sind der Sphäre des Schulunterrichts entnommen. Die einzige Ausnahme hiervon bildet die siebente Vorlesung. Sie durfte indes nicht wegbleiben, weil sie ein sprechendes Zeugnis ablegt für den innigen Zusammenhang der Geometrie mit der Algebra.

Die Vorlesungen sind wesentlich akademische. Darum beschränken sie sich nicht auf die in der Schule gezogenen Grenzen, sondern geben in erweitertem Rahmen ein Bild der Wissenschaft in ihrer jetzigen Form.

Ihre Aufgabe ist gefällig anzuregen und zu weiteren Entdeckungen zu ermuntern. Dabei können sie aber doch dem Zuhörer oder Leser die Mühe der Arbeit und des Nachdenkens nicht ersparen, ohne welche man weder in der Wissenschaft noch in dem Leben Gewinn und Befriedigung hat.

Heidelberg, im November 1865.

Otto Hesse.

Die vorliegende dritte Auflage des bekannten Hesseschen Werkchens unterscheidet sich von der früheren nur durch wenige Änderungen, die ich behufs genauerer Fassung einiger Theoreme mir zu machen erlaubt habe. Die Umarbeitung der siebenten Vorlesung wäre wünschenswert gewesen, insofern darin die Auflösung der biquadratischen Gleichungen nicht ganz vollständig entwickelt ist, während sie durch weitere Verfolgung des Hesseschen Grundgedankens elementar und ohne die Lehre von den symmetrischen Funktionen bis zu den letzten Ergebnissen der modernen Algebra hätte geführt werden können. Von einer derartigen grösseren Umgestaltung des Textes habe ich jedoch aus Pietät gegen den Verfasser abstehen zu müssen geglaubt, ebenso auch von der Aufnahme eines ergänzenden Anhanges, um den Gebrauch des Buches für die Schule nicht zu beeinträchtigen.

Darmstadt, im September 1881.

S. Gundelfinger.

Inhaltsverzeichnis.

Erste Vorlesung.

Einleitung.

Zweite Vorlesung.

Die gerade Linie.

Dritte Vorlesung.

Harmonische Linien. Linien der Involution.

Vierte Vorlesung.

Der Punkt.

Fünfte Vorlesung.

Harmonische Punkte. Punkte der Involution.

Sechste Vorlesung.

Zur Involution.

Siebente Vorlesung.

Die Auflösung biquadratischer Gleichungen.

Achte Vorlesung.

Linienpaare und Punktepaare.

Neunte Vorlesung.

Transformation der Koordinaten und die orthogonalen Substitutionen.

Zehnte Vorlesung.

Elfte Vorlesung.

Homogene Koordinaten. Dreieckkoordinaten.

Zwölfte Vorlesung.

Das Pascalsche und das Brianchonsche Sechseck.

Dreizehnte Vorlesung.

Der Kreis.

Vierzehnte Vorlesung.

Das System von Kreisen, welche durch die Schnittpunkte zweier Kreise gehen.

Fünfzehnte Vorlesung.

Das System von Kreisen, welche von einem Kreise senkrecht geschnitten werden. Das Problem der Berührung eines Kreises an drei gegebenen Kreisen.

Erste Vorlesung.

Einleitung.

Die Geometrie lehrt Sätze entdecken und beweisen, welche Eigenschaften der Figuren ausdrücken. Sie erreicht ihre Zwecke vorzugsweise durch zwei Methoden, durch die synthetische und durch die analytische Methode.

Die synthetische Geometrie sucht ihre Wahrheiten durch blosse Anschauung, durch Operationen an und mit der Figur zu erreichen. Die Figur, die mit ihren Eigenschaften ihr Zweck ist, dient ihr zugleich als Mittel zum Zwecke. Die von Euklid mit ihren Beweisen vorgetragenen geometrischen Sätze können als Bestätigung des Gesagten dienen.

Die analytische Geometrie, wie sie von Cartesius erfunden und nach ihm weiter ausgebildet worden ist, unterscheidet drei von einander gesonderte Operationen, welche die Methode zugleich charakterisieren. Die erste besteht in der Übertragung einer gegebenen Figur in äquivalente Gleichungen nach ganz bestimmten Regeln, der Art, dass man auch umgekehrt von jenen Gleichungen ausgehend durch geometrische Deutung derselben wieder zu der gegebenen Figur zurückkehren kann. Die Kombination und die Transformation dieser Gleichungen ist die zweite Operation der analytischen Geometrie. Sie ist ausschliesslich eine Sache des Kalküls. Die kombinierten und transformierten Gleichungen sind aber wieder die äquivalenten analytischen Ausdrücke für eine gewisse Nebenfigur, die zugleich mit der gegebenen Figur besteht. Deutet man daher die kombinierten und transformierten Gleichungen geometrisch nach den bereits erwähnten Regeln — und dieses ist die letzte Operation der analytischen Geometrie —, so erhält man jene Nebenfigur, von der man weiss, dass sie zugleich mit der gegebenen Figur besteht. Da aber das Bestehen einer Nebenfigur im Zusammenhange mit einer gegebenen Figur sich immer als ein geometrischer Satz auffassen lässt, so lehrt hiernach die analytische Geometrie geometrische Sätze finden und beweisen. Ein Beispiel soll dieses klarer machen.

Es sei ein Dreieck gegeben zugleich mit den Halbierungslinien der Winkel des Dreiecks. Die drei Seiten des Dreiecks und die drei Halbierungslinien sollen die gegebene Figur bilden. Die drei letzteren bilden ein zweites Dreieck, dessen Ecken wir als die Nebenfigur betrachten. Wir drücken nun, indem wir mit der ersten Operation beginnen, die gegebene Figur durch Gleichungen aus. Wir operieren ferner mit diesen durch die Figur bestimmten Gleichungen so, dass wir schliesslich diejenigen Gleichungen erhalten, welche die Nebenfigur analytisch ausdrücken. Wir finden, dass jede der drei Ecken der Nebenfigur durch ganz dieselben Gleichungen ausgedrückt wird. Daraus müssen wir schliessen, dass die drei Ecken der Nebenfigur ein und derselbe Punkt sind. Auf diese Weise gelangen wir zu dem Satze:

„Die Halbierungslinien der drei Winkel eines Dreiecks schneiden sich in einem und demselben Punkte."

Nehmen wir an, der geometrische Satz sei bekannt. Es handle sich darum, den Satz zu beweisen. Alsdann sind durch die Bedingungen des Satzes die Figur gegeben und zugleich die Gleichungen bestimmt, welche sie analytisch ausdrücken. Durch den Schluss des Satzes ist die Nebenfigur bestimmt und auch die Gleichungen, welche sie analytisch ausdrücken. Der Beweis des Satzes beruht dann nur noch auf den Kombinationen und Transformationen der Gleichungen der gegebenen Figur in der Weise, dass daraus die Gleichungen der Nebenfigur entstehen. Der Beweis ist nichts weiter als eine Sache der Rechnung.

So führt im allgemeinen die analytische Geometrie die Schwierigkeit des Beweises irgend eines geometrischen Satzes zurück auf die Schwierigkeit der Rechnung; durch Rechnung lässt sich der Beweis immer erzwingen.

Man würde aber irren, wenn man den Schwerpunkt der analytischen Geometrie in der Rechnung suchen wollte. Das Resultat der Rechnung ist das Endziel, die Rechnung selbst bleibt eine unliebsame Beigabe, die wir zur freieren Bewegung auf ein Minimum zu beschränken haben. Dieses Minimum durch möglichste Vermeidung von Rechnungen annähernd zu erreichen, wird eine der Aufgaben sein, welche zu lösen diese Vorlesungen sich durchgehend zur Pflicht machen.

Die Gegenstände der analytischen Geometrie sind Raumfiguren und im Speciellen Figuren in einer und derselben Ebene. Indem wir die Betrachtung der Raumfiguren gänzlich ausschliessen, werden wir uns in diesen Vorlesungen beschränken auf die Betrachtung von Figuren in einer und derselben Ebene.

Wir werden mit den analytischen Ausdrücken der einfachsten Figur, dem Punkte in der Ebene beginnen und allmählich auf zusammengesetztere Figuren übergehen.

Die analytische Geometrie braucht, um Figuren in Gleichungen zu übertragen und umgekehrt Gleichungen in Figuren umzusetzen, einen einfachen Apparat, das Koordinatensystem, mit dessen Konstruktion wir den Anfang zu machen haben.

Wir ziehen in der Ebene zwei unbegrenzte gerade Linien, welche auf einander senkrecht stehen. Sie werden als feste gerade Linien genommen und führen den Namen der Koordinatenaxen. Um sie von einander zu unterscheiden, nennt man die eine die x-Axe, die andere die y-Axe, oder auch die erstere die Abscissenaxe, die zweite die Ordinatenaxe. Sie schneiden sich in einem Punkte O, dem Koordinatenanfangspunkte. Auf jeder dieser beiden Koordinatenaxen unterscheidet man, von dem Koordinatenanfangspunkte ausgehend, zwei einander entgegengesetzte Richtungen. Die eine, gleichviel welche, nennt man die positive, die andere die negative Richtung der Koordinatenaxe. Wir werden die Richtungen OX und OY für die positiven Richtungen respektive der x-Axe und der y-Axe nehmen.

Durch die Lage eines Punktes p sind nun unzweideutig seine Abstände vp und up von den Koordinatenaxen bestimmt.

Sie führen den Namen der **Koordinaten** des Punktes und werden respektive mit den Buchstaben x und y bezeichnet, wenn der Punkt als ein beliebiger gelten soll.

Wenn ein bestimmter Punkt die Koordinaten a und b hat, so drücken wir dieses analytisch durch die Gleichungen aus:

$$x = a, \quad y = b$$

und nennen sie die **Gleichungen des Punktes**. Derselbe Punkt wird auf diese Weise immer durch dieselben Gleichungen analytisch ausgedrückt.

Gehen wir umgekehrt von jenen Gleichungen des Punktes aus und suchen ihr geometrisches Bild, den Punkt, so kommen wir auf vier verschiedene Punkte p, p_1, p_2, p_3 zurück, von welchen jeder durch die beiden Gleichungen analytisch dargestellt wird. Will man aber, dass jene Gleichungen nur einen einzigen Punkt p analytisch darstellen, so genügt es, der Richtung seiner Koordinaten Rechnung zu tragen. Wir werden deshalb die Abstände eines Punktes von den Koordinatenaxen, die Koordinaten des Punktes, als positive Grössen betrachten, wenn sie genommen sind in der positiven Richtung der Koordinatenaxen, im andern Falle als negative Grössen.

Fig. 1.

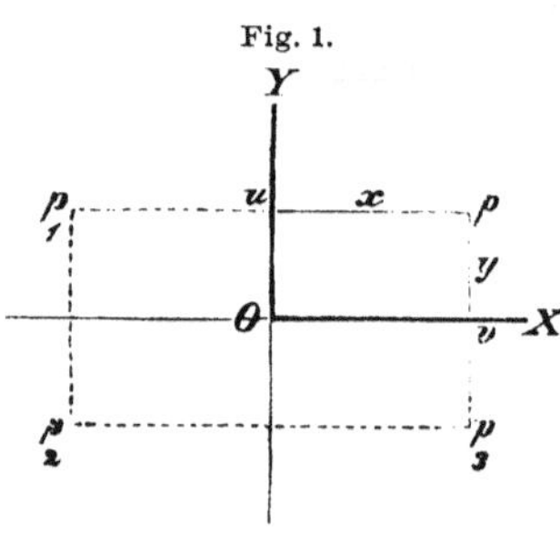

Nach dieser Bestimmung gruppieren sich, in der Voraussetzung, dass a und b positive Grössen seien, die Koordinaten der genannten vier Punkte p nach folgender Tafel:

	x	y
p	a	b
p_1	$-a$	b
p_2	$-a$	$-b$
p_3	a	$-b$

und jeder der vier Punkte p wird durch ein anderes Gleichungenpaar analytisch dargestellt.

Wenn wir demnach unter a und b irgend zwei reelle Grössen verstehen, so hat jeder Punkt in der Ebene seinen analytischen Ausdruck in zwei Gleichungen von der angegebenen Form, und jede zwei Gleichungen von jener Form repräsentieren einen ganz bestimmten Punkt in der Ebene. Wir können deshalb sagen, der Punkt sei das geometrische Äquivalent — oder Bild — seiner Gleichungen und die Gleichungen seien das analytische Äquivalent — der analytische Ausdruck — des Punktes.

Um weitere Fragen anzuregen, drücken wir dasselbe nur anders aus, indem wir sagen: Wenn die Koordinaten eines Punktes — für x und y gesetzt — jenen beiden Gleichungen zugleich genügen, so hat der Punkt die Eigenschaft, ein ganz bestimmter zu sein. Hieran schliesst sich naturgemäss die Frage, welche Eigenschaften die Punkte haben, deren Koordinaten nur einer von jenen Gleichungen genügen, z. B. der ersten:

$$x = a.$$

Die Antwort versteht sich von selbst. Sie liegen alle auf der, der y-Axe parallelen Linie, welche von dieser Axe um a absteht. Aber auch jeder Punkt jener Linie hat die Eigenschaft, dass seine Koordinaten der genannten Gleichung genügen.

Wir nehmen deshalb die genannte Gleichung für den analytischen Ausdruck — für die Gleichung — jener, der y-Axe parallelen Linie, und die gerade Linie selbst für das geometrische Bild jener Gleichung.

Die analoge Betrachtung der Gleichung:

$$y = b$$

giebt das geometrische Äquivalent für die der x-Axe parallele Linie, welche von ihr um die Entfernung b absteht.

Wir sind hiernach in der Lage, jeden Punkt in der Ebene, und jede gerade Linie, welche einer der Koordinatenaxen parallel ist, analytisch auszudrücken und umgekehrt jede zwei Gleichungen in der besprochenen Form oder auch jede einzelne geometrisch zu deuten.

Jede von diesen Gleichungen für sich stellt eine gerade Linie dar; beide in Verbindung mit einander stellen den Schnittpunkt der beiden geraden Linien dar.

Die Koordinaten xy eines Punktes sind aber auch unzweideutig bestimmt durch die linearen Gleichungen:

$$ax + by + c = 0,$$
$$a_1 x + b_1 y + c_1 = 0.$$

Die oben angeregte Frage führt demnach in weiterer Ausdehnung darauf hin, zu ermitteln, welches die geometrische Bedeutung sei einer dieser Gleichungen, das heisst, welches die Eigenschaften seien derjenigen Punkte, deren Koordinaten einer dieser Gleichungen genügen. Die Beantwortung dieser Frage werden wir in der nächsten Vorlesung geben. Wir werden dort zeigen, wie jede dieser Gleichungen für sich eine gerade Linie geometrisch repräsentiert, was sich im Speciellen schon so einsehen lässt, wenn man a und a_1 oder b und b_1 gleich 0 setzt. Denn in diesen Fällen haben wir die vorausgegangenen Gleichungen, deren geometrisches Äquivalent wir bereits festgestellt haben.

Wenn der Punkt als die einfachste geometrische Figur gilt, so muss man zwei Punkte für die nächste kompliziertere Figur nehmen. Durch zwei Punkte ist aber ebensowohl die Lage der geraden Linie bestimmt, welche durch sie geht, als das von den beiden Punkten begrenzte Stück auf ihr. Diese gerade Linie gehört im allgemeinen nicht zu den Linien, welche wir bereits betrachtet haben; wir werden in der folgenden Vorlesung auf sie zurückkommen. Wenn wir aber das von den beiden Punkten begrenzte Stück der geraden Linie in das Auge fassen, so können wir uns die Aufgabe stellen:

Wenn die Koordinaten x, y und x_1, y_1 zweier Punkte gegeben sind, die Entfernung D derselben von einander durch die gegebenen Koordinaten auszudrücken.

Fig. 2.

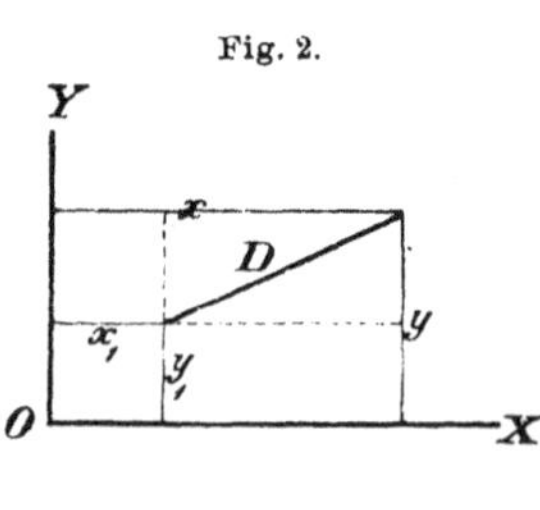

Man sieht in der zugehörigen Figur das Rechteck, dessen Diagonale D von den beiden durch ihre Koordinaten gegebenen Punkten begrenzt wird. Die Seiten dieses Rechteckes sind ihrer Grösse nach $x - x_1$ und $y - y_1$. Nach dem Pythagoräischen Lehrsatze hat man daher:

$$1)\qquad D^2 = (x - x_1)^2 + (y - y_1)^2.$$

An diese Gleichung, welche die vorgelegte Aufgabe löst, knüpfen wir einige Bemerkungen.

Man soll über Gleichungen, durch welche geometrische Aufgaben gelöst werden, nicht flüchtig fortgehen. Denn die Gleichungen sind vielfacher Deutungen fähig und lösen zugleich andere geometrische Aufgaben. Im allgemeinen ist es zwar eine Kunst, für welche sich keine bestimmten Regeln angeben lassen, jene anderen geometrischen Aufgaben zu entdecken, aber es ist ein in der Analysis wie in der Geometrie bekanntes Mittel zur Entdeckung neuer Wahrheiten, dass man die Aufgaben umkehrt. Wir wollen dieses Mittel an unserer Aufgabe versuchen.

Während in der Aufgabe die beiden Punkte gegeben waren und ihre Entfernung gesucht wurde, so kehren wir die Aufgabe um, wenn wir den einen Punkt und die Entfernung als gegeben betrachten, dagegen den anderen Punkt suchen. Sind $x_1 y_1$ die gegebenen Koordinaten des ersten Punktes, xy die Koordinaten des gesuchten Punktes und D die gegebene Entfernung der beiden Punkte von einander, so ist die Gleichung 1) die Bedingung, welche die Koordinaten des gesuchten Punktes zu erfüllen haben. Nun weiss man aber, dass der gesuchte Punkt ein beliebiger Punkt in der Peripherie des Kreises ist, der mit dem Radius D um den gegebenen Punkt als Mittelpunkt konstruiert ist. Daraus folgt, dass die Koordinaten xy eines jeden Punktes in der Peripherie des Kreises der Gleichung 1) genügen. Da ferner die Koordinaten keines anderen Punktes der Gleichung genügen, so wird man die Gleichung 1) mit den variabelen Koordinaten xy des Punktes für den analytischen Ausdruck des Kreises, für die Gleichung des Kreises zu nehmen haben, wenn man darunter versteht, dass die Koordinaten eines jeden Punktes in der Peripherie jener Gleichung genügen, und dass alle Punkte, deren Koordinaten jener Gleichung genügen, in der Peripherie des Kreises liegen.

Wenn drei Punkte gegeben sind, so ist damit zugleich das Dreieck bestimmt, dessen Ecken die gegebenen Punkte sind. Indem wir auf den Flächeninhalt dieses Dreiecks unser Augenmerk richten, werden wir vorerst die Aufgabe lösen:

Den Flächeninhalt Δ eines Dreiecks zu bestimmen, dessen eine Ecke in dem Koordinatenanfangspunkt A liegt, dessen beide andere Ecken B und C durch ihre Koordinaten $a_1 b_1$ und $a_2 b_2$ gegeben sind.

Fig. 3.

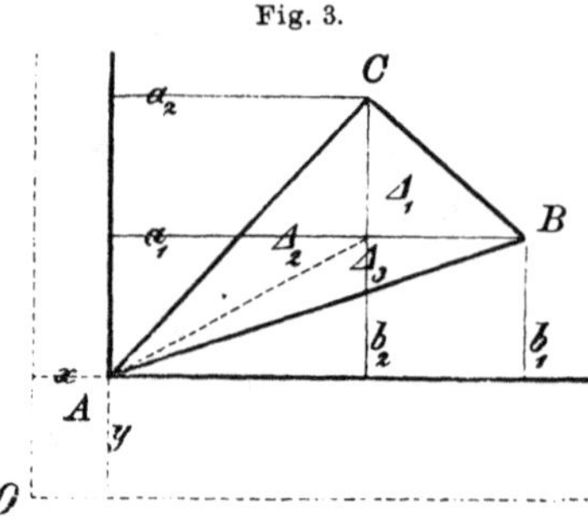

In der Figur ist das gegebene Dreieck durch die Koordinaten a_1, b_2 und durch die punktierte gerade Linie in demselben in drei Dreiecke Δ_1, Δ_2, Δ_3 zerteilt. Die doppelten Flächeninhalte dieser Teile sind:

$$2\Delta_1 = (a_1 - a_2)(b_2 - b_1),$$
$$2\Delta_2 = (b_2 - b_1)\,a_2,$$
$$2\Delta_3 = (a_1 - a_2)\,b_1.$$

Da aber $2\Delta = 2\Delta_1 + 2\Delta_2 + 2\Delta_3$, so hat man:

2) $$2\Delta = a_1 b_2 - a_2 b_1.$$

Es darf nicht unerwähnt bleiben, dass dieser Ausdruck für 2Δ dem Werte nach zwar ungeändert bleibt, wenn man die beiden Ecken des Dreiecks, welche nicht in dem Koordinatenanfangspunkt liegen, mit einander vertauscht, dass er aber sein Vorzeichen ändert. Hiernach giebt jener Ausdruck von 2Δ zwar immer den doppelten Flächeninhalt des Dreiecks, aber mit dem positiven oder negativen Vorzeichen je nach der Bezeichnung der Ecken. Nennt man positiven Drehungssinn der Ebene denjenigen, in welchem die positive x-Axe um den Koordinatenanfang gedreht werden muss, damit sie auf dem kürzesten Wege in die Richtung der positiven y-Axe gelange, so gilt, wie man sich leicht überzeugt, allgemein folgende Zeichenregel:

Der Ausdruck Δ stellt den Inhalt des Dreiecks mit dem positiven oder negativen Vorzeichen versehen dar, je nachdem die Seite AB um A im positiven oder in dem dazu entgegengesetzten Sinne sich drehen muss, um das Dreieck zu überstreichen.

Mit Hilfe dieses Resultates werden wir sogleich die allgemeine Aufgabe lösen:

Den Flächeninhalt Δ eines Dreiecks zu bestimmen, dessen Ecken durch ihre Koordinaten xy, x_1y_1, x_2y_2 gegeben sind.

Denken wir uns zu diesem Zwecke ein zweites paralleles Koordinatensystem, dessen Koordinatenaxen durch die punktierten in O zusammenlaufenden geraden Linien dargestellt werden. Nehmen wir an, die Koordinaten des Anfangspunktes des ursprünglichen Systemes in dem zweiten Koordinatensysteme seien xy, die Koordinaten der beiden anderen Ecken des vorhin betrachteten Dreiecks seien respektive x_1y_1 und x_2y_2, so hat man:

$$a_1 = x_1 - x, \quad a_2 = x_2 - x,$$
$$b_1 = y_1 - y, \quad b_2 = y_2 - y,$$

und wenn man diese Werte in 2) einsetzt, erhält man schliesslich:

$$3) \qquad 2\Delta = x_1y_2 - x_2y_1 + x_2y - xy_2 + xy_1 - x_1y$$

einen Ausdruck für den doppelten Inhalt des Dreiecks, der durch Vertauschung irgend zweier Ecken nur sein Vorzeichen wechselt. Zur Bestimmung des letzteren dient die gleiche Regel, wie für den Ausdruck in 2).

Um Regeln anzugeben, wie die beiden Ausdrücke von 2Δ in 2) und 3) sich leicht unabhängig von dem Vorhergehenden bilden lassen, stellen wir die beiden Gleichungen auf:

$$a_1x + b_1y + c_1 = 0,$$
$$a_2x + b_2y + c_2 = 0.$$

Löst man diese beiden Gleichungen auf, so stellen sich die Werte der Unbekannten x und y in der Form von Brüchen dar mit gleichen Nennern. Der gleiche Nenner ist gerade der Ausdruck von 2Δ in 2).

Hat man diesen Ausdruck gebildet, so erhält man die beiden ersten Glieder von 2Δ in 3), wenn man die Buchstaben a mit x und b mit y vertauscht. Die nächstfolgenden beiden Glieder gehen aus diesen hervor, wenn man für die Indices 0 1 2 respektive 1 2 0 setzt, und die beiden letzten

Glieder aus den beiden vorhergehenden auf dieselbe Weise. Nachträglich hat man nur den Index 0 ganz fortzulassen, überall wo er auftritt.

Kehren wir unsere Aufgabe um, indem wir den Flächeninhalt Δ und die Koordinaten $x_1 y_1$ und $x_2 y_2$ der die Grundlinie begrenzenden Ecken des Dreiecks als gegeben betrachten, die Koordinaten xy der Spitze des Dreiecks aber suchen, so sehen wir, dass dieselben der Gleichung 3) genügen müssen. Da aber die Spitzen aller Dreiecke von gegebener Grundlinie und gegebenem Flächeninhalte in einer bestimmten, der Grundlinie des Dreiecks parallelen Linie liegen, so wird man die Gleichung 3) für die Gleichung der genannten parallelen Linie zu nehmen haben. Denn keine von der parallelen Linie entfernte Spitze genügt den Bedingungen der umgekehrten Aufgabe.

Die Gleichung 3) mit den variabelen Koordinaten xy lässt sich, wenn man unter a, b, c konstante Grössen versteht, auf die Form zurückführen:

$$2\Delta = ax + by + c.$$

Es ist dieses die allgemeine Form der Gleichung einer geraden Linie, denn durch Veränderung der gegebenen Grössen in der umgekehrten Aufgabe kann man jede beliebige gerade Linie als den geometrischen Ort der Spitze des Dreiecks erhalten.

Wir regen hier nur die umgekehrte Frage an, ob jene Gleichung mit irgend welchen gegebenen reellen Koefficienten a, b, c sich immer als eine gerade Linie geometrisch deuten lässt? In der nächstfolgenden Vorlesung werden wir die Frage wieder aufnehmen.

Die Richtung einer geraden Linie ist gegeben durch den Winkel, den dieselbe mit einer der Koordinatenaxen bildet. Der Symmetrie wegen ziehen wir es jedoch vor, die Richtung einer geraden Linie durch die Winkel α und β zu bezeichnen, welche dieselbe respektive mit der positiven x-Axe und y-Axe bildet.

Da die Summe der beiden Winkel immer einen Rechten beträgt, so hat man $\cos\beta = \sin\alpha$ und daher:

4) $$\cos^2\alpha + \cos^2\beta = 1,$$
eine Gleichung, welche wir bei unserer Bezeichnung als sich von selbst verstehend zu nehmen haben.

Da es sich nur um die Richtung der geraden Linie handelt, so können wir der Einfachheit wegen annehmen, dass die gerade Linie durch den Koordinatenanfangspunkt gehe. Schneiden wir auf dieser geraden Linie, vom Koordinatenanfangspunkt ausgehend, ein Stück ab gleich der Einheit, so sind die Koordinaten des zweiten, dieses Stück begrenzenden Punktes $\cos\alpha$ und $\cos\beta$.

Wenn wir zwei durch ihre Richtung gegebene gerade Linien kombinieren, wie in der ersten Aufgabe zwei Punkte, so können wir uns die analoge Aufgabe stellen:

Den Winkel v zu bestimmen, den zwei gerade Linien einschliessen, deren Richtungen gegeben sind durch die Winkel $\alpha\beta$ und $\alpha_1\beta_1$, welche sie mit den Koordinatenaxen bilden.

Wir nehmen an, dass jede der beiden geraden Linien durch den Koordinatenanfangspunkt gehe. Wir schneiden vom Koordinatenanfangspunkt auf jeder derselben ein Stück ab gleich der Einheit und verbinden die Endpunkte der abgeschnittenen Stücke durch eine gerade Linie. Dadurch entsteht ein gleichschenkliges Dreieck. Das Quadrat der ungleichen Seite drücken wir doppelt aus; ein Mal durch die zwei gleichen Seiten des Dreiecks und den eingeschlossenen Winkel nach der bekannten Formel der Trigonometrie: $c^2 = a^2 + b^2 - 2ab\cos C$:
$$2 - 2\cos v,$$
das andere Mal durch die Koordinaten $\cos\alpha$, $\cos\beta$ und $\cos\alpha_1$, $\cos\beta_1$ der die ungleiche Seite begrenzenden Ecken des Dreiecks mit Hilfe der Gleichung 1):
$$(\cos\alpha - \cos\alpha_1)^2 + (\cos\beta - \cos\beta_1)^2.$$

Setzen wir beide Ausdrücke einander gleich, so erhalten wir mit Rücksicht auf 4):

5) $$\cos v = \cos\alpha\cos\alpha_1 + \cos\beta\cos\beta_1.$$

Ob der Winkel v ein spitzer oder ein stumpfer ist, hängt ab von dem Vorzeichen des Ausdruckes für $\cos v$.

Wenn man den Sinus des Winkels v durch seinen Cosinus ausdrückt, so erhält man aus 5), abgesehen von dem Vorzeichen, welches dem Sinus beizugeben ist:

6) $$\sin v = \cos\alpha\cos\beta_1 - \cos\alpha_1\cos\beta.$$

Diese Gleichung ist ein specieller Fall der Gleichung 2). Denn wenn das Dreieck Δ zwei von dem Koordinatenanfangspunkt ausgehende gleiche Seiten hat, jede gleich der Längeneinheit, den Winkel v einschliessend, so wird $2\Delta = \sin v$, und die Koordinaten der beiden anderen Ecken des Dreiecks werden die Cosinus der Winkel, welche die gleichen Schenkel mit den Koordinatenaxen bilden.

Zweite Vorlesung.

Die gerade Linie.

Wir haben in der vorigen Vorlesung in 3) die Gleichung einer geraden Linie gegeben. Diese Gleichung ist nichts anderes als der analytische Ausdruck für eine bestimmte charakteristische Eigenschaft eines variabelen Punktes p in der geraden Linie.

Um dieses klar zu machen, ziehen wir eine begrenzte gerade Linie p_1p_2 parallel der genannten, jedoch so, dass das Dreieck pp_1p_2 mit der gegebenen Grundlinie p_1p_2 einen gegebenen Flächeninhalt Δ hat. Wir bezeichnen die Koordinaten der Ecken pp_1p_2 des Dreiecks mit xy, x_1y_1, x_2y_2. Alsdann stellt der rechte Teil der Gleichung 3) den doppelten Flächeninhalt des Dreiecks dar mit der variabelen Spitze p und der gegebenen Grundlinie p_1p_2, und die Gleichung selbst sagt aus, der Flächeninhalt solle ein gegebener sein. Da aber Dreiecke von gleicher Grundlinie und gleichem Flächeninhalte auch gleiche Höhen haben, so drücken wir dasselbe, die Gleichung 3), nur anders aus, wenn wir sagen, der senkrechte Abstand des variabelen Punktes p, der Spitze des Dreiecks, von der Grundlinie p_1p_2 solle unverändert bleiben. Das ist aber gerade der Charakter aller Punkte p einer geraden Linie, dass ihre senkrechten Abstände von einer gegebenen anderen geraden Linie p_1p_2 unverändert bleiben.

Sind die senkrechten Abstände sämtlich gleich 0, so ist auch 2Δ gleich 0. Setzt man daher in der betrachteten Gleichung 3) 2Δ gleich 0, so hat man die Gleichung der geraden Linie, welche durch irgend zwei durch ihre Koordinaten $x_1 y_1$ und $x_2 y_2$ gegebene Punkte geht.

Man braucht nur irgend eine charakteristische Eigenschaft des variabelen Punktes auf einer geraden Linie durch die Koordinaten des Punktes in Form einer Gleichung auszudrücken; die Gleichung wird immer die Gleichung der geraden Linie sein. Ein Beispiel soll dieses erläutern.

Wenn man in einem beliebigen, aber festen Punkte einer geraden Linie zwei gleich grosse Lote errichtet nach den entgegengesetzten Seiten der geraden Linie, so ist es eine charakteristische Eigenschaft eines beliebigen Punktes p in der geraden Linie, dass die Entfernungen dieses Punktes von den Endpunkten q, q' der Lote einander gleich sind. Nimmt man die Koordinaten der Punkte q und q' als gegeben an, drückt die Quadrate der Entfernungen des durch seine Koordinaten xy bestimmten Punktes p von den beiden Punkten q und q' mit Hilfe von 1) aus und setzt diese Quadrate einander gleich, so wird man die Gleichung der geraden Linie erhalten müssen, weil diese Gleichung eben der analytische Ausdruck für die genannte charakteristische Eigenschaft ist.

Der Einfachheit wegen werden wir jedoch annehmen, dass der Punkt q' der Koordinatenaufangspunkt sei. Alsdann erhält man den Punkt q, wenn man von dem Koordinatenanfangspunkte ein Lot auf die gerade Linie fällt und dieses Lot noch um sich selbst verlängert. Der Endpunkt q dieser Verlängerung habe die Koordinaten ab. Drückt man nun jene charakteristische Eigenschaft $(pq')^2 = (pq)^2$ durch die Koordinaten der bezeichneten Punkte aus, so erhält man die Gleichung der geraden Linie:

1) $$x^2 + y^2 = (x-a)^2 + (y-b)^2,$$

die man auch zurückführen kann auf:

2) $$ax + by - \frac{a^2+b^2}{2} = 0.$$

Man sieht hieraus, dass die Gleichung einer geraden Linie immer auf die Form zurückgeführt werden kann:

3) $$Ax + By + C = 0.$$

Es drängt sich uns zunächst die schon in der vorhergehenden Vorlesung angeregte Frage auf, ob jede Gleichung von der Form 3) eine gerade Linie repräsentiert, welche reellen Werte auch die Koefficienten A, B, C haben. Wir werden diese Frage dadurch beantworten, dass wir die Gleichung 3) mit einem solchen Faktor μ multiplizieren, dass der linke Teil derselben in den linken Teil der Gleichung 2) übergeht. Da aber aus der Gleichung 2) die Gleichung 1) wieder hergestellt werden kann, so führen wir damit die mit Faktor μ multiplizierte Gleichung 3) auf die Gleichung 1) zurück, deren geometrische Bedeutung von selbst einleuchtet.

Da der linke, mit dem Faktor μ multiplizierte Teil der Gleichung 3) dem linken Teile der Gleichung 2) gleich sein soll, so hat man:

$$\mu A = a, \quad \mu B = b, \quad \mu C = -\frac{a^2 + b^2}{2},$$

woraus sich die reellen Werte von μ, a, b ergeben:

$$\mu = \frac{-2C}{A^2 + B^2}, \quad a = \frac{-2CA}{A^2 + B^2}, \quad b = \frac{-2CB}{A^2 + B^2}.$$

Die Gleichung 3) mit den willkürlichen Konstanten A, B, C wird **die allgemeine Form der Gleichung einer geraden Linie** genannt zum Unterschiede von der nächstfolgenden, die in vielen Fällen grosse Vorteile bietet.

Auf die eben angedeutete Form gelangt man, wenn man in 2) statt der Koordinaten a, b des Punktes q die Winkel α, β einführt, welche das von dem Koordinatenanfangspunkte auf die gerade Linie gefällte Lot mit den positiven Koordinatenaxen bildet, und den senkrechten Abstand δ — die Länge des Lotes — der geraden Linie von dem Koordinatenanfangspunkte. Zu diesem Zwecke bemerken wir, dass die Koordinaten des Punktes q und die Koordinatenaxen ein Rechteck begrenzen, dessen Diagonale 2δ mit den Koordinatenaxen die Winkel α, β bildet. Wir haben hiernach:

$$a = 2\delta \cos\alpha, \quad b = 2\delta \cos\beta,$$

und wenn wir diese Werte von a und b in 2) einsetzen, erhalten wir mit Rücksicht auf 4) der ersten Vorlesung:

4) $$x \cos\alpha + y \cos\beta - \delta = 0.$$

Diese Form der Gleichung wird die Normalform der Gleichung einer geraden Linie genannt. In ihr bedeuten α und β die Winkel, welche das vom Koordinatenanfangspunkte auf die gerade Linie gefällte Lot mit den positiven Koordinatenaxen bildet, und δ die Länge des Lotes, welche unter allen Umständen als eine positive Grösse genommen wird.

Die Zusammenstellung der beiden Gleichungenformen für die gerade Linie führt auf die Aufgabe:

Die gegebene Gleichung einer geraden Linie in der allgemeinen Form 3) soll zurückgeführt werden auf die Normalform 4) oder, was dasselbe ist, die Winkel α, β sollen bestimmt werden, welche das vom Koordinatenanfangspunkte auf die gerade Linie gefällte Lot mit den Koordinatenaxen bildet, und die Länge δ des Lotes.

Wenn 3) und 4) die Gleichungen derselben geraden Linie sind, so können sie sich nur durch einen Faktor unterscheiden. Multipliziert man daher die Gleichung 3) mit einem Faktor μ, so wird sich derselbe so bestimmen lassen, dass die Gleichungen 3) und 4) Glied für Glied mit einander übereinstimmen.

Man hat daher:

$$\mu A = \cos\alpha, \quad \mu B = \cos\beta, \quad \mu C = -\delta.$$

Aus diesen drei Gleichungen kann man mit Zuziehung der Gleichung $\cos^2\alpha + \cos^2\beta = 1$ die vier Unbekannten α, β, δ, μ berechnen, wodurch man erhält:

5) $$\left\{\begin{aligned} \cos\alpha &= \frac{A}{\pm\sqrt{A^2+B^2}}, \\ \cos\beta &= \frac{B}{\pm\sqrt{A^2+B^2}}, \\ \delta &= \frac{-C}{\pm\sqrt{A^2+B^2}}, \\ \mu &= \frac{1}{\pm\sqrt{A^2+B^2}}. \end{aligned}\right.$$

Was das doppelte Vorzeichen der Quadratwurzel $\sqrt{A^2+B^2}$ betrifft, so hat man in allen diesen Formeln das entgegengesetzte Vorzeichen von C in der Gleichung 3) zu nehmen, damit δ wirklich positiv wird. Wir machen hier besonders noch auf den Faktor $\mu = \frac{1}{\pm\sqrt{A^2+B^2}}$ aufmerksam, durch welchen die allgemeine Form der Gleichung einer geraden Linie zurückgeführt wird auf die Normalform.

Obwohl wir zwei Gleichungenformen der geraden Linie hervorgehoben haben, die allgemeine 3) und die specielle 4), so werden wir, wenn wir die specielle Form für die Lösung unserer Aufgaben geeigneter erachten, was oft der Fall sein wird, nicht nötig haben, die Aufgaben besonders noch für die allgemeine Form zu lösen. Die Formeln 5) vermitteln immer den Übergang von der allgemeinen Form 3) zur speciellen Form 4).

Die Gleichung einer geraden Linie zu bestimmen, welche einer gegebenen 4) parallel ist und von dem Koordinatenanfangspunkt nach entgegengesetzter Richtung denselben Abstand hat.

Man sieht ohne Mühe, dass

$$x\cos\alpha + y\cos\beta + \delta = 0$$

die Gleichung der geraden Linie sein muss. Aber diese Form ist nicht die Normalform der Gleichung; ihr ganz konstantes Glied müsste negativ sein.

Wir führen diese Gleichung durch Multiplikation mit dem Faktor $\mu = -1$ aus 5) auf die Normalform zurück, welche sich dann so darstellt:

$$x\cos(2R+\alpha) + y\cos(2R+\beta) - \delta = 0.$$

Will man nachweisen, dass ein durch seine Koordinaten gegebener Punkt in einer durch ihre Gleichung gegebenen geraden Linie liegt, so braucht man nur in die Gleichung die Koordinaten des gegebenen Punktes für die Variabelen zu setzen. Wird der Gleichung dadurch genügt, so ist das ein Beweis, dass der Punkt in der geraden Linie liegt.* Wird der Gleichung nicht genügt, so liegt der Punkt nicht in der geraden Linie, der Abstand des Punktes von der geraden Linie hat vielmehr einen von 0 verschiedenen Wert. Diese Bemerkung giebt Veranlassung zu der Aufgabe:

Den senkrechten Abstand Δ eines durch seine Koordinaten X, Y gegebenen Punktes P von einer durch ihre Gleichung in der Normalform 4) gegebenen geraden Linie zu bestimmen.

Da der senkrechte Abstand δ des Koordinatenanfangspunktes von der gegebenen geraden Linie unter allen Umständen eine positive Grösse ist, so wird der senkrechte Abstand Δ des gegebenen Punktes P von der gegebenen geraden Linie

---

* Das angegebene Kriterium, dass ein Punkt in einer geraden Linie liege, dient zur direkten Auflösung der Aufgabe:

Die Gleichung der geraden Linie zu bestimmen, welche durch irgend zwei durch ihre Koordinaten $x_1 y_1$ und $x_2 y_2$ gegebene Punkte geht,

deren Lösung sich aus den am Anfange der Vorlesung angestellten allgemeinen Betrachtungen nebenbei ergab.

Die Gleichung der gesuchten geraden Linie hat nämlich die Form:

$$Ax + By + C = 0.$$

In ihr haben die Verhältnisse der drei Koefficienten A, B, C ganz bestimmte Werte, die gegeben sind durch die Bedingungen:

$$Ax_1 + By_1 + C = 0,$$
$$Ax_2 + By_2 + C = 0.$$

Drückt man nun die Verhältnisse der drei Koefficienten durch Auflösung der beiden letzten Gleichungen aus, und setzt dieselben in die erste Gleichung, so erhält man gerade die Gleichung:

$$2\Delta = 0,$$

wenn man unter 2Δ den in 3) der ersten Vorlesung gegebenen Ausdruck versteht.

Wir können daher sagen, die gesuchte Gleichung $2\Delta = 0$ der geraden Linie sei das Resultat der Elimination der Unbekannten A, B, C aus den drei ersten Gleichungen.

Die Aufgabe ist hierdurch zwar gelöst, aber die Auflösung giebt nicht die geometrische Bedeutung des Ausdrucks 2Δ, wie in der ersten Vorlesung, wenn der variabele Punkt xy und die beiden gegebenen Punkte $x_1 y_1$ und $x_2 y_2$ nicht in einer und derselben geraden Linie liegen.

positiv oder negativ sein, je nachdem dieser Punkt mit dem Koordinatenanfangspunkte auf derselben Seite der geraden Linie liegt oder auf der entgegengesetzten. Um nun ein positives Δ im Auge zu haben, werden wir annehmen, der gegebene Punkt P liege mit dem Koordinatenanfangspunkte auf derselben Seite der durch ihre Gleichung:

$$x \cos\alpha + y \cos\beta - \delta = 0$$

gegebenen geraden Linie.

Ziehen wir eine zweite parallele gerade Linie durch den gegebenen Punkt P, so muss ihre Gleichung sein

$$x \cos\alpha + y \cos\beta - \delta' = 0,$$

wenn δ' den senkrechten Abstand der geraden Linie von dem Koordinatenanfangspunkte bedeutet. Da der gegebene Punkt P aber auf dieser letzteren geraden Linie liegt, so hat man:

$$X \cos\alpha + Y \cos\beta - \delta' = 0.$$

Da ferner ist:

$$\Delta = \delta - \delta',$$

so erhält man, wenn man den Wert von δ' aus der vorhergehenden Gleichung in diese setzt:

$$-\Delta = X \cos\alpha + Y \cos\beta - \delta.$$

Für den späteren Gebrauch ist es nützlich, dieses Resultat als eine Regel darzustellen, welcher wir folgenden Ausdruck geben:

6) *Wenn man den linken Teil einer in der Normalform 4) gegebenen Gleichung einer geraden Linie von ihrem rechten Teile, der $= 0$ ist, trennt, so drückt derselbe den negativen senkrechten Abstand aus des durch die Koordinaten x, y gegebenen Punktes von der geraden Linie.*

Figuren, welche aus mehreren geraden Linien zusammengesetzt sind, werden durch eben so viele Gleichungen von der Form 3) oder 4) analytisch dargestellt. Um diese Gleichungen nicht jedes Mal ausführlich hinzuschreiben, führen wir die Symbole U und A ein für die Ausdrücke:

7) $$U \equiv Ax + By + C,$$

8) $$A \equiv x \cos\alpha + y \cos\beta - \delta.$$

Wir werden ferner mit U_0, $U_1 \ldots$ und mit A_0, $A_1 \ldots$ andere Ausdrücke bezeichnen von denselben Formen als respektive U und A, aber mit veränderten Werten der Koefficienten.

Dadurch verschaffen wir uns die Mittel, irgend ein System von beliebig vielen geraden Linien analytisch leicht darzustellen in der allgemeinen Form:

$$U_0 = 0, \quad U_1 = 0 \ldots$$

oder in der Normalform:

$$A_0 = 0, \quad A_1 = 0 \ldots$$

Von dieser Bezeichnung werden wir Gebrauch machen, um mit Hilfe der Regel 6) den geometrischen Ort eines Punktes p zu bestimmen, der von zwei durch ihre Gleichungen in der Normalform:

9) $$A = 0 \text{ und } A_1 = 0$$

gegebenen geraden Linien gleich weit absteht.

Liegt der Punkt p, dessen Koordinaten x, y seien, in dem von den beiden gegebenen geraden Linien gebildeten Winkel, in welchem auch der Koordinatenanfangspunkt liegt, so sind die senkrechten Abstände des Punktes von den beiden geraden Linien $-A$ und $-A_1$; liegt der Punkt p aber in dem Scheitelwinkel, so sind sie $+A$ und $+A_1$.

In dem einen wie in dem andern Falle erhalten wir die Gleichung:

10) $$A - A_1 = 0$$

als Bedingung, dass die senkrechten Abstände einander gleich seien.

Es ist dieses offenbar die Gleichung einer geraden Linie. Die gerade Linie selbst ist der geometrische Ort des Punktes p. Nun weiss man aber, dass der geometrische Ort des Punktes p die Halbierungslinie ist des von den beiden gegebenen geraden Linien gebildeten Winkels. Daraus muss man schliessen, dass die Gleichung 10) die Halbierungslinie des Winkels darstellt, den die beiden geraden Linien 9) einschliessen. Da aber zwei unbegrenzte gerade Linien zwei Winkel bilden, so muss man, um jede Zweideutigkeit zu beseitigen, mit Rücksicht auf das

Vorhergehende noch hinzufügen, dass der Winkel gemeint sei, in welchem der Koordinatenanfangspunkt liegt, oder sein Scheitelwinkel.

Liegt der Punkt p in einem der Nebenwinkel, so können die senkrechten Abstände dieses Punktes von den beiden gegebenen geraden Linien zwar auch einander gleich sein, sie haben aber entgegengesetzte Vorzeichen. Sucht man nun den geometrischen Ort des Punktes p, dessen senkrechte Abstände von den beiden gegebenen geraden Linien gleich, aber von entgegengesetzten Vorzeichen sind, so drückt sich diese Bedingung durch die Gleichung aus:

11) $$A + A_1 = 0.$$

Es ist dieses die Gleichung der die Nebenwinkel halbierenden geraden Linie.

Wir fassen die Resultate unserer Untersuchung kurz zusammen, wenn wir sagen:

12) Wenn $A = 0$ und $A_1 = 0$ die Gleichungen zweier gegebenen geraden Linien in der Normalform sind, so sind $A - A_1 = 0$ und $A + A_1 = 0$ die Gleichungen der geraden Linien, welche die Winkel halbieren, die die gegebenen geraden Linien mit einander bilden.

Wir wollen auch über dieses so einfache Resultat nicht fortgehen, ohne daran eine Bemerkung zu knüpfen, welche auf weitere Fragen führt.

Die geraden Linien 10) und 11) gehen durch den Schnittpunkt der gegebenen beiden geraden Linien. Ihre Gleichungen sind linear zusammengesetzt aus den Gleichungen der gegebenen geraden Linien. Hiernach kann man fragen, ob jede Gleichung, die in linearer Weise zusammengesetzt ist aus den Gleichungen zweier geraden Linien, eine gerade Linie repräsentiert, welche durch den Schnittpunkt jener geht?

Um diese Frage zu beantworten, nehmen wir die allgemeine Form der Gleichungen zweier geraden Linien:

$$U = 0, \quad U_1 = 0$$

und kombinieren aus ihnen in linearer Weise die Gleichung einer dritten geraden Linie:

$$\lambda U + \lambda_1 U_1 = 0.$$

Ob diese gerade Linie durch den Schnittpunkt der beiden ersten geht, erfahren wir, wenn wir die Koordinaten x und y aus den beiden ersten Gleichungen berechnen und ihre Werte in die dritte Gleichung setzen. Wird dieser Gleichung dadurch genügt, so ist das ein Beweis, dass die dritte gerade Linie durch den Schnittpunkt der beiden ersten geht. Die drei geraden Linien schneiden sich dann in einem und demselben Punkte. Eine einfache Betrachtung wird aber zeigen, dass es der angedeuteten Berechnung gar nicht bedarf.

Denken wir uns die Werte der Koordinaten aus den beiden ersten Gleichungen berechnet und setzen diese Werte in U und U_1 ein, so müssen diese Ausdrücke einzeln verschwinden (zu 0 werden). Denn dieses ist ja die Probe für die Richtigkeit der Rechnung. Setzt man nun dieselben Werte in die dritte Gleichung, so verschwinden die einzelnen Glieder links vom Gleichheitszeichen. Es wird der Gleichung dadurch genügt. Demnach schneiden sich die durch die drei Gleichungen analytisch dargestellten geraden Linien in einem und demselben Punkte. Wir drücken dieses anders aus, wenn wir sagen:

13) Wenn zwischen den Gleichungen von drei geraden Linien $U = 0$, $U_1 = 0$, $U_2 = 0$ die Identität obwaltet:

$$\lambda U + \lambda_1 U_1 + \lambda_2 U_2 \equiv 0,$$

so schneiden sich die drei geraden Linien in einem und demselben Punkte.

Die genannte identische Gleichung sagt nämlich nichts anderes aus, als dass unter dem Ausdruck $-\lambda_2 U_2$ der Ausdruck $\lambda U + \lambda_1 U_1$ verstanden werden soll.

Man kann aber auch den Satz umkehren:

14) Wenn $U = 0$, $U_1 = 0$, $U_2 = 0$ die Gleichungen von drei geraden Linien sind, welche sich in einem und demselben Punkte schneiden, so kann man

immer drei Faktoren λ, λ_1, λ_2 so bestimmen, dass man identisch hat:

$$\lambda U + \lambda_1 U_1 + \lambda_2 U_2 \equiv 0.$$

Nach dem vorhergehenden Satze 13) ist $\lambda U + \lambda_1 U_1 = 0$ die Gleichung einer geraden Linie, welche durch den gemeinsamen Schnittpunkt der genannten drei geraden Linien geht. Da diese Gleichung noch die willkürlichen Konstanten λ, λ_1 enthält, so kann man letztere so bestimmen, dass jene gerade Linie durch einen gegebenen Punkt der geraden Linie $U_2 = 0$ geht. Denn dieses verlangt nur, dass einer Bedingungsgleichung zwischen den Konstanten genügt werde. Damit fallen aber die beiden geraden Linien $\lambda U + \lambda_1 U_1 = 0$ und $U_2 = 0$ zusammen, was eben jene identische Gleichung ausdrückt.

Um gleich eine Anwendung der vorausgegangenen Principien zu machen, betrachten wir ein Dreieck, dessen Seiten 0, 1, 2 gegeben seien durch ihre Gleichungen in der Normalform:

$$A_0 = 0, \quad A_1 = 0, \quad A_2 = 0.$$

Wenn wir annehmen, dass der Koordinatenanfangspunkt innerhalb des Dreiecks liegt, so sind die Gleichungen der Halbierungslinien der Winkel des Dreiecks:

$$A_1 - A_2 = 0, \quad A_2 - A_0 = 0, \quad A_0 - A_1 = 0.$$

Da die Summe der linken Teile dieser drei Gleichungen identisch gleich 0 ist, also:

$$(A_1 - A_2) + (A_2 - A_0) + (A_0 - A_1) \equiv 0,$$

so haben wir durch diese Bemerkung nach 13) den Satz bewiesen:

Die Halbierungslinien der Winkel eines Dreiecks schneiden sich in einem und demselben Punkte.*

---

* An den Beweis des bezeichneten geometrischen Satzes wollen wir eine Bemerkung knüpfen. Derselbe wurde geführt mit sehr einfachen, in dieser Vorlesung entwickelten Hilfsmitteln. Aber auch ohne diese Hilfsmittel lässt sich der Beweis des Satzes, sowie jedes anderen geometrischen Satzes, mit den allgemeinen Principien der analytischen Geometrie führen, freilich nicht ohne Rechnung.

Ohne jene Hilfsmittel hätte man aus den durch ihre Gleichungen gegebenen Seiten des Dreiecks die Koordinaten der Ecken zu berechnen. Man hätte ferner die Konstanten in den Gleichungen von drei geraden

Dieser Punkt ist bekanntlich der Mittelpunkt des dem Dreiecke einbeschriebenen Kreises.

Nach 12) hat man die Gleichungen der, die Aussenwinkel des Dreiecks halbierenden geraden Linien:

$$A_1 + A_2 = 0, \quad A_2 + A_0 = 0, \quad A_0 + A_1 = 0.$$

Kombinieren wir diese mit den schon angegebenen Gleichungen der, die inneren Winkel des Dreiecks halbierenden geraden Linien, so ergeben sich noch folgende identische Gleichungen:

$$(A_2 + A_0) - (A_0 + A_1) + (A_1 - A_2) \equiv 0,$$
$$(A_0 + A_1) - (A_1 + A_2) + (A_2 - A_0) \equiv 0,$$
$$(A_1 + A_2) - (A_2 + A_0) + (A_0 - A_1) \equiv 0.$$

Linien so zu bestimmen, dass erstens jede derselben durch eine Ecke des Dreiecks geht, und zweitens, mit Anwendung von 5) der ersten Vorlesung, dass jede derselben den Winkel des Dreiecks halbiert, den sie teilt. Wenn die Gleichungen der Seiten des Dreiecks in der Normalform gegeben wären, so würde es sich zeigen, dass die Gleichungen der Halbierungslinien der Winkel des Dreiecks die Differenzen der Gleichungen der Seiten sind. Aus zwei von diesen Gleichungen hätte man endlich die Koordinaten des Schnittpunktes zu berechnen und sie in die dritte Gleichung einzusetzen. Dann würde man sehen, dass die dritte Gleichung erfüllt wird, was eben den Satz beweist. Würde sie nicht erfüllt, so würde das ein Beweis sein, dass der Satz nicht zutrifft.

In dieser Weise kann man für jeden geometrischen Satz einen analytischen Beweis geben. Man braucht aber nur einmal solche Rechnungen mit den allgemeinen Principien durchzuführen, um die Lust an weiteren Versuchen zu verlieren.

Die allgemeinen Principien bezeichnen allerdings den Weg, den man einschlagen kann, um zum gewünschten Resultate zu gelangen, nicht den einfacheren Weg, den man in einem gegebenen Falle wählen soll.

Die mechanichen Arbeiten, welche die allgemeinen Principien verlangen, sind um so grösser, je ausgedehnter die Theorie, je grösser der Kreis der Aufgaben ist, den sie umfasst. Mit der Vervollkommnung der Wissenschaft wird die Theorie derselben endlich so weit umfassend und die mechanischen Arbeiten, welche sie verlangt, werden so ausgedehnt, dass man sich genötigt sieht, innerhalb der allgemeinen Theorie specielle Theorien wiederherzustellen, welche kleinere Kreise von Aufgaben mit entsprechender Leichtigkeit lösen.

Die speciellen Theorien der analytischen Geometrie sind es aber, welchen diese Vorlesungen gewidmet sind. Die allgemeine Theorie hat man in der Differential- und Integral-Rechnung als deren Anwendung auf die Geometrie zu suchen.

Jede dieser Gleichungen drückt nach 13) einen geometrischen Satz aus. Wir können aber alle diese Sätze in dem einen Satze zusammenfassen:

Die Halbierungslinien zweier äusseren und des dritten inneren Winkels eines Dreiecks schneiden sich in einem und demselben Punkte.

Dieser Punkt ist bekanntlich der Mittelpunkt des die Seiten des Dreiecks ausserhalb berührenden Kreises. Man hat drei solcher Kreise.

Weitere geometrische Sätze ergeben sich aus der Betrachtung der Gleichungen von geraden Linien:

$$A_0 + A_1 + A_2 = 0,$$
$$-A_0 + A_1 + A_2 = 0,$$
$$A_0 - A_1 + A_2 = 0,$$
$$A_0 + A_1 - A_2 = 0,$$

wenn man ihre Zusammensetzung aus den vorhergehenden Gleichungen in Betracht zieht.

Die erste Gleichung ist nämlich linear zusammengesetzt aus den Gleichungenpaaren $A_0 = 0$, $A_1 + A_2 = 0$, aus $A_1 = 0$, $A_2 + A_0 = 0$ und aus $A_2 = 0$, $A_0 + A_1 = 0$. Die durch die erste Gleichung dargestellte gerade Linie geht also nach 13) durch die drei Schnittpunkte der durch jene Gleichungenpaare dargestellten Linienpaare. Wir drücken dieses durch folgenden Satz aus:

Wenn man in einem Dreieck die Aussenwinkel halbiert, so schneiden die Halbierungslinien die gegenüberliegenden Seiten des Dreiecks in drei Punkten, welche in einer geraden Linie liegen.

Aus den drei letzten Gleichungen kann man auf dieselbe Weise den Satz ablesen:

Die Halbierungslinien zweier innerer Winkel und des dritten Aussenwinkels eines Dreiecks schneiden die gegenüberliegenden Seiten des Dreiecks in drei Punkten, welche in einer geraden Linie liegen.

Nachstehende Figur dient zur Erläuterung des letzten Satzes; die geraden Linien in derselben sind mit Weglassung der Symbole nur mit den ihnen entsprechenden Indices bezeichnet.

Fig. 4.

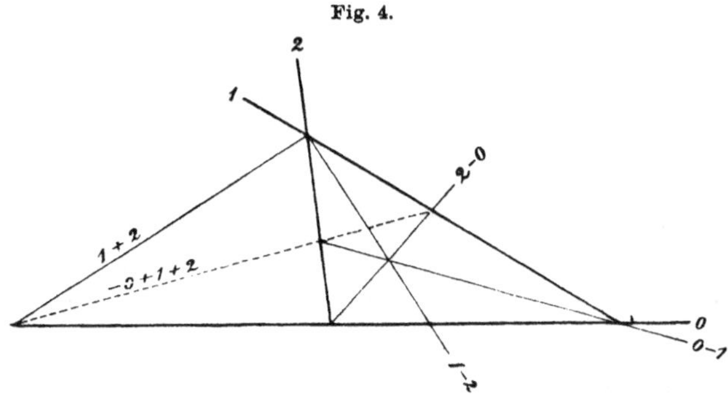

Um schliesslich noch eine Anwendung zu machen von dem Satze 14), behandeln wir die Aufgabe:

Wenn die Gleichungen von drei geraden Linien 0, 1, 2 in der Normalform $A_0 = 0$ und $A_1 = 0$, $A_2 = 0$ gegeben sind, so soll die Gleichung der geraden Linie gefunden werden, welche senkrecht steht auf der ersten geraden Linie und durch den Schnittpunkt der beiden anderen geht.

Die Gleichung der geraden Linie, welche durch den Schnittpunkt der geraden Linien $A_1 = 0$ und $A_2 = 0$ geht, kann nach dem angegebenen Satze 14) nur die Form haben:

$$\lambda_1 A_1 + \lambda_2 A_2 = 0.$$

Das Lot der durch diese Gleichung dargestellten geraden Linie bildet mit den Koordinatenaxen Winkel, deren Cosinus sich verhalten wie:

$$(\lambda_1 \cos\alpha_1 + \lambda_2 \cos\alpha_2) : (\lambda_1 \cos\beta_1 + \lambda_2 \cos\beta_2).$$

Das Lot der geraden Linie $A_0 = 0$ bildet mit den Koordinatenaxen Winkel, deren Cosinus sind:

$$\cos\alpha_0, \quad \cos\beta_0.$$

Da die beiden Lote aber einen rechten Winkel einschliessen sollen, dessen Cosinus gleich 0 ist, so haben wir nach 5) der ersten Vorlesung:

$$0 = \cos\alpha_0 (\lambda_1 \cos\alpha_1 + \lambda_2 \cos\alpha_2) + \cos\beta_0 (\lambda_1 \cos\beta_1 + \lambda_2 \cos\beta_2).$$

Wenn wir nun mit a_1 und a_2 die Winkel bezeichnen, welche die gerade Linie 0 mit den beiden anderen 2 und 1 bildet — welches zugleich die Winkel sind, die ihre Lote mit einander bilden —, so lässt sich die angegebene Gleichung mit Berücksichtigung von 5) der ersten Vorlesung kürzer so ausdrücken:

$$\lambda_1 \cos a_2 + \lambda_2 \cos a_1 = 0.$$

Setzen wir das durch diese Gleichung bestimmte Verhältnis der Konstanten λ_1 und λ_2 in die erste Gleichung ein, so erhalten wir die Gleichung der gesuchten geraden Linie:

$$A_1 \cos a_1 - A_2 \cos a_2 = 0.$$

Einfacher lässt sich dieses Resultat aus der Figur selbst ablesen. Denn nehmen wir auf der gesuchten geraden Linie einen beliebigen Punkt p mit den Koordinaten x, y, dessen Entfernung von dem Schnittpunkte der beiden geraden Linien 1 und 2 wir mit r bezeichnen, so sind $-A_1$ und $-A_2$ die senkrechten Abstände dieses Punktes p von den beiden geraden Linien, die sich in der Figur auch so ausdrücken lassen:

$$-A_1 = r \cos a_2, \quad -A_2 = r \cos a_1,$$

woraus durch Elimination von r dasselbe Resultat hervorgeht.

Die gegebenen drei geraden Linien bilden ein Dreieck. Wenn wir die den Seiten 0, 1, 2 des Dreiecks gegenüberliegenden Winkel mit a_0, a_1, a_2 bezeichnen, so sind die Gleichungen der von den Ecken des Dreiecks auf die gegenüberliegenden Seiten gefällten Perpendikel:

Fig. 5.

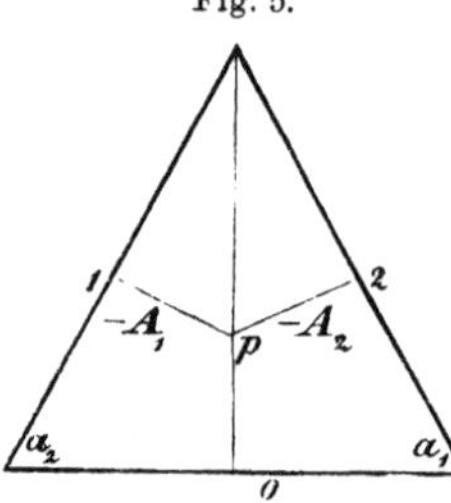

$$A_1 \cos a_1 - A_2 \cos a_2 = 0,$$
$$A_2 \cos a_2 - A_0 \cos a_0 = 0,$$
$$A_0 \cos a_0 - A_1 \cos a_1 = 0.$$

Da die Summe dieser drei Gleichungen identisch 0 ist, so haben wir nach 13) den Satz bewiesen:

Die drei Perpendikel, welche von den Ecken eines Dreiecks auf die gegenüberliegenden Seiten gefällt sind, schneiden sich in einem und demselben Punkte.

Dritte Vorlesung.

Harmonische Linien. Linien der Involution.

Wir haben in der vorhergehenden Vorlesung unter anderem den geometrischen Ort 10) eines Punktes p bestimmt, dessen senkrechte Abstände von zwei gegebenen geraden Linien 9) einander gleich sind. Die hierdurch gelöste Aufgabe erweitern wir, wenn wir den geometrischen Ort eines Punktes p suchen, dessen senkrechte Abstände von zwei gegebenen geraden Linien 0 und 1 sich wie zwei gegebene Grössen a_0 und a_1 verhalten.

Wenn

1) $$A_0 = 0, \quad A_1 = 0$$

die Gleichungen der gegebenen geraden Linien in der Normalform und x, y die Koordinaten des Punktes p sind, so finden wir auf dem in der vorhergehenden Vorlesung angedeuteten Wege den gesuchten geometrischen Ort durch die Gleichung ausgedrückt:

2) $$\frac{A_0}{a_0} - \frac{A_1}{a_1} = 0.$$

Es ist dieses die Gleichung einer geraden Linie, welche durch den Schnittpunkt der gegebenen geraden Linien geht, und wenn wir unter a_0 und a_1 positive Grössen verstehen, so teilt die gerade Linie 2) den von den gegebenen geraden Linien eingeschlossenen Winkel, in welchem der Koordinatenanfangspunkt liegt.

Wir bringen diese Gleichung, indem wir setzen $\lambda = \frac{a_0}{a_1}$ auf die Form:

3) $$A_0 - \lambda A_1 = 0$$

und bemerken, dass, wenn λ negativ wird, die gerade Linie den von den gegebenen beiden geraden Linien eingeschlossenen Winkel teilt, in welchem der Koordinatenanfangspunkt nicht liegt.

Diese Gleichung mit dem unbestimmten Faktor λ stellt jede beliebige gerade Linie dar, welche durch den Schnittpunkt der beiden gegebenen geht. Denn man kann den Faktor λ immer so bestimmen, dass die gerade Linie durch noch einen gegebenen Punkt geht. Ist der Faktor λ positiv, so teilt die gerade Linie den von den gegebenen geraden Linien eingeschlossenen Winkel, in welchem der Koordinatenanfangspunkt liegt; ist er negativ, so teilt sie den Nebenwinkel. Die Grenzwerte von $\lambda = 0$ und $= \infty$ entsprechen den gegebenen geraden Linien.

Die durch die Gleichung 3) dargestellte gerade Linie 2 bildet mit den gegebenen 0 und 1 die Winkel (20) und (21). Da die Sinus dieser Winkel sich verhalten wie die gegebenen Grössen a_0 und a_1, so können wir die geometrische Bedeutung des Faktors λ durch die Gleichung ausdrücken:

4) $$\lambda = \frac{\sin(20)}{\sin(21)}.$$

Eine beliebige andere, ebenfalls durch den Schnittpunkt der gegebenen geraden Linien 0 und 1 gehende gerade Linie hat zur Gleichung:

5) $$A_0 - \mu A_1 = 0.$$

Das Verhältnis:

6) $$\frac{\lambda}{\mu} = \frac{\sin(20)}{\sin(21)} : \frac{\sin(30)}{\sin(31)}$$

zwischen den Sinus der von den Linienpaaren 0, 1 und 2, 3 eingeschlossenen Winkel nennt man das anharmonische Verhältnis des Linienpaares 2, 3 zu dem Linienpaare 0, 1.

Wenn die Gleichungen 1) nicht die Normalform hätten, so würde die geometrische Bedeutung von λ in der Gleichung 3) nicht durch die Gleichung 4) ausgedrückt werden können. Es drängt sich daher die Frage auf nach dem anharmonischen Verhältnisse zweier Linienpaare, deren Gleichungen in der Form gegeben sind:

7) $$V_0 = 0, \quad V_1 = 0, \quad V_0 - lV_1 = 0, \quad V_0 - mV_1 = 0.$$

Da die allgemeinen Formen V_0 und V_1 durch Faktoren μ_0 und μ_1 sich immer auf die Normalformen A_0 und A_1 zurückführen lassen, so hat man $V_0 = \frac{1}{\mu_0} A_0$ und $V_1 = \frac{1}{\mu_1} A_1$. Setzt man diese Werte von V_0 und V_1 in die angegebenen Gleichungen 7), so gehen sie über in Gleichungen von der vorhergehenden Form:

$$A_0 = 0, \quad A_1 = 0, \quad A_0 - l\frac{\mu_0}{\mu_1}A_1 = 0, \quad A_0 - m\frac{\mu_0}{\mu_1}A_1 = 0,$$

woraus sich das anharmonische Verhältnis:

$$8) \qquad \frac{l}{m}$$

der beiden Linienpaare 7) ergiebt.

Fassen wir die Frage nach dem anharmonischen Verhältnisse noch allgemeiner, so kommen wir auf die Aufgabe:

Gegeben sind die Gleichungen von vier geraden Linien, die sich in einem und demselben Punkte schneiden, in der Form:

$$9) \qquad \begin{cases} U_0 - \lambda U_1 = 0, & U_0 - \lambda_1 U_1 = 0, \\ U_0 - \mu U_1 = 0, & U_0 - \mu_1 U_1 = 0; \end{cases}$$

das anharmonische Verhältnis des letzten Linienpaares zu dem ersten zu bestimmen.

Wir führen die Aufgabe auf die vorhergehende Frage zurück, wenn wir mit V_0 und V_1 die Ausdrücke bezeichnen: $U_0 - \lambda U_1 = V_0$, $U_0 - \mu U_1 = V_1$, diese beiden Gleichungen nach U_0 und U_1 auflösen und ihre Werte in die Gleichungen 9) setzen. Denn dadurch nehmen die Gleichungen 9) die Form der Gleichungen 7) an, und das gesuchte anharmonische Verhältnis $\frac{l}{m}$ wird, wenn wir die Werte von l und m berechnen:

$$10) \qquad \frac{\lambda - \lambda_1}{\mu - \lambda_1} : \frac{\lambda - \mu_1}{\mu - \mu_1}.$$

Das anharmonische Verhältnis 10) wird zu einem harmonischen Verhältnisse, wenn es den Wert -1 annimmt. In diesem Falle werden jene, von einem und demselben Punkte ausgehenden geraden Linien harmonische Linienpaare genannt.

Es stellen hiernach mit Rücksicht auf das anharmonische Verhältnis 8) der Linienpaare 7) die Gleichungen:

$$11) \qquad V_0 = 0, \quad V_1 = 0, \quad V_0 - \lambda V_1 = 0, \quad V_0 + \lambda V_1 = 0$$

irgend zwei harmonische Linienpaare dar. Oder allgemeiner stellen die Gleichungen 9) zwei harmonische Linienpaare dar, wenn das anharmonische Verhältnis 10) den Wert annimmt -1, das heisst unter der Bedingung:

$$\frac{\lambda - \lambda_1}{\mu - \lambda_1} + \frac{\lambda - \mu_1}{\mu - \mu_1} = 0,$$

welcher Bedingungsgleichung man auch die Form geben kann:

$$12)\qquad \lambda\mu - \tfrac{1}{2}(\lambda + \mu)(\lambda_1 + \mu_1) + \lambda_1\mu_1 = 0.$$

Die geometrische Bedingung für zwei harmonische Linienpaare entnehmen wir aus 6):

$$13)\qquad \frac{\sin(20)}{\sin(21)} + \frac{\sin(30)}{\sin(31)} = 0.$$

Um eine Vorstellung zu bekommen von der Lage zweier harmonischen Linienpaare, muss man die Bedingungsgleichung 13) diskutieren. Sie lässt erkennen, das von zwei harmonischen Linienpaaren drei durch einen und denselben Punkt gehende Linien beliebig angenommen werden können, dass durch sie aber die vierte harmonische Linie bestimmt ist.

Wir werden nun das Linienpaar 0, 1 als fest betrachten, die Linie 2 um den Schnittpunkt der festen Linien drehen und die Lage der vierten harmonischen Linie 3 erforschen.

Von dem harmonischen Linienpaare 2, 3 teilt die eine Linie den einen von den festen Linien 0, 1 gebildeten Winkel, die andere den Nebenwinkel. Im anderen Falle würden die beiden Glieder der Gleichung 13) gleiche Vorzeichen haben, und ihre Summe könnte nicht 0 sein. Halbiert die Linie 2 den von den festen geraden Linien gebildeten Winkel, so halbiert die Linie 3 den Nebenwinkel. Denn unter dieser Voraussetzung wird jedes Glied der Gleichung 13), abgesehen vom Vorzeichen, gleich der Einheit. Drehen wir von dieser Halbierungslage aus die Linie 2 so, dass sie sich der Linie 0 nähert, so wird das erste Glied in 13) kleiner als die Einheit. Da der absolute Wert des zweiten Gliedes auch kleiner werden muss als die Einheit, so ist das ein Zeichen, dass auch die Linie 3 sich der Linie 0 nähert. Im Grenzfalle, wenn die Linie 2 mit 0 zusammenfällt, wird das erste Glied verschwinden. Damit auch das zweite Glied verschwinde, ist es notwendig, dass auch die Linie 3 mit der Linie 0 zusammenfällt. Ebenso wird man erkennen, dass, wenn die Linie 2 aus der Halbierungslage so gedreht wird, dass sie sich der Linie 1 nähert, sich die Linie 3 derselben Linie 1 nähern muss und dass im Grenzfalle die drei Linien 1, 2, 3 zusammenfallen.

Da durch ein gegebenes Linienpaar das ihm zugeordnete harmonische Linienpaar nicht vollständig bestimmt ist, so werden zwei gegebene, von demselben Punkte ausgehende Linienpaare erforderlich sein, um das zugeordnete harmonische Linienpaar zu bestimmen, was die Auflösung der folgenden Aufgabe bestätigen wird.

Dasjenige Linienpaar zu bestimmen, welches harmonisch ist zu zwei Paar gegebener geraden Linien, welche sich in einem und demselben Punkte schneiden.

Es seien die Gleichungen der beiden gegebenen Linienpaare:

$$U_0 - \lambda_0 U_1 = 0, \quad U_0 - \lambda_1 U_1 = 0,$$
$$U_0 - \mu_0 U_1 = 0, \quad U_0 - \mu_1 U_1 = 0,$$

und die Gleichungen des gesuchten Linienpaares:

$$U_0 - \lambda U_1 = 0,$$
$$U_0 - \mu U_1 = 0.$$

Dieses letztere ist harmonisch zu jedem der gegebenen Linienpaare unter den aus 12) hergenommenen Bedingungen:

$$\lambda\mu - \tfrac{1}{2}(\lambda + \mu)(\lambda_0 + \mu_0) + \lambda_0\mu_0 = 0,$$
$$\lambda\mu - \tfrac{1}{2}(\lambda + \mu)(\lambda_1 + \mu_1) + \lambda_1\mu_1 = 0.$$

Da in diesen Gleichungen das Produkt $\lambda\mu$ und die Summe $\lambda + \mu$ der Unbekannten in linearer Weise eingehen, so kann man ihre Werte unzweideutig berechnen. Sie seien $\lambda\mu = b$, $\lambda + \mu = a$. Alsdann ist bekanntlich:

$$z^2 - az + b = 0$$

eine quadratische Gleichung, deren Wurzeln die gesuchten Grössen λ und μ sind. Daraus folgt der Satz:

14) Es giebt immer nur ein bestimmtes Linienpaar, welches harmonisch ist zu zwei gegebenen Linienpaaren, die von einem und demselben Punkte ausgehen.

Dieses Linienpaar ist reell oder imaginär, je nachdem die Wurzeln der erwähnten quadratischen Gleichung reell oder imaginär sind.

Drei Paare Linien, welche von einem und demselben Punkte ausgehen, bilden eine Involution, wenn ein viertes Linienpaar gefunden werden kann, welches harmonisch ist zu jedem der drei Linienpaare.

Zwei gegebene Linienpaare, die von einem und demselben Punkte ausgehen, bestimmen, wie man gesehen hat, dasjenige Linienpaar, welches harmonisch ist zu jedem der gegebenen Linienpaare. Ein drittes, zu dem letzteren harmonisches Linienpaar wird also mit den beiden gegebenen eine Involution bilden. Da aber von diesem dritten Linienpaare eine Linie beliebig durch den gemeinsamen Schnittpunkt aller gelegt werden kann, wodurch erst die andere bestimmt ist, so sieht man, dass von drei Linienpaaren der Involution fünf durch einen und denselben Punkt gehende Linien beliebig gewählt werden können, dass die sechste aber durch sie bestimmt ist.

Zwischen drei Paaren Linien, welche sich in einem und demselben Punkte schneiden, wird daher eine Bedingungsgleichung stattfinden müssen, wenn die Linienpaare eine Involution bilden.

Es sind die Gleichungen von drei Paar Linien gegeben, welche sich in einem und demselben Punkte schneiden:

$$15)\quad \begin{cases} V_0-\lambda_0 V_1=0, & V_0-\lambda_1 V_1=0, \quad V_0-\lambda_2 V_1=0, \\ V_0-\mu_0 V_1=0, & V_0-\mu_1 V_1=0, \quad V_0-\mu_2 V_1=0; \end{cases}$$

die Bedingung anzugeben, unter welcher die drei Linienpaare eine Involution bilden.

Bilden die drei Linienpaare 15) eine Involution, so hat man nach der Definition ein Linienpaar:

$$V_0-\lambda V_1=0,$$
$$V_0-\mu V_1=0,$$

welches zu jedem derselben harmonisch ist, was zutrifft unter den aus 12) hergenommenen Bedingungen:

$$\lambda\mu - \tfrac{1}{2}(\lambda+\mu)(\lambda_0+\mu_0) + \lambda_0\mu_0 = 0,$$
$$\lambda\mu - \tfrac{1}{2}(\lambda+\mu)(\lambda_1+\mu_1) + \lambda_1\mu_1 = 0,$$
$$\lambda\mu - \tfrac{1}{2}(\lambda+\mu)(\lambda_2+\mu_2) + \lambda_2\mu_2 = 0$$

Eliminiert man aus diesen Gleichungen $\lambda\mu$ und $\frac{1}{2}(\lambda+\mu)$, welche linear darin vorkommen, so erhält man die gesuchte Bedingungsgleichung, der man folgende Form geben kann:

16) $(\lambda_0-\mu_1)(\lambda_1-\mu_2)(\lambda_2-\mu_0)+(\mu_0-\lambda_1)(\mu_1-\lambda_2)(\mu_2-\lambda_0)=0.$*

Da von den drei Linienpaaren der Involution fünf durch denselben Punkt gehende Linien beliebig gewählt werden können, wodurch die sechste erst bestimmt ist, so können wir im Speciellen annehmen, dass das erste Linienpaar in eine Linie zusammenfällt und dass das letzte Linienpaar wieder in eine Linie zusammenfällt. Alsdann bleibt das mittlere Linienpaar übrig und die genannten beiden Linien, von welchen jede zwei Linien in sich aufgenommen hat. Wir wollen die Lage dieser beiden Linienpaare näher bestimmen.

Wenn wir die drei Linienpaare 15) im Auge haben, so drücken wir jene Specialität analytisch aus, indem wir setzen $\lambda_0=\mu_0=\lambda$ und $\lambda_2=\mu_2=\mu$. Dadurch geht aber die Gleichung 16) über in 12). Die geometrische Bedeutung dieses Überganges drückt der Satz aus:

17) Wenn von drei Linienpaaren der Involution das eine Linienpaar mit einer Geraden, ein zweites Linienpaar mit einer zweiten Geraden zusammenfallen, so ist das dritte Linienpaar der Involution harmonisch zu den beiden Geraden.

Es stellen sich hiernach die drei Linienpaare einer Involution als ein allgemeinerer Fall der harmonischen Linienpaare dar, indem von dem einen Paare der letzteren sich jede Linie in ein Linienpaar zerspaltet.

---

* Die Bedingungsgleichung 16) der Involution lässt sich leicht verifizieren. - Auf die angegebene elegante Form derselben kommt man aber nicht durch gewöhnliche Elimination. Man muss das Resultat der Elimination als eine Determinantengleichung auffassen und diese regelrecht behandeln, wie in pag. 106 meiner Raumgeometrie, um ohne Rechnung auf die angegebene Form geführt zu werden.

Jede drei Paare Linien, welche von einem und demselben Punkte ausgehen, lassen sich analytisch auch so darstellen:

$$A_0=0, \quad A_0-l_1 A_1=0, \quad A_0-l_2 A_1=0,$$
$$A_1=0, \quad A_0-m_1 A_1=0, \quad A_0-m_2 A_1=0.$$

Die Gleichungen $A_0=0$ und $A_1=0$ des ersten Linienpaares, welches wir bezeichnen wollen mit A_0 und B_0, sind in der Normalform gegeben; die Gleichungen des zweiten Linienpaares A_1 und B_1 und des dritten Linienpaares A_2 und B_2 haben diese Form nicht. Wenn wir nun in 16) annehmen $\lambda_0=0$ und $\mu_0=\infty$ und zugleich für die Buchstaben λ und μ die Buchstaben l und m setzen, so erhalten wir die Bedingung, dass diese drei Linienpaare eine Involution bilden:

18) $$l_1 m_1 - l_2 m_2 = 0.$$

Setzen wir in diese Bedingungsgleichung für die vier Grössen l und m ihre Werte nach 4), so erhalten wir die geometrische Bedingung für drei Linienpaare $A_0 B_0$, $A_1 B_1$, $A_2 B_2$ der Involution:

19) $$\frac{\sin(A_1 A_0)}{\sin(A_1 B_0)} \cdot \frac{\sin(B_1 A_0)}{\sin(B_1 B_0)} - \frac{\sin(A_2 A_0)}{\sin(A_2 B_0)} \cdot \frac{\sin(B_2 A_0)}{\sin(B_2 B_0)} = 0.$$

Aus dieser Gleichung, welche man als Definition dreier, eine Involution bildenden Linienpaare bilden kann, gehen noch zwei andere Gleichungen hervor, die man erhält, wenn man das Linienpaar $A_0 B_0$ mit dem Linienpaare $A_1 B_1$ oder mit $A_2 B_2$ vertauscht. Da alle drei Gleichungen nichts anderes sind, als verschiedene Formen für eine und dieselbe Bedingung der Involution, so muss sich jede derselben auch direkt aus jeder anderen ableiten lassen.

Wir sind bei der Herleitung der Gleichung 19), der geometrischen Bedingungsgleichung der Involution, von einer besonderen Form der Gleichungen der drei Linienpaare ausgegangen. Auf diese besondere Form kann man aber die allgemeinen Gleichungen 15) von drei Linienpaaren, die in einem Punkte zusammenlaufen, zurückführen, wenn man setzt:

$$V_0 - \lambda_0 V_1 = \frac{1}{\nu_0} A_0, \quad V_0 - \mu_0 V_1 = \frac{1}{\nu_1} A_1,$$

woraus folgt:

$$V_0 = \frac{1}{\mu_0 - \lambda_0}\left\{\frac{\mu_0}{\nu_0}A_0 - \frac{\lambda_0}{\nu_0}A_1\right\}, \quad V_1 = \frac{1}{\mu_0 - \lambda_0}\left\{\frac{1}{\nu_0}A_0 - \frac{1}{\nu_1}A_1\right\}.$$

Setzt man diese Werte von V_0 und V_1 in die Gleichungen 15), um sie auf die genannten speciellen Formen zurückzuführen, so findet man:

$$l_1 = \frac{\nu_0(\lambda_0 - \lambda_1)}{\nu_1(\mu_0 - \lambda_1)}, \quad m_1 = \frac{\nu_0(\lambda_0 - \mu_1)}{\nu_1(\mu_0 - \mu_1)}, \quad l_2 = \frac{\nu_0(\lambda_0 - \lambda_2)}{\nu_1(\mu_0 - \lambda_2)}, \quad m_2 = \frac{\nu_0(\lambda_0 - \mu_2)}{\nu_1(\mu_0 - \mu_2)},$$

und wenn man diese Werte in 18) einsetzt, erhält man die Gleichung:

$$20) \quad \begin{aligned} &(\lambda_0 - \lambda_1)(\lambda_0 - \mu_1)(\mu_0 - \lambda_2)(\mu_0 - \mu_2) \\ &- (\lambda_0 - \lambda_2)(\lambda_0 - \mu_2)(\mu_0 - \lambda_1)(\mu_0 - \mu_1) = 0, \end{aligned}$$

die Bedingungsgleichung für die Involution von drei Linienpaaren 15) in einer von der Gleichung 16) ganz verschiedenen Form.

Man kennt noch andere Formen derselben Bedingungsgleichung. In der sechsten Vorlesung sollen dieselben aufeinander übergeführt werden. An dieser Stelle wollen wir noch eine geometrische Bedingungsgleichung der Involution entwickeln, die ebenfalls eine von der Gleichung 19) ganz verschiedene Form hat. Wir gehen zu diesem Zwecke auf die ursprüngliche Definition der Involution von drei Linienpaaren zurück.

Nach derselben stellen die Gleichungenpaare:

$$\begin{aligned} &V_0 - \lambda_0 V_1 = 0, \quad V_0 - \lambda_1 V_1 = 0, \quad V_0 - \lambda_2 V_1 = 0, \\ &V_0 + \lambda_0 V_1 = 0, \quad V_0 + \lambda_1 V_1 = 0, \quad V_0 + \lambda_2 V_1 = 0 \end{aligned}$$

irgend drei Linienpaare der Involution dar, und $V_0 = 0$, $V_1 = 0$ dasjenige Linienpaar, welches harmonisch ist zu jedem der drei Paare.

Man kann die Gleichungen von drei Linienpaaren der Involution immer auf diese Form zurückführen, jedoch nicht ohne eine quadratische Gleichung zu lösen. Denn es verlangt die Zurückführung die Kenntnis des Linienpaares, welches harmonisch ist zu zwei von den drei Linienpaaren der Involution, und dieses Linienpaar wird, wie wir gesehen haben, durch Auflösung einer quadratischen Gleichung bestimmt.

An Stelle der zwei Symbole V_0, V_1, durch welche jene sechs Gleichungen ausgedrückt sind, wählen wir drei Symbole U_0, U_1, U_2, welche wir durch die Gleichungen definieren:

$$V_0 - \lambda_0 V_1 = \frac{U_0}{\lambda_1 - \lambda_2}, \quad V_0 - \lambda_1 V_1 = \frac{U_1}{\lambda_2 - \lambda_0}, \quad V_0 - \lambda_2 V_1 = \frac{U_2}{\lambda_0 - \lambda_1}.$$

Alsdann hat man die identische Gleichung:

$$U_0 + U_1 + U_2 \equiv 0,$$

und jene sechs Gleichungen gehen, wenn man symmetrisch die zwei Symbole durch die drei Symbole ersetzt, über in:

$$\begin{array}{lll} U_0 = 0, & U_1 = 0, & U_2 = 0, \\ \dfrac{U_1}{\mu_1} - \dfrac{U_2}{\mu_2} = 0, & \dfrac{U_2}{\mu_2} - \dfrac{U_0}{\mu_0} = 0, & \dfrac{U_0}{\mu_0} - \dfrac{U_1}{\mu_1} = 0, \end{array}$$

indem μ_0, μ_1, μ_2 die Ausdrücke bezeichnen:

$$\frac{\lambda_1 - \lambda_2}{\lambda_1 + \lambda_2} = \mu_0, \quad \frac{\lambda_2 - \lambda_0}{\lambda_2 + \lambda_0} = \mu_1, \quad \frac{\lambda_0 - \lambda_1}{\lambda_0 + \lambda_1} = \mu_2.$$

Da die drei Grössen μ eben so willkürlich sind als die drei Grössen λ, aus welchen sie zusammengesetzt sind, so werden die transformierten sechs Gleichungen mit den willkürlichen Faktoren μ — unter Voraussetzung der identischen Gleichung, welche ausdrückt, dass die drei geraden Linien $U_0 = 0$, $U_1 = 0$, $U_2 = 0$ durch einen und denselben Punkt gehen, unter welcher Voraussetzung auch die anderen drei geraden Linien durch denselben Punkt gehen — irgend drei Linienpaare der Involution darstellen.

Wenn wir endlich für die Gleichungen der geraden Linien $U_0 = 0$, $U_1 = 0$, $U_2 = 0$ ihre Normalformen einführen, indem wir setzen: $\varrho_0 U_0 = A_0$, $\varrho_1 U_1 = A_1$, $\varrho_2 U_2 = A_2$, so geht die identische Gleichung über in:

$$\frac{A_0}{\varrho_0} + \frac{A_1}{\varrho_1} + \frac{A_2}{\varrho_2} \equiv 0$$

und die transformierten Gleichungen der drei Linienpaare der Involution nehmen die Gestalt an:

$$\begin{array}{lll} A_0 = 0, & A_1 = 0, & A_2 = 0, \\ \dfrac{A_1}{\mu_1 \varrho_1} - \dfrac{A_2}{\mu_2 \varrho_2} = 0, & \dfrac{A_2}{\mu_2 \varrho_2} - \dfrac{A_0}{\mu_0 \varrho_0} = 0, & \dfrac{A_0}{\mu_0 \varrho_0} - \dfrac{A_1}{\mu_1 \varrho_1} = 0. \end{array}$$

Bezeichnen wir nun die drei Linienpaare respektive mit $A_0 B_0$, $A_1 B_1$, $A_2 B_2$ und erinnern uns nach 4) der geometrischen Bedeutung der Grössen:

$$\frac{\mu_1 \varrho_1}{\mu_2 \varrho_2} = \frac{\sin(B_0 A_1)}{\sin(B_0 A_2)}, \quad \frac{\mu_2 \varrho_2}{\mu_0 \varrho_0} = \frac{\sin(B_1 A_2)}{\sin(B_1 A_0)}, \quad \frac{\mu_0 \varrho_0}{\mu_1 \varrho_1} = \frac{\sin(B_2 A_0)}{\sin(B_2 A_1)},$$

so erhalten wir durch Multiplikation dieser drei Gleichungen:

$$21) \qquad 1 = \frac{\sin(B_0 A_1) \,.\, \sin(B_1 A_2) \,.\, \sin(B_2 A_0)}{\sin(B_0 A_2) \,.\, \sin(B_1 A_0) \,.\, \sin(B_2 A_1)}.$$

Es ist dieses wieder die geometrische Bedingungsgleichung für drei Linienpaare $A_0 B_0$, $A_1 B_1$, $A_2 B_2$ der Involution, welche man ebenfalls als Definition derselben aufstellen kann. Sie muss sich daher auch direkt aus der Gleichung 19) ableiten lassen.

Wir erwähnen noch dreier Gleichungen, welche man aus der Gleichung 21) erhält, wenn man in derselben A_0 mit B_0 oder A_1 mit B_1 oder A_2 mit B_2 vertauscht. Da jede von diesen drei Gleichungen als Definition der drei Linienpaare einer Involution genommen werden kann, so muss sich auch jede derselben aus der Gleichung 19) direkt ableiten lassen.

Durch zwei gegebene Paare von demselben Punkte ausgehender Linien ist das Linienpaar nicht bestimmt, welches mit den gegebenen eine Involution bildet. Es bedarf dazu noch zweier gegebenen Linienpaare, wie die Auflösung der folgenden Aufgabe beweist:

Dasjenige Linienpaar zu bestimmen, welches eine Involution bildet mit zwei gegebenen Linienpaaren und zugleich eine Involution mit zwei anderen gegebenen Linienpaaren, welche alle von demselben Punkte ausgehen.

Die Bedingung, dass die drei Linienpaare 15) eine Involution bilden, ist die Gleichung 16), welche durch Entwickelung die Form erhält:

$$\lambda_0 \mu_0 - (\lambda_0 + \mu_0) P + Q = 0,$$

indem die Koefficienten P und Q allein von den beiden letzten Linienpaaren abhängen, die wir als gegeben betrachten wollen. Soll nun das erste Linienpaar 15) noch mit zwei anderen gegebenen Linienpaaren eine Involution bilden, so haben die Grössen $\lambda_0 \mu_0$ und $(\lambda_0 + \mu_0)$ einer zweiten linearen Bedingungsgleichung zu genügen. Wenn man nun durch Auflösung der beiden linearen Gleichungen erhält:

$$\lambda_0 \mu_0 = b \quad \text{und} \quad (\lambda_0 + \mu_0) = a,$$

so ist:

$$z^2 - az + b = 0$$

die quadratische Gleichung, deren Wurzeln λ_0 und μ_0 sind. Wir können daher sagen:

22) Es giebt immer nur ein bestimmtes Linienpaar, welches eine Involution bildet mit zwei gegebenen Linienpaaren und zugleich mit zwei anderen gegebenen Linienpaaren, wenn alle Linien von einem und demselben Punkte ausgehen.

In diesem Teile der Vorlesung haben wir vorzugsweise die Bedingung diskutiert für zwei harmonische Linienpaare, und für drei Linienpaare, welche eine Involution bilden. Eine klare Anschauung solcher Linienpaare wurde damit nicht erreicht. Wir werden deshalb in dem zweiten Teile der Vorlesung solche Sätze entwickeln, welche lehren, harmonische Linienpaare und Linienpaare der Involution linear zu konstruieren, das heisst durch blosses Ziehen von geraden Linien.

Die vorgetragenen Principien reichen aus, um die in dem zweiten Teile der vorhergehenden Vorlesung gegebenen Sätze weiter auszudehnen.

Wir betrachten zu diesem Zwecke wieder ein beliebiges Dreieck, dessen Seiten 0 1 2 durch ihre Gleichungen in der Normalform gegeben sein sollen:

$$A_0 = 0, \quad A_1 = 0, \quad A_2 = 0.$$

Ein beliebiger Punkt P — er liege der Einfachheit wegen in dem Dreiecke, in welchem auch der Koordinatenanfangspunkt liegen soll — sei durch seine senkrechten Abstände a_0, a_1, a_2 von den Seiten des Dreiecks gegeben.

Alsdann sind:

$$\frac{A_1}{a_1} - \frac{A_2}{a_2} = 0, \quad \frac{A_2}{a_2} - \frac{A_0}{a_0} = 0, \quad \frac{A_0}{a_0} - \frac{A_1}{a_1} = 0$$

die Gleichungen von drei geraden Linien, welche sämtlich durch den Punkt P gehen. Denn die Koordinaten dieses Punktes genügen jeder dieser Gleichungen, weil die Ausdrücke $A_0 A_1 A_2$ durch Einsetzen der Koordinaten des Punktes P die Werte annehmen $-a_0$, $-a_1$, $-a_2$. Nach der Zusammensetzung ihrer Gleichungen gehen die durch die letzten drei Gleichungen repräsentierten geraden Linien einzeln durch die Ecken des Dreiecks.

Da die drei Ecken des Dreiecks, gleich wie der Punkt P, beliebig gewählt werden können, so ist es erlaubt zu sagen, dass die angegebenen sechs Gleichungen die drei Linienpaare analytisch darstellen, von welchen jedes durch irgend vier gegebene Punkte hindurchgeht. Wenn wir die drei letzten geraden Linien bezeichnen respektive mit $B_0 B_1 B_2$; so sind es die Linienpaare $A_0 B_0$, $A_1 B_1$, $A_2 B_2$, welche wir im Auge haben.

Entnehmen wir nach 4) die geometrische Bedeutung von

$$\frac{a_1}{a_2} = \frac{\sin(B_0 A_1)}{\sin(B_0 A_2)}, \quad \frac{a_2}{a_0} = \frac{\sin(B_1 A_2)}{\sin(B_1 A_0)}, \quad \frac{a_0}{a_1} = \frac{\sin(B_2 A_0)}{\sin(B_2 A_1)}$$

aus den drei letzten Gleichungen und multiplizieren die eben gegebenen Gleichungen, so erhalten wir gerade die Gleichung 21).

Das will sagen, dass drei Linienpaare, welche beliebige vier Punkte paarweise verbinden, Winkel mit einander bilden, wie die Bedingung der Involution es verlangt. Man hat daher den Satz:

Wenn man von einem beliebigen Punkte drei Linienpaare zieht, welche parallel sind dreien Linienpaaren, die irgend vier Punkte paarweise verbinden, so bilden die drei gezogenen Linienpaare eine Involution.

Hiernach kann man, wenn von drei Linienpaaren der Involution $A^0 B^0$, $A^1 B^1$, $A^2 B^2$ die fünf ersten gegeben sind, die sechste Linie B^2 der Involution in folgender Art konstruieren.

Man konstruiere ein Dreieck, dessen Grundlinie A_2 parallel ist der gegebenen Linie A^2 und dessen beide anderen Seiten A_0, B_0 parallel sind den gegebenen Linien A^0, B^0. Durch den einen Endpunkt der Grundlinie ziehe man eine Linie A_1 parallel A^1 und durch den anderen Endpunkt der Grundlinie eine zweite Linie B_1 parallel B^1. Alsdann sind $A_0 B_0$ und $A_1 B_1$ die gegenüberliegenden Seiten eines Vierecks, dessen eine Diagonale A_2 ist. Konstruiert man die andere Diagonale B_2, so giebt diese die Richtung an für die zu konstruierende Linie B^2.

Wir legen auf diese Konstruktion keinen Wert, weil sie nicht linear genannt werden kann. Denn parallele Linien kann man nicht konstruieren, ohne den Kreis zu Hilfe zu nehmen. Die lineare Konstruktion der sechsten Linie der Involution behalten wir uns vor auf das Ende der Vorlesung. —

Kehren wir zu unserer Figur zurück, so sehen wir, dass in jeder Ecke des betrachteten Dreiecks drei von den sechs geraden Linien sich schneiden, deren Gleichungen wir aufgestellt haben. Die Gleichungen der vierten harmonischen Linien sind:

$$\frac{A_1}{a_1} + \frac{A_2}{a_2} = 0, \quad \frac{A_2}{a_2} + \frac{A_0}{a_0} = 0, \quad \frac{A_0}{a_0} + \frac{A_1}{a_1} = 0.$$

Durch Kombination der linken Teile der sechs letzten Gleichungen erhält man identische Gleichungen von der Art:

$$\left(\frac{A_1}{a_1} + \frac{A_2}{a_2}\right) - \left(\frac{A_2}{a_2} + \frac{A_0}{a_0}\right) + \left(\frac{A_0}{a_0} - \frac{A_1}{a_1}\right) \equiv 0.$$

Diese identische Gleichung beweist den Satz:

Wenn man von einem beliebigen Punkte nach den Ecken eines Dreiecks drei gerade Linien zieht und in zwei Ecken die vierten harmonischen Linien konstruiert, so schneiden sich dieselben in einem Punkte, durch welchen auch die durch den beliebigen Punkt und die dritte Ecke des Dreiecks gelegte gerade Linie geht.

Die geometrische Deutung der folgenden vier Gleichungen:

$$\frac{A_0}{a_0}+\frac{A_1}{a_1}+\frac{A_2}{a_2}=0,$$

$$-\frac{A_0}{a_0}+\frac{A_1}{a_1}+\frac{A_2}{a_2}=0,$$

$$\frac{A_0}{a_0}-\frac{A_1}{a_1}+\frac{A_2}{a_2}=0,$$

$$\frac{A_0}{a_0}+\frac{A_1}{a_1}-\frac{A_2}{a_2}=0,$$

in der Weise wie in der vorhergehenden Vorlesung, wo $a_0=a_1=a_2=1$ war, führt auf die beiden Sätze:

Wenn man von irgend einem Punkte nach den Ecken eines Dreiecks drei gerade Linien zieht und in jeder Ecke die vierte harmonische Linie konstruiert, so schneiden die letzteren die gegenüberliegenden Seiten des Dreiecks in drei Punkten, die auf einer und derselben geraden Linie liegen.

Wenn man von irgend einem Punkte nach den Ecken eines Dreiecks drei gerade Linien zieht und in einer Ecke die vierte harmonische Linie konstruiert, so schneidet letztere die gegenüberliegende Seite des Dreiecks in einem Punkte. Dieser Punkt und die beiden Punkte, in welchen die von dem beliebigen Punkte nach den beiden anderen Ecken des Dreiecks gezogenen geraden Linien die gegenüberliegenden Seiten des Dreiecks schneiden, liegen auf einer und derselben geraden Linie.

Diesen letzteren Satz, der zugleich lehrt, zu drei von einem Punkte ausgehenden geraden Linien die vierte harmonische Linie linear zu konstruieren, wollen wir noch besonders durch eine Figur erläutern.

Man erblickt in der Figur das von den drei geraden Linien 0, 1, 2 gebildete Dreieck. Die von dem beliebigen Punkte P nach den Ecken des Dreiecks gezogenen Linien sind analog ihren Gleichungen bezeichnet mit $1-2$, $2-0$, $0-1$, indem die Zahlen die Symbole vertreten. Die von der einen Ecke des Dreiecks gezogene vierte harmonische Linie ist symbolisch bezeichnet mit $1+2$. Da nun das Symbol $-0+1+2$ der punktierten geraden Linie aus den Symbolenpaaren 0, $1+2$

Fig. 6.

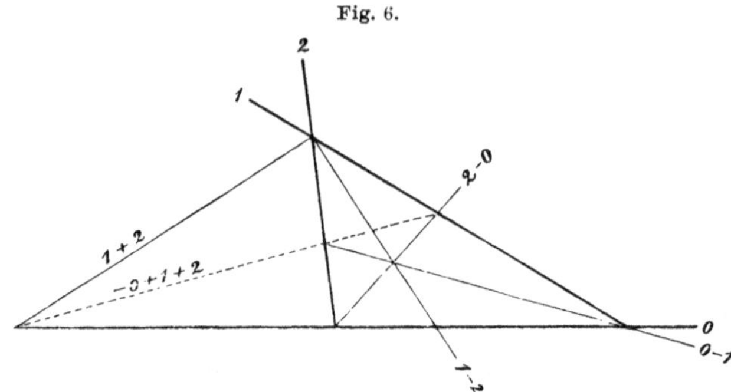

oder 2, $0-1$ oder 1, $2-0$ zusammengesetzt ist, so erkennt man darin den Beweis, dass die punktierte gerade Linie durch die Schnittpunkte der den Symbolenpaaren entsprechenden Linienpaare geht.

Auf diesen Satz gestützt werden wir nun die Aufgabe lösen:

Wenn von zwei harmonischen Linienpaaren drei Linien gegeben sind, die vierte harmonische Linie zu konstruieren.

Die drei gegebenen geraden Linien seien in der Figur die Linien 1, 2, $1-2$. Die beiden ersten sollen das erste gegebene Linienpaar darstellen. Von dem zweiten Linienpaare sei die eine $1-2$ gegeben, die ihr zugehörige harmonische Linie $1+2$ soll konstruiert werden.

Wir ziehen zu diesem Zwecke irgend eine gerade Linie 0. Die Schnittpunkte derselben mit den gegebenen Linien 1 und 2 verbinden wir mit einem beliebig auf der gegebenen Linie $1-2$ angenommenen Punkte durch die geraden Linien $0-1$, $2-0$. Diese schneiden die gegebenen Linien 1 und 2 respektive in zwei Punkten, durch welche wir wieder eine gerade Linie gehen lassen. Wenn wir den Schnittpunkt dieser geraden Linie und der geraden Linie 0 verbinden durch eine gerade Linie $1+2$ mit dem Schnittpunkte der gegebenen Linien 1 und 2, so wird die genannte gerade Linie $1+2$ die gesuchte vierte harmonische Linie sein.

Die eben ausgeführte Konstruktion der vierten harmonischen Linie lässt sich leichter durchschauen, wenn man dem Satze, aus welchem sie entsprang, einen einfacheren Ausdruck giebt.

Zu diesem Zwecke bemerken wir, dass ein Viereck zwei Diagonalen hat, welche die gegenüberliegenden Ecken verbinden. Wenn man die gegenüberliegenden Seiten des Viereckes verlängert, bis sie sich schneiden, so heisst die Figur ein vollständiges Viereck. Das vollständige Viereck hat drei Diagonalen. Denn die Verbindungslinie der Schnittpunkte der gegenüberliegenden Seiten wird auch Diagonale des vollständigen Viereckes genannt.

Betrachten wir nun in der Figur das Viereck, dessen gegenüberliegende Seiten sind: $0, 0-1$ und $2-0, -0+1+2$, so hat das vervollständigte Viereck die Diagonalen 1 und 2, aus deren Schnittpunkten die mit ihnen harmonischen Linien $1-2$ und $1+2$ nach den Endpunkten der dritten in der Figur nicht gezeichneten Diagonale gehen. Da nun das Dreieck 0 1 2 und der Punkt P das genannte Viereck bedingt, wie umgekehrt das Viereck, welches ein beliebiges sein kann, das Dreieck und den Punkt P, so lässt sich der zu vereinfachende Satz so aussprechen:

23) Wenn man von dem Schnittpunkte zweier Diagonalen eines vollständigen Viereckes gerade Linien zieht nach den Endpunkten der dritten Diagonale, so sind die gezogenen Linien harmonisch mit den beiden Diagonalen.

Um einen zweiten von dem vorhergehenden unabhängigen Beweis dieses so fruchtbaren Satzes anzubahnen, wollen wir die Aufgabe lösen:

Es sind die Gleichungen der aufeinander folgenden Seiten 0, 1, 2, 3 eines Viereckes gegeben, es sollen die Gleichungen der drei Diagonalen a, b, c des vollständigen Viereckes gesucht werden.

Wenn $U_0=0$, $U_1=0$, $U_2=0$, $U_3=0$ die gegebenen Gleichungen der vier Seiten des Viereckes sind, so kann man immer vier Grössen $\varkappa$ der Art bestimmen, dass man identisch hat:

$$\varkappa_0 U_0 + \varkappa_1 U_1 + \varkappa_2 U_2 + \varkappa_3 U_3 \equiv 0.$$

Fig. 7.

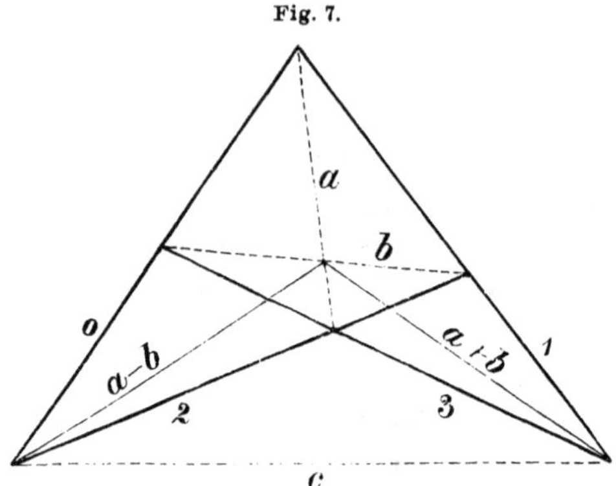

Diese identische Gleichung zerfällt nämlich in drei lineare homogene Gleichungen zwischen den vier Grössen $\varkappa$, wenn man ebensowohl den Koefficienten von x in der Gleichung als den von y und das von diesen Variabelen freie Glied gleich 0 setzt. Wir wollen nun annehmen, dass durch Auflösung der drei Gleichungen das Verhältnis der vier Grössen $\varkappa$ in der identischen Gleichung berechnet sei. Wenn wir alsdann mit a, b, c die Ausdrücke bezeichnen:

$$a \equiv \varkappa_0 U_0 + \varkappa_1 U_1, \quad b \equiv \varkappa_1 U_1 + \varkappa_2 U_2, \quad c \equiv \varkappa_1 U_1 + \varkappa_3 U_3,$$

so sind die gesuchten Gleichungen der drei Diagonalen:

$$a = 0, \quad b = 0, \quad c = 0.$$

Denn wie der Ausdruck a sichtbar zusammengesetzt ist aus den Symbolen U_0 und U_1, so ist er auf Grund der identischen Gleichung auch aus den Symbolen U_2 und U_3 zusammengesetzt, und so weiter.

An die Lösung der vorgelegten Aufgabe schliesst sich nun der Beweis des vorangegangenen Satzes unmittelbar an. Denn ziehen wir von dem Schnittpunkte der Diagonalen $a = 0$ und $b = 0$ ein Linienpaar nach den Endpunkten der dritten Diagonale c, so werden, wie aus der identischen Gleichung ersichtlich ist, die Gleichungen dieses Linienpaares:

$$a - b = 0, \quad a + b = 0.$$

In der Form der Zusammensetzung der Gleichungen dieses Linienpaares aus den Gleichungen des Diagonalenpaares $a=0$, $b=0$ erkennt man den zu beweisenden Satz 23).

Es bleibt noch übrig einen Satz zu entwickeln, welcher lehrt, drei Linienpaare der Involution linear zu konstruieren.

Zu diesem Zwecke betrachten wir ein Viereck, dessen aufeinander folgende Seiten durch die Gleichungen gegeben seien:

$$U_0=0, \quad U_1=0, \quad U_2=0, \quad U_3=0,$$

und einen ebenso beliebig gewählten, durch seine Koordinaten aber gegebenen Punkt P.

Wenn wir alsdann durch $u_0, u_1, \ldots$ die Werte bezeichnen, welche die Ausdrücke $U_0, U_1, \ldots$ annehmen, indem man für die variabelen Koordinaten die gegebenen Koordinaten des Punktes P setzt, so sind:

$$\frac{U_0}{u_0}-\frac{U_3}{u_3}=0, \quad \frac{U_1}{u_1}-\frac{U_3}{u_3}=0, \quad \frac{U_2}{u_2}-\frac{U_3}{u_3}=0,$$
$$\frac{U_1}{u_1}-\frac{U_2}{u_2}=0, \quad \frac{U_2}{u_2}-\frac{U_0}{u_0}=0, \quad \frac{U_0}{u_0}-\frac{U_1}{u_1}=0,$$

die Gleichungen der drei Linienpaare, welche die Endpunkte der drei Diagonalen des vervollständigten Vierecks mit dem Punkte P verbinden.

Setzen wir nun, um die drei ersten Gleichungen durch Multiplikation mit den Faktoren $\mu_0\varrho_0$, $\mu_1\varrho_1$, $\mu_2\varrho_2$ auf die Normalform zurückzuführen,

$$\frac{U_0}{u_0}-\frac{U_3}{u_3}=\frac{A_0}{\varrho_0\mu_0}, \quad \frac{U_1}{u_1}-\frac{U_3}{u_3}=\frac{A_1}{\varrho_1\mu_1}, \quad \frac{U_2}{u_2}-\frac{U_3}{u_3}=\frac{A_2}{\varrho_2\mu_2}$$

und drücken jene drei Gleichungenpaare durch die Symbole A aus, so erhalten wir:

$$A_0=0, \qquad A_1=0, \qquad A_2=0,$$
$$\frac{A_1}{\mu_1\varrho_1}-\frac{A_1}{\mu_2\varrho_2}=0, \quad \frac{A_2}{\mu_2\varrho_2}-\frac{A_0}{\mu_0\varrho_0}=0, \quad \frac{A_0}{\mu_0\varrho_0}-\frac{A_1}{\mu_1\varrho_1}=0,$$

welches gerade dieselben Gleichungen sind, aus welchen die Gleichung 21), die Bedingungsgleichung für die Involution von drei Linienpaaren hervorging. Es beweist dieses den Satz:

24) **Wenn man von einem beliebigen Punkte nach den Endpunkten der drei Diagonalen eines vollständigen Viereckes die Linienpaare zieht, so bilden diese eine Involution.**

Auf diesen Satz gestützt kann man die Aufgabe lösen:

Wenn von drei von einem und demselben Punkte ausgehenden Linienpaaren der Involution fünf Linien gegeben sind, die sechste Linie linear zu konstruieren.

Sind von den vom Punkte P ausgehenden drei Linienpaaren $A_0 B_0$, $A_1 B_1$, $A_2 B_3$ der Involution die fünf ersten Linien gegeben, so konstruieren wir die sechste Linie B_2 der Involution, indem wir irgend eine gerade Linie 1 ziehen.

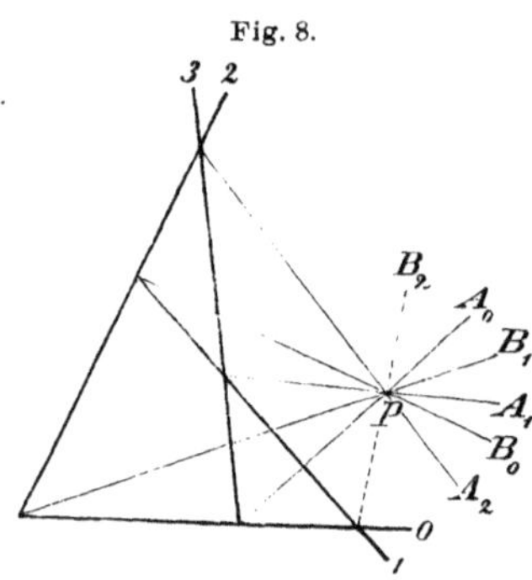

Fig. 8.

Jeden von den Schnittpunkten dieser Linie 1 mit den beiden Linien B_0 und A_1, nämlich die Schnittpunkte $(1 B_0)$ und $(1 A_1)$ verbinden wir durch eine gerade Linie mit einem beliebig auf der Linie A_2 angenommenen Punkte. Diese geraden Linien seien respektive 2 und 3. Verbinden wir alsdann die Schnittpunkte $(2 B_1)$ und $(3 A_0)$ durch eine gerade Linie 0, so schneiden sich die geraden Linien 0 und 1 in einem Punkte der gesuchten Linie, den man nur mit dem Punkte P durch eine gerade Linie zu verbinden braucht, um die gesuchte sechste Linie B_2 der Involution zu erhalten.

Wir specialisieren den Satz 24), aus welchem wir diese Konstruktion geschöpft haben, wenn wir den beliebig angenommenen Punkt P verlegen in den Schnittpunkt der Diagonalen des Vierecks, dessen gegenüberliegende Seiten sind 0, 1 und 2, 3. In dieser Voraussetzung fallen die Linien A_0 mit B_0 und A_1 mit B_1 zusammen und bilden nur ein Linienpaar, welches nach dem Satze 17) harmonisch ist zu dem übrigbleibenden dritten Linienpaare $A_2 B_2$. Dieses ist aber wieder der Satz 23).

Kehren wir wieder zu unserer Figur zurück, deren analytische Ausdrücke wir vorausgeschickt haben, so sehen wir, dass in jedem der sechs Schnittpunkte der vier geraden Linien 0 1 2 3, von welchen wir ausgingen, drei Linien zusammenstossen. Die sechs vierten harmonischen Linien zu diesen paaren sich wie die sechs Schnittpunkte und ihre Gleichungenpaare sind:

$$\frac{U_0}{u_0}+\frac{U_3}{u_3}=0, \quad \frac{U_1}{u_1}+\frac{U_3}{u_3}=0, \quad \frac{U_2}{u_2}+\frac{U_3}{u_3}=0,$$

$$\frac{U_1}{u_1}+\frac{U_2}{u_2}=0, \quad \frac{U_2}{u_2}+\frac{U_0}{u_0}=0, \quad \frac{U_0}{u_0}+\frac{U_1}{u_1}=0.$$

Bemerken wir nun, dass aus jedem dieser Gleichungenpaare durch Addition die Gleichung:

$$\frac{U_0}{u_1}+\frac{U_1}{u_1}+\frac{U_2}{u_2}+\frac{U_3}{u_3}=0$$

derselben geraden Linie entsteht, so haben wir nach 13) der zweiten Vorlesung durch diese Bemerkung den Satz bewiesen:

Wenn man von einem beliebigen Punkte nach den Endpunkten der drei Diagonalen eines vollständigen Vierecks gerade Linien zieht, so stossen in jeder der sechs Endpunkte der Diagonalen drei Linien zusammen. Wenn man in jedem dieser Endpunkte zu den dreien die vierte harmonische Linie konstruiert, so schneiden sich die konstruierten Linien paarweise in drei Punkten, welche auf einer und derselben geraden Linie liegen.

Vierte Vorlesung.

Der Punkt.

Zwei in Rücksicht auf die variabelen Koordinaten x, y lineare Gleichungen:

$$U_0=0, \quad U_1=0$$

stellen, wie wir gesehen haben, einen Punkt dar, den Schnittpunkt der geraden Linien, welche jene Gleichungen einzeln analytisch ausdrücken. Mit dem Punkte sind aber umgekehrt die ihn bestimmenden Gleichungen nicht gegeben. Es können vielmehr irgend zwei aus der Schar Gleichungen:

$$U_0 - \lambda U_1 = 0$$

mit dem willkürlichen Faktor λ an Stelle der beiden ersten Gleichungen gewählt werden.

Diese Unbestimmtheit in der Wahl verschwindet, wenn man sich den Punkt nicht durch den Schnitt zweier geraden Linien bestimmt denkt, sondern aller geraden Linien, welche durch ihn gehen. Mit dieser Art der Bestimmung eines Punktes werden wir den Vorteil verbinden, dass wir den Punkt durch eine einzige Gleichung analytisch darstellen, während zwei solcher Gleichungen eine gerade Linie ausdrücken.

Wie die Lage eines Punktes in der Ebene durch zwei Grössen, seine Koordinaten, unzweideutig bestimmt ist, so kann man auch die Lage einer beliebigen geraden Linie durch zwei Grössen ausdrücken. Ist nämlich die Gleichung irgend einer geraden Linie:

1) $$ux + vy + 1 = 0$$

gegeben, auf welche Form sich die Gleichung jeder geraden Linie zurückführen lässt, so sieht man, dass die Lage dieser Linie allein abhängt von den Werten der beiden Konstanten u und v, welche linear in die Gleichung eingehen.

Weil diese Konstanten die Lage der geraden Linie unzweideutig bestimmen, und umgekehrt die Lage der geraden Linie die Konstanten unzweideutig bestimmt, werden wir sie die Koordinaten der geraden Linie nennen oder Linienkoordinaten, zum Unterschiede von den einen Punkt bestimmenden Punktkoordinaten. Sie drücken analytisch die negativen reciproken Abschnitte aus, welche die gerade Linie auf den Koordinatenaxen macht.

Wenn die variabelen Koordinaten u, v irgend einer geraden Linie die Werte annehmen:

$$u = a, \quad v = b,$$

so liegt eine bestimmte gerade Linie vor. Diese, die gerade Linie bestimmenden Gleichungen sind die Gleichungen der geraden Linie in Linienkoordinaten und $-\frac{1}{a}$ und $-\frac{1}{b}$ die Abschnitte, welche die gerade Linie auf den Koordinatenaxen macht.

Nehmen wir aber nur die erste von den angegebenen Gleichungen und fragen, welche Eigenschaften alle geraden Linien haben, deren Koordinaten u, v jener Gleichung genügen, so zeigt es sich, dass diese Linien durch denjenigen Punkt der x-Axe gehen, welcher von dem Koordinatenanfangspunkte um $-\frac{1}{a}$ absteht, und dass auch die Koordinaten jeder geraden Linie, welche durch den genannten Punkt geht, jener Gleichung genügen. Deshalb nennen wir jene Gleichung die Gleichung des bezeichneten Punktes der x-Axe.

Hiernach stellt jede der angegebenen Gleichungen für sich einen Punkt respektive der x-Axe oder der y-Axe dar, und beide Gleichungen die gerade Linie, welche die genannten Punkte verbindet.

Jede von den angegebenen Gleichungen ist linear, aber von specieller Form, denn die allgemeinste lineare Gleichung zwischen den Linienkoordinaten ist:

$$2) \qquad Au + Bv + C = 0.$$

Es erhebt sich nun die Frage nach der geometrischen Bedeutung dieser Gleichung, das heisst, die Frage nach den Eigenschaften aller geraden Linien 1), deren Koordinaten u, v der Gleichung 2) genügen.

Die analoge Frage nach den Eigenschaften der Punkte, deren Koordinaten einer gegebenen linearen Bedingungsgleichung genügen, haben wir bereits in der ersten Vorlesung in Anregung gebracht und sie in der zweiten Vorlesung dahin beantwortet, dass die Punkte sämtlich auf einer geraden Linie liegen. Wir nannten dort die lineare Bedingungsgleichung die Gleichung der geraden Linie.

Es wird sich zeigen, dass alle geraden Linien, deren Koordinaten der Gleichung 2) genügen, durch einen bestimmten Punkt gehen. Wenn nun im ersten Falle die gegebene, in Punktkoordinaten lineare Gleichung die Gleichung der geraden

Linie genannt wurde, so verlangt die Analogie in dem vorliegenden Falle, dass man die gegebene in Linienkoordinaten lineare Gleichung 2) die Gleichung des Punktes nenne, durch welchen alle jene geraden Linien 1) gehen.

Um nachzuweisen, was wir eben vorausgesetzt haben, bemerken wir, dass in der Bedingungsgleichung 2) die Linienkoordinate u alle möglichen Werte annehmen kann, dass aber der Wert von v durch sie bestimmt ist. Setzt man daher den Wert von v aus 2) in die Gleichung 1), so erhält man die Gleichung aller geraden Linien 1), deren Koordinaten der Gleichung 2) genügen in der Form:

$$3)\qquad (Bx - Ay)u + (B - Cy) = 0$$

mit der willkürlichen Konstante u. Diese Gleichung ist aber zusammengesetzt aus den Gleichungen der beiden geraden Linien:

$$Bx - Ay = 0, \quad B - Cy = 0.$$

Die geraden Linien 3) gehen also durch den Schnittpunkt der genannten geraden Linien, dessen Koordinaten sind:

$$4)\qquad x = \frac{A}{C}, \quad y = \frac{B}{C}.$$

Wenn umgekehrt eine gerade Linie 1) durch diesen Schnittpunkt geht, so genügen die Koordinaten der geraden Linie der Gleichung 2), weil die Koordinaten 4) des Schnittpunktes in die Gleichung 1) gesetzt die Gleichung 1) in 2) übergehen machen.

Wir fassen dies kurz zusammen in den Worten:

Die Gleichung eines Punktes ist eine lineare Gleichung zwischen den variabelen Linienkoordinaten. Die Koordinaten aller geraden Linien, welche durch den Punkt gehen, genügen der Gleichung, und wenn die Koordinaten einer geraden Linie der linearen Gleichung genügen, so geht die gerade Linie durch den Punkt.

Bemerken wir nun, dass die Gleichung 2) die Gleichung desjenigen Punktes ist, dessen Koordinaten in 4) ausgedrückt sind, so ergiebt sich hieraus eine Regel zur Bestimmung der Koordinaten eines durch seine Gleichung gegebenen Punktes, wie für die Bildung der Punktgleichung, wenn die Koordinaten des Punktes gegeben sind. Denn bringt man die gegebene Punktgleichung 2) durch Multiplikation mit einem konstanten Faktor auf die Form, in welcher das ganz konstante Glied gleich der Einheit ist, so sind die Koefficienten von u und v in der Gleichung die Koordinaten des Punktes. Multipliziert man dagegen die gegebenen Koordinaten eines Punktes respektive mit u und v und setzt die Summe der Produkte zur Einheit addiert gleich 0, so hat man die Gleichung des Punktes.

Wenn man die Linienkoordinaten aus zwei Punktgleichungen berechnet, so erhält man die Koordinaten derjenigen geraden Linie, welche die beiden Punkte mit einander verbindet. Zwei Punktgleichungen sind demnach die Gleichungen einer geraden Linie in Linienkoordinaten, wie zwei Liniengleichungen in Punktkoordinaten die Gleichungen eines Punktes sind.

Wir unterscheiden die allgemeine Form 2) der Gleichung eines Punktes von der Normalform der Gleichung des Punktes:

$$5)\qquad au + bv + 1 = 0,$$

in welcher letzteren Form die Koordinaten des Punktes sich unmittelbar als die Koefficienten der Linienkoordinaten darstellen. Mit der Normalform der Punktgleichung lässt sich in vielen Fällen geschickter operieren als mit der allgemeinen Form, wie zum Beispiel bei Auflösung der Aufgabe:

Wenn die Koordinaten U, V einer geraden Linie und die Gleichung eines Punktes in der Normalform 5) gegeben sind, den senkrechten Abstand des Punktes von der geraden Linie zu bestimmen.

Wenn 5) die gegebene Gleichung des Punktes ist, so sind a und b die Koordinaten des Punktes, und

$$\frac{Ux + Vy + 1}{-\sqrt{(U^2 + V^2)}} = 0$$

die Gleichung der gegebenen geraden Linie in der Normalform. Nach der Regel 6) der zweiten Vorlesung wird also der gesuchte senkrechte Abstand sein:

$$\frac{Ua + Vb + 1}{\sqrt{(U^2 + V^2)}}.$$

Vergleicht man diesen Ausdruck mit 5), so ergiebt sich daraus folgende Regel:

6) Wenn man den linken Teil einer in der Normalform gegebenen Gleichung eines Punktes durch $\sqrt{(u^2+v^2)}$ dividiert, so drückt der Quotient den senkrechten Abstand des Punktes aus von der durch ihre Koordinaten u, v gegebenen geraden Linie.

Zum Zwecke der Darstellung mehrerer Punkte werden wir die Symbole U und A brauchen für die Ausdrücke:

7) $$U \equiv Au + Bv + C,$$

8) $$A \equiv au + bv + 1,$$

und mit U_0, U_1, ... und A_0, A_1, ... dieselben Ausdrücke als U und A, jedoch mit veränderten Werten der Koefficienten bezeichnen.

Auf diese Weise drücken die Gleichungen in der allgemeinen Form:

$$U_0 = 0, \quad U_1 = 0 \ldots$$

oder in der Normalform:

$$A_0 = 0, \quad A_1 = 0 \ldots$$

irgend ein System von beliebig vielen Punkten aus.

Haben wir nun zwei durch ihre Gleichungen in der Normalform gegebene Punkte:

9) $$A = 0, \quad A_1 = 0,$$

so werden die senkrechten Abstände derselben von einer durch ihre Koordinaten u, v gegebenen geraden Linie l ausgedrückt durch:

$$\frac{A}{\sqrt{(u^2+v^2)}}, \quad \frac{A_1}{\sqrt{(u^2+v^2)}}.$$

Die Bedingung, dass diese Abstände einander gleich seien:

10) $$A - A_1 = 0$$

verlangt, dass die gerade Linie l parallel gehe mit der Verbindungslinie der gegebenen Punkte, dass sie letztere in dem Punkte schneide, der im Unendlichen liegt. Die Gleichung selbst stellt aber einen Punkt dar, durch welchen alle jene mit der Verbindungslinie parallelen Linien gehen. Es ist dieses also der Punkt der Verbindungslinie, welcher auf ihr im Unendlichen liegt. Und in der That finden wir, wenn wir nach den gegebenen Regeln von der Gleichung 10) des Punktes zu den Koordinaten desselben übergehen, dass sich dieselben als unendlich grosse Grössen darstellen.

Die Bedingung:

11) $$A + A_1 = 0,$$

dass die senkrechten Abstände der gegebenen beiden Punkte von der geraden Linie l gleich, aber entgegengesetzt seien, ist wieder die Gleichung eines Punktes. Dieser Punkt kann kein anderer als der Mittelpunkt der Verbindungslinie sein, weil nur diejenigen geraden Linien l von den gegebenen beiden Punkten in entgegengesetzter Richtung gleich weit abstehen, welche durch jenen Punkt gehen.

Wir können demnach sagen:

12) Wenn $A = 0$ und $A_1 = 0$ die Gleichungen zweier gegebenen Punkte in der Normalform sind, so sind $A - A_1 = 0$ und $A + A_1 = 0$ die Gleichungen zweier Punkte auf der Verbindungslinie der gegebenen Punkte, von welchen der erste im Unendlichen liegt, der andere die Verbindungslinie halbiert.

Die Gleichungen 10) und 11) der Punkte auf der geraden Linie, welche die durch ihre Gleichungen 9) gegebenen Punkte verbindet, sind linear zusammengesetzt aus den gegebenen Gleichungen 9). Es liegt aber auch jeder Punkt auf der Verbindungslinie zweier gegebenen Punkte, dessen Gleichung linear aus den Gleichungen der gegebenen Punkte zusammengesetzt ist.

Denn es seien:

$$U = 0, \quad U_1 = 0$$

die Gleichungen der gegebenen Punkte und

$$\lambda U + \lambda_1 U_1 = 0$$

die aus ihnen linear zusammengesetzte Gleichung eines dritten Punktes. Dass dieser Punkt auf der Verbindungslinie der gegebenen Punkte liegt, folgt aus der Betrachtung.

Die Koordinaten der Verbindungslinie der gegebenen Punkte genügen jeder von den Gleichungen der gegebenen Punkte, sie genügen ebenso der Gleichung des dritten Punktes, der deshalb auf ihr liegt. Wir haben damit den Satz bewiesen, der unter Umständen leicht erkennen lässt, dass gewisse drei Punkte in einer geraden Linie liegen:

13) Wenn zwischen den Gleichungen von drei Punkten $U=0$, $U_1=0$, $U_2=0$ die Identität stattfindet:
$$\lambda U+\lambda_1 U_1+\lambda_2 U_2 \equiv 0,$$
so liegen die drei Punkte auf einer und derselben geraden Linie.

Wir bemerken, dass jene dritte Gleichung mit den willkürlichen Konstanten λ, λ_1 jeden Punkt auf der Verbindungslinie der gegebenen beiden Punkte darstellt. Denn es lassen sich diese Konstanten immer so bestimmen, dass der Gleichung auch genügt wird, wenn man für die variabelen Koordinaten u, v die Koordinaten einer ganz bestimmten geraden Linie setzt. Diese Bestimmung entspricht demjenigen Punkte der Verbindungslinie, in welchem die bestimmte Linie die Verbindungslinie trifft. Wir können daher auch den Satz umkehren:

14) Wenn $U=0$, $U_1=0$, $U_2=0$ die Gleichungen von drei Punkten auf einer geraden Linie sind, so kann man immer drei Faktoren λ, λ_1, λ_2 der Art bestimmen, dass man identisch hat:
$$\lambda U+\lambda_1 U_1+\lambda_2 U_2 \equiv 0.$$

Betrachten wir nun drei durch ihre Gleichungen in der Normalform gegebene Punkte:
$$A_0=0, \quad A_1=0, \quad A_2=0$$
als die Ecken eines Dreiecks, so haben wir die Gleichungen der auf den Seiten des Dreiecks im Unendlichen liegenden Punkte:
$$A_1-A_2=0, \quad A_2-A_0=0, \quad A_0-A_1=0.$$
Ihre Summe
$$(A_1-A_2)+(A_2-A_0)+(A_0-A_1)\equiv 0$$
verschwindet identisch. Man wird deshalb nach Satz 13) irgend drei Punkte im Unendlichen als auf einer geraden Linie liegend

zu betrachten haben. In der That rücken auch alle drei Schnittpunkte einer geraden Linie und der Seiten des Dreiecks in das Unendliche, wenn zwei Schnittpunkte auf den Seiten des Dreiecks in das Unendliche verlegt werden.

Kombinieren wir die Gleichungen der Halbierungspunkte der Seiten des Dreiecks:

$$A_1 + A_2 = 0, \quad A_2 + A_0 = 0, \quad A_0 + A_1 = 0$$

mit den Gleichungen jener drei Punkte im Unendlichen, so ergeben sich daraus die identischen Gleichungen:

$$\begin{aligned}(A_2 + A_0) - (A_0 + A_1) + (A_1 - A_2) &\equiv 0,\\ (A_0 + A_1) - (A_1 + A_2) + (A_2 - A_0) &\equiv 0,\\ (A_1 + A_2) - (A_2 + A_0) + (A_0 - A_1) &\equiv 0.\end{aligned}$$

Diese Gleichungen beweisen, dass die Verbindungslinie der Mitten zweier Seiten des Dreiecks die dritte Seite im Unendlichen schneidet, das heisst, mit ihr parallel ist.

Wenn wir die Zusammensetzung der drei Punktgleichungen ins Auge fassen:

$$\begin{aligned}A_0 + A_1 + A_2 &= 0,\\ -A_0 + A_1 + A_2 &= 0,\\ A_0 - A_1 + A_2 &= 0,\\ A_0 + A_1 - A_2 &= 0,\end{aligned}$$

so können wir auf Grund von 13) aus der ersten Gleichung unmittelbar den Satz ablesen:

Die Verbindungslinien der Mitten der Seiten eines Dreiecks mit den gegenüberliegenden Ecken schneiden sich in einem und demselben Punkte.

Die drei anderen Punktgleichungen beweisen, dass in einem Parallelogramme die Diagonalen sich halbieren.

Fünfte Vorlesung.

Harmonische Punkte. Punkte der Involution.

Wenn die Gleichungen zweier Punkte 0 und 1 in der Normalform gegeben sind:

$$1) \qquad A_0 = 0, \quad A_1 = 0,$$

und wenn u, v die Koordinaten irgend einer geraden Linie l vorstellen, so genügen letztere den gegebenen Gleichungen nicht, vielmehr verhalten sich nach 6) der vorhergehenden Vorlesung $A_0 : A_1$ wie die senkrechten Abstände der gegebenen Punkte von der geraden Linie l.

Sollen die genannten senkrechten Abstände sich wie zwei gegebene Grössen $a_0 : a_1$ verhalten, so haben wir als Bedingung:

$$2) \qquad \frac{A_0}{a_0} - \frac{A_1}{a_1} = 0$$

die Gleichung eines Punktes, durch welchen alle geraden Linien gehen, deren senkrechte Abstände von den gegebenen beiden Punkten sich wie $a_0 : a_1$ verhalten.

Der so definierte Punkt 2) liegt, wie die geometrische Anschauung lehrt, mit den gegebenen beiden Punkten 0 und 1 auf einer und derselben geraden Linie und seine Entfernungen von den gegebenen Punkten verhalten sich ebenfalls wie $a_0 : a_1$. Es ist die Gleichung 2) deshalb die Gleichung des eben genannten Punktes.

Setzen wir $\lambda = \frac{a_0}{a_1}$, so stellt die Gleichung:

$$3) \qquad A_0 - \lambda A_1 = 0$$

mit dem willkürlichen Faktor λ jeden beliebigen Punkt 2 auf der Verbindungslinie der gegebenen Punkte dar. Derselbe liegt zwischen den gegebenen Punkten, wenn λ negativ ist, im anderen Falle liegt er ausserhalb. Er fällt mit einem der gegebenen Punkte zusammen, wenn $\lambda = 0$ oder $\lambda = \infty$ wird.

Die geometrische Bedeutung des Faktors λ in der Gleichung 3) ist nach dem Vorhergehenden

$$4) \qquad \lambda = \frac{(20)}{(21)}.$$

Ein beliebiger anderer Punkt 3 auf der Verbindungslinie der gegebenen Punkte hat zur Gleichung:

$$5)\qquad A_0 - \mu A_1 = 0.$$

Das Verhältnis:

$$6)\qquad \frac{\lambda}{\mu} = \frac{(20)}{(21)} : \frac{(30)}{(31)}$$

heisst das anharmonische Verhältnis des Punktepaares 2, 3 zu dem gegebenen Punktepaare 0, 1.

Sind zwei Punktepaare auf einer geraden Linie durch ihre Gleichungen in der Form gegeben:

$$7)\qquad V_0 = 0,\quad V_1 = 0,\quad V_0 - lV_1 = 0,\quad V_0 - mV_1 = 0,$$

so ist das anharmonische Verhältnis derselben:

$$8)\qquad \frac{l}{m}.$$

Man überzeugt sich davon, wenn man die gegebenen Gleichungen 7) durch Multiplikation mit Faktoren auf die Formen 1), 3), 5) zurückführt.

Wir stellen uns nun die allgemeinere Aufgabe:

Gegeben sind die Gleichungen von vier Punkten auf einer geraden Linie:

$$9)\qquad \begin{cases} U_0 - \lambda U_1 = 0, & U_0 - \lambda_1 U_1 = 0, \\ U_0 - \mu U_1 = 0, & U_0 - \mu_1 U_1 = 0; \end{cases}$$

das anharmonische Verhältnis des letzten Punktepaares zu dem ersten zu bestimmen.

Setzen wir $U_0 - \lambda U_1 = V_0$, $U_0 - \mu U_1 = V_1$ und drücken in den Gleichungen 9) U_0 und U_1 durch V_0 und V_1 aus, so nehmen jene Gleichungen die Gestalt der Gleichungen 7) an. Das gesuchte anharmonische Verhältnis $\frac{l}{m}$ dort wird hier:

$$10)\qquad \frac{\lambda - \lambda_1}{\mu - \lambda_1} : \frac{\lambda - \mu_1}{\mu - \mu_1}.$$

Wenn das anharmonische Verhältnis den Wert -1 annimmt, so nennt man es ein harmonisches Verhältnis und die beiden Punktepaare auf einer geraden Linie heissen harmonische Punktepaare.

Nach dieser Definition werden zwei harmonische Punktepaare auf einer geraden Linie analytisch ausgedrückt durch die Gleichungen:

11) $V_0=0, \quad V_1=0, \quad V_0-\lambda V_1=0, \quad V_0+\lambda V_1=0,$

und die Bedingung, unter welcher zwei Punktepaare 9) auf einer geraden Linie harmonisch sind:

$$\frac{\lambda-\lambda_1}{\mu-\lambda_1}+\frac{\lambda-\mu_1}{\mu-\mu_1}=0$$

giebt entwickelt:

12) $$\lambda\mu-\tfrac{1}{2}(\lambda+\mu)(\lambda_1+\mu_1)+\lambda_1\mu_1=0.$$

Die geometrische Bedingung für zwei harmonische Punktepaare geht aus 6) hervor:

13) $$\frac{(20)}{(21)}+\frac{(30)}{(31)}=0.$$

Diese Bedingungsgleichung hat man zu diskutieren, um eine Vorstellung von der Lage zweier harmonischen Punktepaare zu erhalten. Aus ihr kann man ersehen, dass, wenn der Punkt 2 die Linie 01 halbiert, der Punkt 3 im Unendlichen auf der Linie liegen muss. Wenn der Punkt 2 aus dieser Lage sich einem der Punkte 0, 1 nähert, so nähert sich der Punkt 3 demselben Punkte ausserhalb von 0 und 1. In dem Grenzfalle fallen die sich bewegenden Punkte 2 und 3 mit dem einen oder dem anderen festen Punkte 0 oder 1 zusammen.

Dasjenige Punktepaar zu bestimmen, welches harmonisch ist mit zwei gegebenen Punktepaaren auf einer geraden Linie.

Sind die Gleichungen der gegebenen Punktepaare:

$$U_0-\lambda_0 U_1=0, \quad U_0-\lambda_1 U_1=0,$$
$$U_0-\mu_0 U_1=0, \quad U_0-\mu_1 U_1=0,$$

und die Gleichungen des gesuchten Punktepaares:

$$U_0-\lambda U_1=0,$$
$$U_0-\mu U_1=0,$$

so hat man nach 12) die Bedingungen:

$$\lambda\mu-\tfrac{1}{2}(\lambda+\mu)(\lambda_0+\mu_0)+\lambda_0\mu_0=0,$$
$$\lambda\mu-\tfrac{1}{2}(\lambda+\mu)(\lambda_1+\mu_1)+\lambda_1\mu_1=0.$$

Löst man diese in Rücksicht auf $\lambda\mu$ und $(\lambda+\mu)$ linearen Gleichungen auf, wodurch man erhalte $\lambda\mu=b$, $\lambda+\mu=a$, so ist:

$$z^2-az+b=0$$

die quadratische Gleichung, deren Wurzeln die gesuchten Grössen λ und μ sind. Zugleich können wir sagen:

14) Es giebt immer nur ein bestimmtes Punktepaar, welches harmonisch ist mit zwei gegebenen Punktepaaren auf einer geraden Linie.

Hat die quadratische Gleichung reelle Wurzeln, so ist das gesuchte Punktepaar reell, im anderen Falle imaginär.

Drei Punktepaare auf einer geraden Linie bilden eine Involution, wenn ein viertes Punktepaar gefunden werden kann, welches harmonisch ist mit jedem der drei Punktepaare.

Aus dieser Definition der Involution folgt mit Rücksicht auf den Satz 14), dass von drei Punktepaaren der Involution fünf Punkte beliebig gewählt werden können, dass aber der sechste Punkt unzweideutig bestimmt ist, wenn es feststeht, welche Punkte sich paaren sollen. Es wird daher eine Bedingungsgleichung für die Involution ausreichen.

Es sind die Gleichungen von drei Punktepaaren auf einer geraden Linie gegeben:

$$15)\quad \begin{cases} V_0-\lambda_0 V_1=0, & V_0-\lambda_1 V_1=0, \quad V_0-\lambda_2 V_1=0, \\ V_0-\mu_0 V_1=0, & V_0-\mu_1 V_1=0, \quad V_0-\mu_2 V_1=0; \end{cases}$$

die Bedingung anzugeben, unter welcher die drei Punktepaare eine Involution bilden.

Wenn die drei Punktepaare eine Involution bilden, so hat man nach der Definition ein Punktepaar:

$$V_0-\lambda V_1=0,$$
$$V_0-\mu V_1=0,$$

welches harmonisch ist mit jedem der gegebenen Punktepaare. Dieses verlangt nach 12) die Bedingungen:

$$\lambda\mu-\tfrac{1}{2}(\lambda+\mu)(\lambda_0+\mu_0)+\lambda_0\mu_0=0,$$
$$\lambda\mu-\tfrac{1}{2}(\lambda+\mu)(\lambda_1+\mu_1)+\lambda_1\mu_1=0,$$
$$\lambda\mu-\tfrac{1}{2}(\lambda+\mu)(\lambda_2+\mu_2)+\lambda_2\mu_2=0,$$

aus welchen durch Elimination von $\lambda\mu$ und $\frac{1}{2}(\lambda+\mu)$, welche Grössen linear in die Gleichungen eingehen, die gesuchte Bedingungsgleichung der Involution hervorgeht:

16) $(\lambda_0-\mu_1)(\lambda_1-\mu_2)(\lambda_2-\mu_0)+(\mu_0-\lambda_1)(\mu_1-\lambda_2)(\mu_2-\lambda_0)=0.$

Im speciellen Falle kann das erste Punktepaar der Involution mit einem Punkte, das dritte wieder mit einem anderen Punkte zusammenfallen. Dieses trifft zu, wenn $\lambda_0=\mu_0=\lambda$ und $\lambda_2=\mu_2=\mu$ wird. Dadurch geht die Gleichung 16) über in 12) und wir haben den Satz:

17) Wenn von drei Punktepaaren der Involution das eine Punktepaar mit einem Punkte zusammenfällt, ein zweites Punktepaar mit einem zweiten Punkte, so ist das dritte Punktepaar der Involution harmonisch mit den beiden Punkten.

Die Involution von drei Punktepaaren lässt sich hiernach als ein allgemeinerer Fall von harmonischen Punktepaaren betrachten, indem jeder Punkt eines Paares der letzteren sich in zwei Punkte zerteilt.

Jede drei Punktepaare auf einer geraden Linie stellen sich analytisch auch unter der Form dar:

$$A_0=0, \quad A_0-l_1A_1=0, \quad A_0-l_2A_1=0,$$
$$A_1=0, \quad A_0-m_1A_1=0, \quad A_0-m_2A_1=0,$$

wo wir unter $A_0=0$ und $A_1=0$ die Normalformen der Gleichungen des ersten Punktepaares A_0, B_0 verstehen. Die Gleichungen des zweiten Punktepaares A_1, B_1, ebenso die des dritten Punktepaares A_2, B_2 sind aus diesen zusammengesetzt.

Wir erhalten nun die Bedingung der Involution der genannten drei Punktepaare, wenn wir in 16) setzen $\lambda_0=0$, $\mu_0=\infty$ und zugleich die Buchstaben λ und μ mit l und m vertauschen:

18) $$l_1m_1-l_2m_2=0.$$

Daraus geht nun die geometrische Bedingung der Involution der drei Punktepaare hervor, wenn wir nach 4) die Werte der vier Grössen l und m setzen:

19) $$\frac{(A_1A_0)}{(A_1B_0)}\cdot\frac{(B_1A_0)}{(B_1B_0)}-\frac{(A_2A_0)}{(A_2B_0)}\cdot\frac{(B_2A_0)}{(B_2B_0)}=0.$$

In dieser Gleichung lassen sich je zwei von den drei Punktepaaren mit einander vertauschen, wodurch man zwei andere, aber nur der Form nach verschiedene Bedingungsgleichungen der Involution erhält.

Auf die Form der Gleichungen von drei Punktepaaren auf einer geraden Linie, aus welchen wir die Gleichung 19) abgeleitet haben, können wir die Gleichungen 15) zurückführen, wenn wir setzen:

$$V_0 - \lambda_0 V_1 = \frac{1}{\nu_0} A_0, \quad V_0 - \mu_0 V_1 = \frac{1}{\nu_1} A_1,$$

woraus folgt:

$$V_0 = \frac{1}{\mu_0 - \lambda_0} \left\{ \frac{\mu_0}{\nu_0} A_0 - \frac{\lambda_0}{\nu_1} A_1 \right\}, \quad V_1 = \frac{1}{\mu_0 - \lambda_0} \left\{ \frac{1}{\nu_0} A_0 - \frac{1}{\nu_1} A_1 \right\}.$$

Setzen wir diese Werte von V_0 und V_1 in die Gleichungen 15), so ergiebt sich:

$$l_1 = \frac{\nu_0 (\lambda_0 - \lambda_1)}{\nu_1 (\mu_0 - \lambda_1)}, \quad m_1 = \frac{\nu_0 (\lambda_0 - \mu_1)}{\nu_1 (\mu_0 - \mu_1)},$$
$$l_2 = \frac{\nu_0 (\lambda_0 - \lambda_2)}{\nu_1 (\mu_0 - \lambda_2)}, \quad m_2 = \frac{\nu_0 (\lambda_0 - \mu_2)}{\nu_1 (\mu_0 - \mu_2)},$$

und die Gleichung 18) geht über in die neue von 16) verschiedene Form der Bedingungsgleichung der Involution von drei Punktepaaren 15):

$$20) \qquad \begin{aligned} &(\lambda_0 - \lambda_1)(\lambda_0 - \mu_1)(\mu_0 - \lambda_2)(\mu_0 - \mu_2) \\ &- (\lambda_0 - \lambda_2)(\lambda_0 - \mu_2)(\mu_0 - \lambda_1)(\mu_0 - \mu_1) = 0. \end{aligned}$$

Wie diese von einander verschiedenen Formen der Bedingungsgleichung der Involution von Linienpaaren oder Punktepaaren direkt in einander übergeführt werden können, werden wir in der folgenden Vorlesung auseinander setzen.

Nach der Definition stellen folgende Gleichungen:

$$V_0 - \lambda_0 V_1 = 0, \quad V_0 - \lambda_1 V_1 = 0, \quad V_0 - \lambda_2 V_1 = 0,$$
$$V_0 + \lambda_0 V_1 = 0, \quad V_0 + \lambda_1 V_1 = 0, \quad V_0 + \lambda_2 V_1 = 0,$$

irgendwelche Punktepaare der Involution dar, weil jedes Punktepaar harmonisch ist mit dem Punktepaare $V_0 = 0$, $V_1 = 0$. Um die Gleichungen von Punktepaaren der Involution auf diese Form zurückzuführen, bedarf es freilich der Auflösung einer quadratischen Gleichung.

Führen wir an Stelle der beiden Symbole V_0, V_1 in jene Gleichungen drei Symbole symmetrisch ein, indem wir setzen:

$$V_0 - \lambda_0 V_1 = \frac{U_0}{\lambda_1 - \lambda_2}, \quad V_0 - \lambda_1 V_1 = \frac{U_1}{\lambda_2 - \lambda_0}, \quad V_0 - \lambda_2 V_1 = \frac{U_2}{\lambda_0 - \lambda_1},$$

so haben wir die identische Gleichung:

$$U_0 + U_1 + U_2 = 0$$

und jene sechs Gleichungen gehen über in:

$$U_0 = 0, \qquad U_1 = 0, \qquad U_2 = 0,$$

$$\frac{U_1}{\mu_1} - \frac{U_2}{\mu_2} = 0, \quad \frac{U_2}{\mu_2} - \frac{U_0}{\mu_0} = 0, \quad \frac{U_0}{\mu_0} - \frac{U_1}{\mu_1} = 0,$$

wenn man setzt:

$$\frac{\lambda_1 - \lambda_2}{\lambda_1 + \lambda_2} = \mu_0, \quad \frac{\lambda_2 - \lambda_0}{\lambda_2 + \lambda_0} = \mu_1, \quad \frac{\lambda_0 - \lambda_1}{\lambda_0 + \lambda_1} = \mu_2.$$

Diese drei Grössen μ in den transformierten Gleichungen der Punktepaare der Involution sind ebenso willkürlich als die drei Grössen λ, aus welchen sie zusammengesetzt sind. Führt man endlich für die allgemeinen Formen U die Normalformen A ein, indem man setzt $\varrho_0 U_0 = A_0$, $\varrho_1 U_1 = A_1$, $\varrho_2 U_2 = A_2$, so geht jene identische Gleichung über in:

$$\frac{A_0}{\varrho_0} + \frac{A_1}{\varrho_1} + \frac{A_2}{\varrho_2} = 0$$

und die Gleichungen von irgend drei Punktepaaren der Involution nehmen die Gestalt an:

$$A_0 = 0, \qquad A_1 = 0, \qquad A_2 = 0,$$

$$\frac{A_1}{\mu_1 \varrho_1} - \frac{A_2}{\mu_2 \varrho_2} = 0, \quad \frac{A_2}{\mu_2 \varrho_2} - \frac{A_0}{\mu_0 \varrho_0} = 0, \quad \frac{A_0}{\mu_0 \varrho_0} - \frac{A_1}{\mu_1 \varrho_1} = 0.$$

Da nun nach 4) ist:

$$\frac{\mu_1 \varrho_1}{\mu_2 \varrho_2} = \frac{(B_0 A_1)}{(B_0 A_2)}, \quad \frac{\mu_2 \varrho_2}{\mu_0 \varrho_0} = \frac{(B_1 A_2)}{(B_1 A_0)}, \quad \frac{\mu_0 \varrho_0}{\mu_1 \varrho_1} = \frac{(B_2 A_0)}{(B_2 A_1)},$$

wenn man die Punktepaare bezeichnet mit $A_0 B_0$, $A_1 B_1$, $A_2 B_2$, so erhält man durch Multiplikation der letzten drei Gleichungen:

$$\text{21)} \qquad 1 = \frac{(B_0 A_1) \cdot (B_1 A_2) \cdot (B_2 A_0)}{(B_0 A_2) \cdot (B_1 A_0) \cdot (B_2 A_1)}$$

eine neue geometrische Bedingungsgleichung für drei Punktepaare der Involution, in welcher man auch die Punkte eines jeden Paares mit einander vertauschen kann.

Durch zwei Punktepaare auf einer geraden Linie ist das Punktepaar nicht vollständig bestimmt, welches mit jenen eine Involution bildet. Wir können uns daher die Aufgabe stellen:

Dasjenige Punktepaar zu bestimmen, welches eine Involution bildet mit zwei gegebenen Punktepaaren auf einer geraden Linie und zugleich eine Involution mit zwei anderen gegebenen Punktepaaren auf derselben geraden Linie.

Die Bedingung, dass drei Punktepaare 15) auf einer geraden Linie eine Involution bilden, ist die Gleichung 16), welche, nach λ_0 und μ_0 entwickelt, die Form annimmt:

$$\lambda_0\mu_0 - (\lambda_0 + \mu_0) P + Q = 0.$$

Soll das erste Punktepaar 15) eine Involution bilden mit noch zwei anderen Punktepaaren auf derselben geraden Linie, so haben die Grössen $\lambda_0\mu_0$ und $(\lambda_0 + \mu_0)$ einer zweiten linearen Bedingungsgleichung zu genügen. Giebt nun die Auflösung der genannten linearen Gleichungen:

$$\lambda_0\mu_0 = b, \quad (\lambda_0 + \mu_0) = a,$$

so ist:

$$z^2 - az + b = 0$$

die quadratische Gleichung, deren Wurzeln λ_0 und μ_0 das gesuchte Punktepaar bestimmen. Daraus schliessen wir:

22) Es giebt immer nur ein bestimmtes Punktepaar, welches eine Involution bildet mit zwei gegebenen Punktepaaren und mit zwei anderen gegebenen Punktepaaren auf derselben geraden Linie.

Nachdem wir im Vorhergehenden die Bedingungen für zwei harmonische Punktepaare und der Involution von drei Punktepaaren in verschiedenen Formen entwickelt haben, werden wir in dem folgenden Teile der Vorlesung vorzugsweise solche lineare Figuren betrachten, in welchen diese Bedingungen erfüllt sind. Die Konstruktion von harmonischen Punktepaaren und Punktepaaren der Involution wird sich daraus von selbst ergeben.

Wir betrachten ein Dreieck, dessen Ecken 0 1 2 durch ihre Gleichungen in der Normalform gegeben seien:

$$A_0 = 0, \quad A_1 = 0, \quad A_2 = 0.$$

Bezeichnen wir mit a_0, a_1, a_2 drei willkürliche Grössen, so stellen die Gleichungen:

$$\frac{A_1}{a_1} - \frac{A_2}{a_2} = 0, \quad \frac{A_2}{a_2} - \frac{A_0}{a_0} = 0, \quad \frac{A_0}{a_0} - \frac{A_1}{a_1} = 0$$

irgend drei Punkte auf den drei Seiten des Dreiecks dar, welche auf einer und derselben geraden Linie liegen, weil die Summe der drei Gleichungen identisch 0 ist. Wir können deshalb auch kürzer sagen, dass die angegebenen Gleichungen die sechs Schnittpunkte von irgend vier geraden Linien analytisch ausdrücken.

Bezeichnen wir die drei letzten Punkte mit $B_0 B_1 B_2$ und die Ecken des Dreiecks mit $A_0 A_1 A_2$, so haben wir nach 4):

$$\frac{a_1}{a_2} = \frac{(B_0 A_1)}{(B_0 A_2)}, \quad \frac{a_2}{a_0} = \frac{(B_1 A_2)}{(B_1 A_0)}, \quad \frac{a_0}{a_1} = \frac{(B_2 A_0)}{(B_2 A_1)}.$$

Multiplizieren wir diese Gleichungen, so erhalten wir die Gleichung 21), die Bedingungsgleichung der Involution. Dennoch bilden die sechs Punkte keine Involution, weil sie nicht auf einer und derselben geraden Linie liegen. Nur in dem Grenzfalle, wenn die vier geraden Linien mit einer geraden Linie zusammenfallen, liegen sämtliche sechs Schnittpunkte auf der geraden Linie. Dann werden aber die Schnittpunkte unkenntlich.

Die gemachte Bemerkung beweist nichts weiter, als dass die drei Schnittpunktepaare von vier geraden Linien sich als eine Ausdehnung von Punktepaaren der Involution betrachten lassen, welche nicht auf derselben geraden Linie liegen.

Wenn wir auf jeder Seite des Dreiecks zu dem Schnittpunkte der geraden Linie den vierten harmonischen Punkt fixieren, so stellen sich die Gleichungen dieser Punkte wie folgt dar:

$$\frac{A_1}{a_1}+\frac{A_2}{a_2}=0,\quad \frac{A_2}{a_2}+\frac{A_0}{a_0}=0,\quad \frac{A_0}{a_0}+\frac{A_1}{a_1}=0.$$

Die Kombination der linken Teile der sechs letzten Punktgleichungen giebt identische Gleichungen von der Art:

$$\left(\frac{A_1}{a_1}+\frac{A_2}{a_2}\right)-\left(\frac{A_2}{a_2}+\frac{A_0}{a_0}\right)+\left(\frac{A_0}{a_0}-\frac{A_1}{a_1}\right)=0,$$

welche den Satz beweisen:

Wenn man die Seiten eines Dreiecks oder deren Verlängerungen durch eine gerade Linie schneidet und zu zwei Schnittpunkten derselben auf den Seiten des Dreiecks die vierten harmonischen Punkte konstruiert, so liegen die beiden konstruierten Punkte und der dritte Schnittpunkt auf einer geraden Linie.

Wenn wir die Zusammensetzung der folgenden vier Punktgleichungen beachten:

$$\frac{A_0}{a_0}+\frac{A_1}{a_1}+\frac{A_2}{a_2}=0,$$
$$-\frac{A_0}{a_0}+\frac{A_1}{a_1}+\frac{A_2}{a_2}=0,$$
$$\frac{A_0}{a_0}-\frac{A_1}{a_1}+\frac{A_2}{a_2}=0,$$
$$\frac{A_0}{a_0}+\frac{A_1}{a_1}-\frac{A_2}{a_2}=0,$$

so ergeben sich daraus die geometrischen Sätze:

Wenn man die Seiten eines Dreiecks oder deren Verlängerungen durch eine gerade Linie schneidet und auf jeder Seite zu dem Schnittpunkte den vierten harmonischen Punkt konstruiert, so schneiden sich die drei geraden Linien, welche die konstruierten Punkte mit den gegenüberliegenden Ecken des Dreiecks verbinden, in einem und demselben Punkte.

Wenn man die Seiten eines Dreiecks oder deren Verlängerungen durch eine gerade Linie schneidet, zu einem der Schnittpunkte auf der Seite des Dreiecks, auf welcher er liegt, den vierten harmonischen

Punkt konstruiert, und diesen Punkt durch eine gerade Linie mit der gegenüberliegenden Ecke des Dreiecks verbindet, so geht die Verbindungslinie durch den Punkt, in welchem sich die Verbindungslinien der beiden anderen Schnittpunkte und der gegenüberliegenden Ecken des Dreiecks schneiden.

Zur Erläuterung dieses Satzes dient die folgende Figur: Die Seiten des Dreiecks 0 1 2 sind durch eine beliebige gerade Linie in den Punkten 1 — 2, 2 — 0, 0 — 1 geschnitten. Der vierte harmonische Punkt 1 + 2 zu 1 — 2 auf der Seite 1 2 des Dreiecks ist mit dem Punkte 0 durch eine gerade Linie verbunden, welche durch den Punkt — 0 + 1 + 2 geht, in welchem sich die Verbindungslinien der Schnittpunkte 0 — 1 und 2 — 0 mit den gegenüberliegenden Ecken 2 und 1 des Dreiecks schneiden. Der Satz lehrt zugleich die Aufgabe lösen:

Fig. 9.

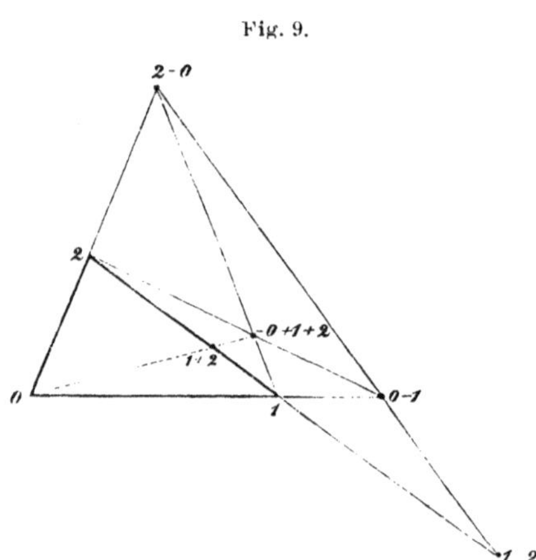

Wenn von zwei harmonischen Punktepaaren drei Punkte gegeben sind, den vierten harmonischen Punkt linear zu konstruieren.

Sind nämlich auf einer geraden Linie das Punktepaar 1 2 und der Punkt 1 — 2 gegeben, so konstruiert man den vierten harmonischen Punkt 1 + 2, indem man ein Dreieck 0 1 2 bildet und dasselbe durch irgend eine gerade Linie (2 — 0, 0 — 1, 1 — 2) schneidet, welche durch den gegebenen Punkt 1 — 2 geht. Verbindet man dann den Schnittpunkt — 0 + 1 + 2 der geraden Linien 0 — 1, 2 und 2 — 0, 1 durch eine gerade Linie mit der Ecke 0 des Dreiecks, so schneidet dieselbe die Seite 1 2 des Dreiecks in dem gesuchten vierten harmonischen Punkte 1 + 2.

Um den Satz, aus dem wir die Konstruktion des vierten harmonischen Punktes abgeleitet haben, für den Gebrauch bequemer auszusprechen, bemerken wir, dass das Dreieck 0 1 2 mit der geraden Linie $(1-2,\ 2-0,\ 0-1)$ und dasselbe Dreieck 0 1 2 mit dem Punkte $-0+1+2$ sich gegenseitig bestimmen. Die drei Ecken 0, 1, 2 des Dreiecks und der Punkt $-0+1+2$ unterliegen keiner Beschränkung. Es ist darum das Viereck, dessen auf einander folgende Ecken sind 2, 0, 1, $-0+1+2$ ein ganz beliebiges. Vervollständigt man dieses Viereck, so sieht man in der Figur 9, wie die eine Diagonale desselben von den beiden anderen in den harmonischen Punkten $1-2$ und $1+2$ geschnitten wird. Man kann daher kürzer sagen:

23) Jede zwei Diagonalen eines vollständigen Viereckes teilen die dritte Diagonale harmonisch.

Ein einfacherer Beweis dieses Satzes ist folgender:

Fig. 10.

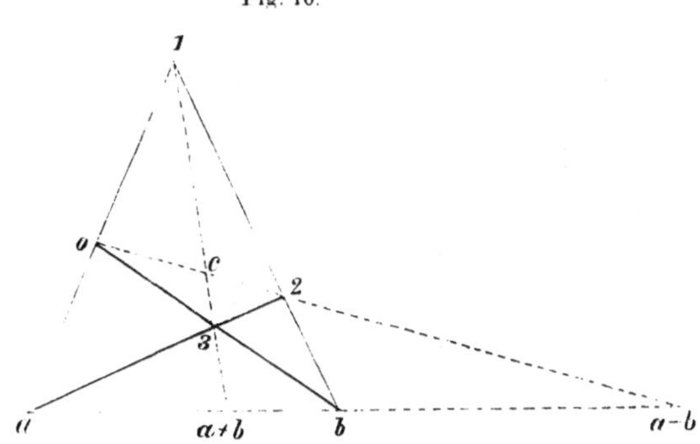

Wenn $U_0=0$, $U_1=0$, $U_2=0$, $U_3=0$ die Gleichungen der auf einander folgenden Ecken eines Viereckes sind, so lassen sich vier Grössen $\varkappa$ der Art bestimmen, dass man identisch hat:

$$\varkappa_0 U_0+\varkappa_1 U_1+\varkappa_2 U_2+\varkappa_3 U_3\equiv 0.$$

Bezeichnet man alsdann mit a, b, c die Ausdrücke:

$$a\equiv\varkappa_0 U_0+\varkappa_1 U_1,\quad b\equiv\varkappa_1 U_1+\varkappa_2 U_2,\quad c\equiv\varkappa_1 U_1+\varkappa_3 U_3,$$

so sind auf Grund der vorausgeschickten identischen Gleichung:

$$a=0,\quad b=0,\quad c=0$$

die Gleichungen der beiden Schnittpunkte der gegenüberliegenden Seiten des Viereckes und des Schnittpunktes der Diagonalen.

Die dritte Diagonale ab des vervollständigten Viereckes wird nun von den beiden anderen Diagonalen in den Punkten $a-b$ und $a+b$ geschnitten, deren Gleichungen sind:

$$a-b=0, \quad a+b=0.$$

Diese Schnittpunkte sind aber harmonisch mit den Endpunkten a und b der Diagonale, wie aus der Komposition ihrer Gleichungen ersichtlich ist.

Um eine klare Vorstellung von drei Punktepaaren der Involution zu erhalten, werden wir einen Satz entwickeln, der solche Punktepaare konstruieren lehrt.

Durch vier Punkte lassen sich drei Linienpaare legen, von welchen jedes Paar durch alle vier Punkte geht. Die vier Punkte 0 1 2 3 in der Figur 11 seien gegeben durch ihre Gleichungen:

$$U_0=0, \quad U_1=0, \quad U_2=0, \quad U_3=0.$$

Wir schneiden jene drei Linienpaare, welche diese vier Punkte paarweise verbinden, durch eine gerade Linie L und suchen die Schnittpunkte zu bestimmen.

Zu diesem Zwecke nehmen wir an, dass $u_0 u_1 \ldots$ die Werte seien, welche die Ausdrücke U_0, $U_1 \ldots$ annehmen, wenn man in letzteren für die laufenden Koordinaten die Koordinaten der geraden Linie L setzt. Alsdann sind:

$$\frac{U_0}{u_0}-\frac{U_3}{u_3}=0, \quad \frac{U_1}{u_1}-\frac{U_3}{u_3}=0, \quad \frac{U_2}{u_2}-\frac{U_3}{u_3}=0,$$

$$\frac{U_1}{u_1}-\frac{U_2}{u_2}=0, \quad \frac{U_2}{u_2}-\frac{U_0}{u_0}=0, \quad \frac{U_0}{u_0}-\frac{U_1}{u_1}=0,$$

die Gleichungen der gesuchten Punktepaare auf Grund ihrer Zusammensetzung und weil sie sämtlich erfüllt werden, wenn man für die variabelen Koordinaten die Koordinaten der geraden Linie setzt.

Bringen wir nun die drei oberen Gleichungen auf die Normalform, indem wir setzen:

$$\frac{U_0}{u_0}-\frac{U_3}{u_3}=\frac{A_0}{\varrho_0\mu_0}, \quad \frac{U_1}{u_1}-\frac{U_3}{u_3}=\frac{A_1}{\varrho_1\mu_1}, \quad \frac{U_2}{u_2}-\frac{U_3}{u_3}=\frac{A_2}{\varrho_2\mu_2},$$

so stellen sich jene sechs Gleichungen dar in Ausdrücken der Symbole A wie folgt:

$$A_0 = 0, \qquad A_1 = 0, \qquad A_2 = 0,$$

$$\frac{A_1}{\varrho_1 \mu_1} - \frac{A_2}{\varrho_2 \mu_2} = 0, \quad \frac{A_2}{\varrho_2 \mu_2} - \frac{A_0}{\varrho_0 \mu_0} = 0, \quad \frac{A_0}{\varrho_0 \mu_0} - \frac{A_1}{\varrho_1 \mu_1} = 0.$$

Es sind dieses dieselben Gleichungen, aus welchen wir die Bedingungsgleichung 21) der Involution von drei Punktepaaren abgeleitet haben. Da sie selbst Punktepaare der Involution darstellen, so können wir sagen:

24) Jede gerade Linie schneidet die drei Linienpaare, welche irgend vier Punkte paarweise verbinden, in Punktepaaren der Involution.

Dieser Satz lehrt die Aufgabe lösen:

Wenn von drei Punktepaaren der Involution auf einer geraden Linie fünf Punkte gegeben sind, den sechsten Punkt linear zu konstruieren.

Sind von den Punktepaaren $A_0 B_0$, $A_1 B_1$, $A_2 B_2$ der Involution auf der geraden Linie L die fünf ersten gegeben, so

Fig. 11.

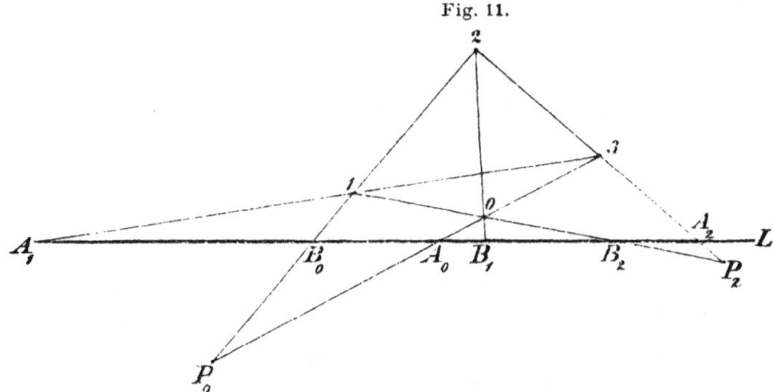

konstruieren wir den gesuchten Punkt B_2 in folgender Art. Wir legen durch die Punkte A_2, A_1, B_0 irgend drei gerade Linien, welche das Dreieck 1 2 3 bilden. Ziehen wir alsdann die geraden Linien $(3 A_0)$ und $(2 B_1)$ und verbinden den Schnittpunkt 0 derselben mit dem Punkte 1 durch eine gerade Linie, so trifft dieselbe die gerade Linie L in dem gesuchten Punkte B_2.

Wenn man in der beschriebenen Figur die gerade Linie L in die Lage von $(P_0 P_2)$ rücken lässt, so fällt das Punktepaar $A_0 B_0$ mit P_0 und das Punktepaar $A_2 B_2$ mit P_2 zusammen und nach Satz 17) wird das dritte Punktepaar $A_1 B_1$ harmonisch mit dem Punktepaare $P_0 P_2$. Dieses beweist auch der vorletzte Satz 23). Denn die gerade Linie L, wenn sie durch P_0 und P_2 geht, ist eine Diagonale des vervollständigten Vierecks 0 1 2 3, die von den beiden anderen Diagonalen in harmonischen Punkten geschnitten wird.

Die beschriebene Figur stellt drei Linienpaare dar, welche vier Punkte 0 1 2 3 paarweise verbinden und eine gerade Linie L, welche jene schneidet. Die Gleichungen der Schnittpunkte haben wir am Anfange unserer Untersuchung aufgestellt. Fixieren wir nun auf jeder jener sechs geraden Linien denjenigen Punkt, welcher harmonisch ist zu dem Schnittpunkte der geraden Linie L, so sind die Gleichungen jener Punkte:

$$\frac{U_0}{u_0} + \frac{U_3}{u_3} = 0, \quad \frac{U_1}{u_1} + \frac{U_3}{u_3} = 0, \quad \frac{U_2}{u_2} + \frac{U_3}{u_3} = 0,$$

$$\frac{U_1}{u_1} + \frac{U_2}{u_2} = 0, \quad \frac{U_2}{u_2} + \frac{U_0}{u_0} = 0, \quad \frac{U_0}{u_0} + \frac{U_1}{u_1} = 0.$$

Da aus jedem dieser Gleichungenpaare durch Addition die Gleichung hervorgeht:

$$\frac{U_0}{u_0} + \frac{U_1}{u_1} + \frac{U_2}{u_2} + \frac{U_3}{u_3} = 0,$$

so haben wir durch diese einfache Bemerkung den Satz bewiesen:

Wenn man drei Linienpaare, welche vier Punkte paarweise verbinden, durch eine gerade Linie schneidet, und zu jedem Schnittpunkte den vierten harmonischen Punkt konstruiert auf der von jenen sechs geraden Linien, auf welcher der Schnittpunkt liegt, so schneiden sich die drei geraden Linien, welche die konstruierten Punkte paarweise verbinden, in einem und demselben Punkte.

Lässt man die die Figur schneidende gerade Linie in das Unendliche fallen, so specialisiert sich der Satz wie folgt:

Die drei geraden Linien, welche die Mittelpunkte der gegenüberliegenden Seiten und die Mittelpunkte der beiden Diagonalen eines Vierecks verbinden, schneiden sich in einem und demselben Punkte.

Sechste Vorlesung.

Zur Involution.

Wir haben in den vorhergehenden Vorlesungen vielfache Gelegenheit gehabt zu sehen, wie dieselben analytischen Formeln eine doppelte geometrische Deutung erfahren, je nachdem man die Variabelen in ihnen als Punktkoordinaten oder als Linienkoordinaten betrachtet. Es ist gewiss nicht zu viel behauptet, wenn man sagt, dass nach Feststellung des Begriffes der Punktgleichung die vierte und fünfte Vorlesung eine ganz notwendige Folge seien aus der zweiten und dritten Vorlesung. Die vierte und die fünfte Vorlesung enthalten in der That nichts als eine neue Art, dieselben analytischen Formeln zu lesen.

Obwohl wir bemüht sein werden, diese doppelte Lesart analytischer Formeln auch in den folgenden Vorlesungen durchzuführen, so wird es für die gegenwärtige Vorlesung, die den bereits behandelten Gegenstand der Involution aus einem anderen Gesichtspunkte wieder aufnimmt, genügen, auf die doppelte Interpretation nur gelegentlich aufmerksam zu machen.

Es ergaben sich in den vorangegangenen Vorlesungen zwei ganz verschiedene Bedingungsgleichungen 16) und 20) für die Involution von drei Linienpaaren, welche von demselben Ursprung ausgehen, sowie von drei Punktepaaren, welche auf einer und derselben geraden Linie liegen. Durch Ausrechnung wird man sich überzeugen können, dass die eine Gleichung auf die andere zurückführt. An Stelle der Rechnung werden wir jedoch hier dem befruchtenden Gedanken den Vorzug geben. Zu diesem Zwecke wiederholen wir die Resultate der vorhergehenden Vorlesung in wenig geänderter Form:

„Wenn drei Punktepaare 12, 34, 56 auf einer geraden Linie durch ihre Gleichungen:

$$1) \quad \begin{cases} V_0 - \lambda_1 V_1 = 0, & V_0 - \lambda_3 V_1 = 0, & V_0 - \lambda_5 V_1 = 0, \\ V_0 - \lambda_2 V_1 = 0, & V_0 - \lambda_4 V_1 = 0, & V_0 - \lambda_6 V_1 = 0 \end{cases}$$

gegeben sind, so ist nach 20) der fünften Vorlesung die Bedingung der Involution der Punktepaare:

$$2) \quad \begin{aligned} &(\lambda_1 - \lambda_3)(\lambda_1 - \lambda_4)(\lambda_2 - \lambda_5)(\lambda_2 - \lambda_6) \\ &- (\lambda_2 - \lambda_3)(\lambda_2 - \lambda_4)(\lambda_1 - \lambda_5)(\lambda_1 - \lambda_6) = 0, \end{aligned}$$

oder auch nach 16):

$$3) \quad (\lambda_4 - \lambda_1)(\lambda_6 - \lambda_3)(\lambda_2 - \lambda_5) + (\lambda_3 - \lambda_2)(\lambda_5 - \lambda_4)(\lambda_1 - \lambda_6) = 0.“$$

Diese beiden Gleichungen, von welchen jede die Bedingung der Involution ausdrückt, sind ihrem Wesen nach eine und dieselbe Gleichung, nur ihrer Form nach sind sie verschieden. Man erhält aber aus 2) noch zwei andere der Form nach verschiedene Gleichungen, wenn man λ_1 mit λ_4 und zugleich λ_2 mit λ_3, oder wenn man λ_1 mit λ_6 und zugleich λ_2 mit λ_5 vertauscht. Ebenso erhält man aus 3) noch drei andere Gleichungen, wenn man entweder λ_1 mit λ_2 oder λ_3 mit λ_4 oder λ_5 mit λ_6 vertauscht. Da durch die angegebenen Vertauschungen die Punktepaare 1) nur in einander übergehen, so braucht nur eine von den sieben angegebenen Gleichungen erfüllt zu sein, die sechs anderen werden von selbst erfüllt.

Die linken Teile dieser Gleichungen sind die sieben ganzen Funktionen der sechs Grössen λ:

$$4) \quad \begin{cases} F_{12} = (\lambda_1 - \lambda_3)(\lambda_1 - \lambda_4)(\lambda_2 - \lambda_5)(\lambda_2 - \lambda_6) \\ \qquad - (\lambda_2 - \lambda_3)(\lambda_2 - \lambda_4)(\lambda_1 - \lambda_5)(\lambda_1 - \lambda_6), \\ F_{34} = (\lambda_3 - \lambda_5)(\lambda_3 - \lambda_6)(\lambda_4 - \lambda_1)(\lambda_4 - \lambda_2) \\ \qquad - (\lambda_4 - \lambda_5)(\lambda_4 - \lambda_6)(\lambda_3 - \lambda_1)(\lambda_3 - \lambda_2), \\ F_{56} = (\lambda_5 - \lambda_1)(\lambda_5 - \lambda_2)(\lambda_6 - \lambda_3)(\lambda_6 - \lambda_4) \\ \qquad - (\lambda_6 - \lambda_1)(\lambda_6 - \lambda_2)(\lambda_5 - \lambda_3)(\lambda_5 - \lambda_4), \\ F_1 = (\lambda_4 - \lambda_1)(\lambda_6 - \lambda_3)(\lambda_2 - \lambda_5) \\ \qquad + (\lambda_3 - \lambda_2)(\lambda_5 - \lambda_4)(\lambda_1 - \lambda_6), \\ F_2 = (\lambda_4 - \lambda_2)(\lambda_6 - \lambda_3)(\lambda_1 - \lambda_5) \\ \qquad + (\lambda_3 - \lambda_1)(\lambda_5 - \lambda_4)(\lambda_2 - \lambda_6), \\ F_3 = (\lambda_3 - \lambda_1)(\lambda_6 - \lambda_4)(\lambda_2 - \lambda_5) \\ \qquad + (\lambda_4 - \lambda_2)(\lambda_5 - \lambda_3)(\lambda_1 - \lambda_6), \\ F_4 = (\lambda_4 - \lambda_1)(\lambda_5 - \lambda_3)(\lambda_2 - \lambda_6) \\ \qquad + (\lambda_3 - \lambda_2)(\lambda_6 - \lambda_4)(\lambda_1 - \lambda_5). \end{cases}$$

Werden die sechs Grössen λ als willkürliche genommen, so verschwindet keine der sieben Funktionen F. Sobald aber die sechs Grössen λ solche Werte annehmen, dass eine jener sieben Funktionen F verschwindet, so verschwinden mit der einen auch die sechs anderen. Es können daher jene sieben Funktionen F der sechs willkürlichen Grössen λ nur durch gewisse Faktoren von einander unterschieden sein.

Diese Faktoren zu ermitteln wird deshalb von Interesse sein, weil die Produkte der Faktoren und der ihnen entsprechenden Funktionen F sieben identische Funktionen von sechs willkürlichen Grössen λ kennzeichnen, welche in der Form wesentlich von einander unterschieden sind.

Auf die sieben Funktionen F hat aber nicht etwa die Algebra geführt; vielmehr waren es geometrische Betrachtungen, welche auf ihre Identität hinwiesen. Will daher die Algebra der Geometrie nicht nachstehen, so bleibt ihr nichts übrig als nachzuweisen:

Mit welchen Faktoren die sieben Funktionen F in 4) zu multiplizieren sind, um die Produkte identisch zu machen.

Um die angeregte Frage zu beantworten, gehen wir von einem bekannten algebraischen Satze aus, den wir in dem speciellen Falle, der hier Anwendung findet, so wiedergeben:

„Wenn man mit $\pi_1, \pi_2, \ldots \pi_6$ die Produkte der Differenzen von irgend sechs Grössen $\lambda_1, \lambda_2, \ldots \lambda_6$ bezeichnet:

$$5)\qquad \begin{cases} \pi_1 = (\lambda_1 - \lambda_2)(\lambda_1 - \lambda_3)\ldots(\lambda_1 - \lambda_6), \\ \pi_2 = (\lambda_2 - \lambda_1)(\lambda_2 - \lambda_3)\ldots(\lambda_2 - \lambda_6), \\ \cdot\quad\cdot\quad\cdot\quad\cdot\quad\cdot\quad\cdot\quad\cdot\quad\cdot\quad\cdot\quad\cdot\quad\cdot\quad\cdot \\ \pi_6 = (\lambda_6 - \lambda_1)(\lambda_6 - \lambda_2)\ldots(\lambda_6 - \lambda_5), \end{cases}$$

wenn ferner $\varphi(\lambda)$ irgend eine ganze Funktion von λ des vierten Grades ist, so hat man identisch:

$$6)\qquad \frac{\varphi(\lambda_1)}{\pi_1} + \frac{\varphi(\lambda_2)}{\pi_2} + \ldots \frac{\varphi(\lambda_6)}{\pi_6} = 0.\text{“*}$$

---

* Den Beweis des algebraischen Satzes entnehmnn wir aus der Zerlegung des Bruches:

$$\frac{\varphi(\lambda)}{(\lambda - \lambda_1)(\lambda - \lambda_2)\ldots(\lambda - \lambda_6)}$$

in Partialbrüche:

Wenn man in der Gleichung 6) für die Funktion des vierten Grades setzt: $\varphi(\lambda) = (\lambda - \lambda_1)^2 (\lambda - \lambda_2)^2$, so verschwinden die beiden ersten Glieder in dieser Gleichung. Vereinigt man die beiden folgenden Glieder, ebenso die beiden letzten, so erhält man nach Unterdrückung der gleichen Faktoren:

$$\frac{F_{34}}{(\lambda_3 - \lambda_4)} = \frac{F_{56}}{(\lambda_5 - \lambda_6)}.$$

Diese Gleichung ist eine identische Gleichung, weil sie aus der identischen Gleichung 6) hervorgegangen ist. Jene Gleichung 6) bleibt ungeändert, wenn man für:

$$\lambda_1,\ \lambda_2,\ \lambda_3,\ \lambda_4,\ \lambda_5,\ \lambda_6$$

respektive setzt:

$$\lambda_3,\ \lambda_4,\ \lambda_5,\ \lambda_6,\ \lambda_1,\ \lambda_2.$$

Es bleibt also auch diese Gleichung dadurch unverändert. Bemerkt man aber, dass durch die angegebenen Veränderungen die drei Funktionen F_{12}, F_{34}, F_{56} in einander übergehen, so ergiebt sich aus der letzten Gleichung:

$$\frac{F_{12}}{(\lambda_1 - \lambda_2)} = \frac{F_{34}}{(\lambda_3 - \lambda_4)} = \frac{F_{56}}{(\lambda_5 - \lambda_6)}.$$

$$\frac{\varphi(\lambda)}{(\lambda - \lambda_1)(\lambda - \lambda_2)\ldots(\lambda - \lambda_6)} = \frac{a_1}{\lambda - \lambda_1} + \frac{a_2}{\lambda - \lambda_2} + \ldots \frac{a_6}{\lambda - \lambda_6}.$$

Der Zähler a_1 des ersten Partialbruches wird dadurch bestimmt, dass man die angegebene identische Gleichung multipliziert mit dem Produkte der Nenner sämtlicher Partialbrüche und hierauf für λ setzt λ_1. Ebenso werden die Werte der übrigen Zähler der Partialbrüche gefunden:

$$a_1 = \frac{\varphi(\lambda_1)}{\pi_1}, \quad a_2 = \frac{\varphi(\lambda_2)}{\pi_2}, \quad \ldots \quad a_6 = \frac{\varphi(\lambda_6)}{\pi_6}.$$

Setzt man nun in der identischen Gleichung $\lambda = \frac{1}{x}$, so geht mit Weglassung des Faktors x auf beiden Seiten der Gleichung dieselbe über in:

$$\frac{x^5 \varphi\left(\frac{1}{x}\right)}{(1 - \lambda_1 x)(1 - \lambda_2 x)\ldots(1 - \lambda_6 x)} = \frac{a_1}{1 - \lambda_1 x} + \frac{a_2}{1 - \lambda_2 x} + \ldots \frac{a_6}{1 - \lambda_6 x}.$$

Da nun $x^5 \varphi\left(\frac{1}{x}\right)$ eine ganze Funktion von x ist mit dem Faktor x, so verschwindet der linke Teil der Gleichung, wenn man $x = 0$ setzt, und man erhält

$$0 = a_1 + a_2 + \ldots a_6,$$

was zu beweisen war.

Setzt man nun, um auf die anderen Funktionen F zu kommen, $(\lambda_1 - \lambda_2) = \varepsilon$, so wird:

$$\frac{F_{12}}{(\lambda_1 - \lambda_2)} =$$
$$\frac{(\lambda_2-\lambda_3+\varepsilon)(\lambda_2-\lambda_4+\varepsilon)(\lambda_2-\lambda_5)(\lambda_2-\lambda_6) - (\lambda_2-\lambda_5+\varepsilon)(\lambda_2-\lambda_6+\varepsilon)(\lambda_2-\lambda_3)(\lambda_2-\lambda_4)}{\varepsilon}.$$

Entwickelt man nach Potenzen von ε und dividiert, so wird der rechte Teil der Gleichung

$$= [\lambda_2 - \lambda_3 + \lambda_2 - \lambda_4 + \varepsilon](\lambda_2 - \lambda_5)(\lambda_2 - \lambda_6)$$
$$- [\lambda_2 - \lambda_5 + \lambda_2 - \lambda_6 + \varepsilon](\lambda_2 - \lambda_3)(\lambda_2 - \lambda_4)$$

und wenn man den Wert von $\varepsilon = \lambda_1 - \lambda_2$ wieder einsetzt:

$$= [(\lambda_2 - \lambda_3) + (\lambda_1 - \lambda_4)](\lambda_2 - \lambda_5)(\lambda_2 - \lambda_6)$$
$$- [(\lambda_2 - \lambda_5) + (\lambda_1 - \lambda_6)](\lambda_2 - \lambda_3)(\lambda_2 - \lambda_4).$$

Vereinigt man die Glieder der Entwickelung, welche die Faktoren $(\lambda_2 - \lambda_3)$ und $(\lambda_2 - \lambda_5)$ zugleich enthalten, und lässt die übrigen folgen, so erhält man:

$$= (\lambda_2 - \lambda_3)(\lambda_2 - \lambda_5)(\lambda_4 - \lambda_6) - (\lambda_2 - \lambda_3)(\lambda_2 - \lambda_4)(\lambda_1 - \lambda_6)$$
$$+ (\lambda_2 - \lambda_5)(\lambda_2 - \lambda_6)(\lambda_1 - \lambda_4).$$

Setzt man dafür:

$$= [(\lambda_2 - \lambda_1) + (\lambda_1 - \lambda_3)](\lambda_2 - \lambda_5)(\lambda_4 - \lambda_6) - [(\lambda_2 - \lambda_5) + (\lambda_5 - \lambda_3)]$$
$$(\lambda_2 - \lambda_4)(\lambda_1 - \lambda_6) + (\lambda_2 - \lambda_5)(\lambda_2 - \lambda_6)(\lambda_1 - \lambda_4)$$

und entwickelt, so erhält man

$$= (\lambda_1 - \lambda_3)(\lambda_2 - \lambda_5)(\lambda_4 - \lambda_6) - (\lambda_5 - \lambda_3)(\lambda_2 - \lambda_4)(\lambda_1 - \lambda_6)$$
$$+ (\lambda_2 - \lambda_5)[(\lambda_2 - \lambda_1)(\lambda_4 - \lambda_6) - (\lambda_2 - \lambda_4)(\lambda_1 - \lambda_6) + (\lambda_2 - \lambda_6)(\lambda_1 - \lambda_4)].$$

Man sieht hier, dass die letzten Glieder sich gegenseitig zerstören und nur die beiden ersten Glieder übrig bleiben, deren Summe $= F_3$ ist. Man hat daher:

$$\frac{F_{12}}{(\lambda_1 - \lambda_2)} = F_3.$$

Einfacher gelangt man zum Ziele, wenn man die identischen Gleichungen:

$$(\lambda_1 - \lambda_4)(\lambda_2 - \lambda_6) = (\lambda_1 - \lambda_2)(\lambda_4 - \lambda_6) - (\lambda_1 - \lambda_6)(\lambda_4 - \lambda_2),$$
$$(\lambda_1 - \lambda_5)(\lambda_2 - \lambda_3) = (\lambda_1 - \lambda_2)(\lambda_5 - \lambda_3) - (\lambda_1 - \lambda_3)(\lambda_5 - \lambda_2),$$

zur Umformung von F_{12} benutzt. Denn setzt man in dem ersten Gliede von F_{12} für die Faktoren $(\lambda_1 - \lambda_4)(\lambda_2 - \lambda_6)$ und im zweiten Gliede für die Faktoren $(\lambda_1 - \lambda_5)(\lambda_2 - \lambda_3)$ ihre Werte aus den identischen Gleichungen, so zerstören sich von den vier dadurch entstandenen Gliedern in F_{12} diejenigen, welche den Faktor $(\lambda_1 - \lambda_2)$ nicht haben, und die beiden übrigbleibenden bilden gerade das Produkt $(\lambda_1 - \lambda_2) F_3$.

Da der linke Teil der zuletzt aus der identischen Gleichung 6) hervorgegangenen Gleichung ungeändert bleibt, wenn man λ_1 mit λ_2 oder λ_3 mit λ_4 oder λ_5 mit λ_6 vertauscht, wodurch die Funktionen F_1, F_2, F_3, F_4 in einander übergehen, so muss auch der rechte Teil derselben F_3 ungeändert bleiben und man hat als Antwort auf die oben angeregte Frage die identischen Gleichungen:

7) $$\frac{F_{12}}{(\lambda_1 - \lambda_2)} = \frac{F_{34}}{(\lambda_3 - \lambda_4)} = \frac{F_{56}}{(\lambda_5 - \lambda_6)} = F_1 = F_2 = F_3 = F_4.^*$$

Es soll sich nunmehr darum handeln, die aus der Geometrie hergenommenen, durch die Algebra festgestellten Identitäten wieder für die Geometrie zu verwerten.

Zu diesem Zwecke nehmen wir irgend ein Punktepaar α, β, deren Gleichungen gegeben seien:

8) $$V_0 - \alpha V_1 = 0, \quad V_0 - \beta V_1 = 0,$$

welches Punktepaar auf derselben geraden Linie liegen soll, als die sechs Punkte 1, 2...6 in 1). Wir nehmen ferner an, dass diese sechs Punkte 1) keiner Beschränkung weiter unterworfen seien, dass also die Grössen λ nicht etwa der Gleichung 2) oder 3) genügen.

Unter diesen Voraussetzungen wollen wir es unternehmen, folgende drei Gleichungen geometrisch zu interpretieren:

9) $$\begin{cases} (\alpha-\lambda_1)(\alpha-\lambda_2)(\beta-\lambda_4)(\beta-\lambda_5)-(\alpha-\lambda_4)(\alpha-\lambda_5)(\beta-\lambda_1)(\beta-\lambda_2)=0, \\ (\alpha-\lambda_2)(\alpha-\lambda_3)(\beta-\lambda_5)(\beta-\lambda_6)-(\alpha-\lambda_5)(\alpha-\lambda_6)(\beta-\lambda_2)(\beta-\lambda_3)=0, \\ (\alpha-\lambda_3)(\alpha-\lambda_4)(\beta-\lambda_6)(\beta-\lambda_1)-(\alpha-\lambda_6)(\alpha-\lambda_1)(\beta-\lambda_3)(\beta-\lambda_4)=0. \end{cases}$$

Was die Bildung dieser Gleichungen anbetrifft, so sieht man, dass dieselben durch cyklische Vertauschung der beliebigen sechs Punkte 1, 2...6 auf der geraden Linie in ein-

---

* Mit Hilfe der Determinanten lassen sich die Identitäten 7) durchsichtiger nachweisen wie in pag. 106 flgg. meiner Raumgeometrie.

ander übergehen und dass durch diese Vertauschung sich keine neuen Gleichungen herstellen lassen.

Diese drei Gleichungen 9) bestehen neben einander, unbekümmert, welches auch die auf der geraden Linie angenommenen sechs Punkte seien.

Denn multipliziert man die Gleichungen der Reihe nach mit den Faktoren:

10) $(\alpha - \lambda_3)(\beta - \lambda_6), \quad -(\alpha - \lambda_1)(\beta - \lambda_4), \quad (\alpha - \lambda_5)(\beta - \lambda_2),$

so sieht man, ohne die Produkte aufzulösen, dass ihre Summe identisch gleich 0 wird. Das will aber sagen, dass wenn von den angegebenen Gleichungen zwei erfüllt werden, die dritte Gleichung sich von selbst versteht.

Interpretieren wir nun die aufgeführten drei Gleichungen. Die erste verlangt ein Punktepaar $\alpha\beta$, welches mit den beiden Punktepaaren 1 2 und 4 5 eine Involution bilden soll. Die zweite Gleichung verlangt, dass dasselbe Punktepaar $\alpha\beta$ eine Involution bilde mit den beiden Punktepaaren 2 3 und 5 6. Diesem Verlangen kann nach dem Satze 22) der vorhergehenden Vorlesung wirklich entsprochen werden. Die dritte Gleichung verlangt aber noch, dass dasselbe Punktepaar eine Involution bilde mit den beiden Punktepaaren 4 3 und 6 1. Auch diesem Verlangen wird entsprochen, weil zwei von jenen Gleichungen die dritte bedingen. Daraus entspringt nun der Satz:

11) Wenn irgend sechs Punkte 1, 2 ... 6 auf einer geraden Linie gegeben sind, so giebt es immer ein Punktepaar α, β, welches gleichzeitig mit den beiden Punktepaaren 1, 2 und 4, 5, mit den beiden Punktepaaren 2, 3 und 5, 6 und mit den beiden Punktepaaren 3, 4 und 6, 1 eine Involution bildet.

Die Bedingung der Involution von drei Punktepaaren auf einer geraden Linie lässt sich auch anders fassen, als in dem Vorhergehenden geschehen ist, wenn man festsetzt, dass die Koefficienten $\alpha\beta$ in den Gleichungen 8) eines Punktepaares als die Wurzeln einer in λ quadratischen Gleichung $Q=0$ gegeben seien.

Irgend drei quadratische Gleichungen: $Q_0 = 0$, $Q_1 = 0$, $Q_2 = 0$ werden auf diese Weise irgend drei Punktepaare auf der geraden Linie darstellen. Diese drei Gleichungen müssen also in einer gewissen Abhängigkeit von einander stehen, wenn die drei Punktepaare eine Involution bilden sollen. Man stelle sich also die Frage, welches die Abhängigkeit sei?

Sollen drei Punktepaare $\alpha_0\beta_0$, $\alpha_1\beta_1$, $\alpha_2\beta_2$, welche durch jene drei quadratischen Gleichungen gegeben seien, nach der Definition in der fünften Vorlesung eine Involution bilden, so muss ein Punktepaar $\alpha\beta$ gefunden werden können, welches harmonisch ist mit jedem der drei Punktepaare. Hierfür sind die Bedingungen:

$$12)\qquad \begin{cases} \alpha\beta - \frac{1}{2}(\alpha+\beta)(\alpha_0+\beta_0) + \alpha_0\beta_0 = 0, \\ \alpha\beta - \frac{1}{2}(\alpha+\beta)(\alpha_1+\beta_1) + \alpha_1\beta_1 = 0, \\ \alpha\beta - \frac{1}{2}(\alpha+\beta)(\alpha_2+\beta_2) + \alpha_2\beta_2 = 0. \end{cases}$$

Da diese Gleichungen zugleich bestehen, so wird man drei Faktoren q_0, q_1, q_2 der Art bestimmen können, dass die Gleichungen der Reihe nach mit ihnen multipliziert und addiert identisch 0 ergeben, welche Werte man auch den Grössen α und β zuerteilen mag. Setzt man nun $\alpha = \beta = \lambda$, so gehen die Gleichungen 12) gerade in die obigen drei quadratischen Gleichungen über:

$$13)\qquad \begin{cases} Q_0 = \lambda^2 - \lambda(\alpha_0+\beta_0) + \alpha_0\beta_0 = 0, \\ Q_1 = \lambda^2 - \lambda(\alpha_1+\beta_1) + \alpha_1\beta_1 = 0, \\ Q_2 = \lambda^2 - \lambda(\alpha_2+\beta_2) + \alpha_2\beta_2 = 0, \end{cases}$$

in Gleichungen, welche den hervorgehobenen Charakter der Gleichungen 12) beibehalten. Man kann daher sagen:

14) Wenn drei Punktepaare auf einer geraden Linie durch drei quadratische Gleichungen $Q_0 = 0$, $Q_1 = 0$, $Q_2 = 0$ gegeben sind, so bilden die drei Punktepaare eine Involution, wenn sich drei Faktoren q der Art bestimmen lassen, dass man identisch hat:

$$q_0 Q_0 + q_1 Q_1 + q_2 Q_2 = 0.$$

Um eine Anwendung von diesem Satze zu machen, gehen wir auf die drei Gleichungen 9) näher ein, von welchen wir nachgewiesen haben, dass sie zu gleicher Zeit bestehen. Dividieren wir dieselben durch $(\alpha-\beta)$, so nehmen sie mit Rücksicht auf die Identitäten 7) die Gestalt an:

$$15)\quad \begin{cases} (\lambda_2-\alpha)(\lambda_5-\lambda_1)(\beta-\lambda_4)+(\lambda_1-\beta)(\lambda_4-\lambda_2)(\alpha-\lambda_5)=0, \\ (\lambda_3-\alpha)(\lambda_6-\lambda_2)(\beta-\lambda_5)+(\lambda_2-\beta)(\lambda_5-\lambda_3)(\alpha-\lambda_6)=0, \\ (\lambda_1-\alpha)(\lambda_1-\lambda_3)(\beta-\lambda_6)+(\lambda_3-\beta)(\lambda_6-\lambda_4)(\alpha-\lambda_1)=0. \end{cases}$$

In dieser Gestalt ist es den Gleichungen nicht mehr anzusehen, dass sie mit den Faktoren 10) multipliziert und addiert identisch 0 ergeben.

Entwickeln wir diese Gleichungen, so nehmen sie die Form an:

$$16)\quad \begin{cases} A_0\alpha\beta+B_0(\alpha+\beta)+C_0=0, \\ A_1\alpha\beta+B_1(\alpha+\beta)+C_1=0, \\ A_2\alpha\beta+B_2(\alpha+\beta)+C_2=0, \end{cases}$$

indem die Koefficienten A, B, C gewisse Funktionen der sechs gegebenen Grössen λ bedeuten.

Es sind dieses lineare Gleichungen in Rücksicht auf die Grössen $\alpha\beta$ und $(\alpha+\beta)$. Da sie zu gleicher Zeit bestehen, so müssen sich drei Faktoren q der Art finden lassen, dass die Summe der mit den Faktoren multiplizierten Geichungen identisch 0 ergiebt, abgesehen davon, welche Werte den Grössen α und β beigelegt werden.

Setzt man nun $\alpha=\beta=\lambda$, so gehen die drei Gleichungen über in die quadratischen Gleichungen:

$$17)\quad \begin{cases} A_0\lambda^2+2B_0\lambda+C_0=0, \\ A_1\lambda^2+2B_1\lambda+C_1=0, \\ A_2\lambda^2+2B_2\lambda+C_2=0, \end{cases}$$

welche mit den vorhergehenden die Eigenschaft gemein haben, dass sie, mit den Faktoren q multipliziert und addiert, identisch 0 ergeben.

Diese Eigenschaft muss nach dem Satze 14) notwendigerweise auf einen neuen Satz zwischen den sechs Punkten 1 2...6 führen, wenn es gelingt, die Gleichungen 17) geometrisch zu deuten.

Zu diesem Zwecke erinnern wir an die geometrische Bedeutung der ersten Gleichung 9) oder 15). Diese Gleichung verlangte ein Punktepaar $\alpha\beta$, welches mit den beiden Punktepaaren 12, 45 eine Involution bildet. Das verlangte Punktepaar $\alpha\beta$ war dadurch nicht bestimmt, vielmehr konnte einer von den beiden Punkten beliebig auf der geraden Linie angenommen werden. Sollen aber die beiden Punkte $\alpha\beta$ in einen Punkt, wir nennen ihn Doppelpunkt, zusammenfallen, so ist die erste Gleichung 17) die Bedingung dafür. Da diese Gleichung eine quadratische ist, so haben wir zwei Doppelpunkte und jeder derselben ist durch eine Wurzel der Gleichung bestimmt.

Der eine von diesen Doppelpunkten bildet also eine Involution mit den beiden Punktepaaren 12, 45, gleichwie der andere. Nach der Definition der Involution bilden die beiden Doppelpunkte mit dem Punktepaare 12 eine Involution, gleichwie mit dem Punktepaare 45. Betrachtet man nun die Doppelpunktepaare als ein einfaches Punktepaar, so wird nach 17) der vorhergehenden Vorlesung dieses einfache Punktepaar harmonisch sowohl mit dem Punktepaare 12 als mit dem Punktepaare 34.

Die erste Gleichung 17) stellt also analytisch ein Punktepaar dar, welches harmonisch ist sowohl mit dem Punktepaare 12 als mit dem Punktepaare 45. Deutet man in gleicher Weise die beiden anderen Gleichungen 17) und vergegenwärtigt man sich die hervorgehobene Eigenschaft dieser Gleichungen, so hat man auf Grund von 14) den neuen Satz:

18) Wenn irgend sechs Punkte 12...6 auf einer geraden Linie gegeben sind, und man konstruiert drei Punktepaare, von welchen das erste harmonisch ist mit den Punktepaaren 12 und 45, das zweite harmonisch mit den Punktepaaren 23 und 56, das dritte harmonisch mit den Punktepaaren 34 und 61, so bilden die drei konstruierten Punktepaare eine Involution.

Wir werden noch ein Paar Sätze entwickeln, welche von vier beliebig auf einer geraden Linie angenommenen Punkten handeln. Zu diesem Zwecke betrachten wir irgend vier Punkte 1234 auf einer geraden Linie, die durch die vier ersten

Gleichungen 1) gegeben seien. Aus ihnen lassen sich nur drei Gruppen von zwei Punktepaaren bilden: 12, 34; 23, 14; 13, 24. Die Bedingungen, dass ein Punktepaar 8) $\alpha\beta$ harmonisch sei mit jedem Punktepaare der letzten Gruppe, drücken nach 10) der fünften Vorlesung die Gleichungen aus:

$$\frac{\alpha-\lambda_1}{\alpha-\lambda_3}=-\frac{\beta-\lambda_1}{\beta-\lambda_3},\quad \frac{\alpha-\lambda_2}{\alpha-\lambda_4}=-\frac{\beta-\lambda_2}{\beta-\lambda_4}.$$

Multipliziert man diese Gleichung und dividiert sie durch einander, so erhält man:

$$(\alpha-\lambda_1)(\alpha-\lambda_2)(\beta-\lambda_3)(\beta-\lambda_4)=(\alpha-\lambda_3)(\alpha-\lambda_4)(\beta-\lambda_1)(\beta-\lambda_2),$$
$$(\alpha-\lambda_1)(\alpha-\lambda_4)(\beta-\lambda_2)(\beta-\lambda_3)=(\alpha-\lambda_2)(\alpha-\lambda_3)(\beta-\lambda_1)(\beta-\lambda_4),$$

die Bedingungen der Involution des Punktepaares $\alpha\beta$ mit der ersten Gruppe 12, 34, und der zweiten Gruppe 23, 14. Daraus entspringt der Satz:

19) Beliebige vier Punkte auf einer geraden Linie bilden drei Gruppen von zwei Punktepaaren. Dasjenige Punktepaar, welches harmonisch ist mit jedem Punktepaare einer Gruppe, bildet eine Involution mit den Punktepaaren der beiden anderen Gruppen, und umgekehrt, dasjenige Punktepaar, welches mit zwei Gruppen eine Involution bildet, ist harmonisch mit jedem Punktepaare der dritten Gruppe.

Es sei nun $\alpha_1\beta_1$ dasjenige Punktepaar, welches harmonisch ist sowohl mit dem Punktepaar 12 als mit dem Punktepaar 34 der ersten Gruppe. Dieses Punktepaar $\alpha_1\beta_1$ ist harmonisch nicht allein mit den genannten beiden Punktepaaren, sondern auch mit dem Punktepaar $\alpha\beta$, weil die Punktepaare 12, 34, $\alpha\beta$ eine Involution bilden. Wir haben daher den Satz:

20) Beliebige vier Punkte auf einer geraden Linie bilden drei Gruppen von zwei Punktepaaren. Konstruiert man drei Punktepaare, von denen jedes harmonisch ist mit den beiden Punkte-

paaren einer Gruppe, so sind je zwei konstruierte Punktepaare harmonisch.*

Mit diesem Satze werden wir uns in der folgenden Vorlesung eine geometrische Anschauung von der Auflösung biquadratischer Gleichungen verschaffen.

Schliesslich bleibt noch übrig ein Kriterium aufzustellen, nach welchem man es zweien quadratischen Gleichungen sogleich ansehen kann, ob sie harmonische Punktepaare analytisch ausdrücken.

Wenn zwei Punktepaare $\alpha\beta$ und $\alpha_1\beta_1$ auf derselben geraden Linie einzeln durch ihre Gleichungen 8) gegeben sind, so ist nach 12) der sechsten Vorlesung die Bedingung, dass sie harmonisch seien:

$$\alpha\beta - \tfrac{1}{2}(\alpha + \beta)(\alpha_1 + \beta_1) + \alpha_1\beta_1 = 0.$$

Sind die Grössen $\alpha\beta$, $\alpha_1\beta_1$ aber gegeben als die Wurzeln zweier quadratischen Gleichungen:

$$21)\qquad \begin{cases} A\,\lambda^2 + 2B\,\lambda + C\, = 0, \\ A_1\lambda^2 + 2B_1\lambda + C_1 = 0, \end{cases}$$

so braucht man nur in jener Bedingungsgleichung die symmetrischen Funktionen der Wurzeln der quadratischen Gleichungen durch die Koefficienten in den Gleichungen auszudrücken, um den Satz zu beweisen:

22) **Wenn zwei Punktepaare auf einer geraden Linie durch die quadratischen Gleichungen 21) gegeben sind, so sind diese Punktepaare harmonisch unter der Bedingung:**

$$CA_1 - 2BB_1 + AC_1 = 0.$$

---

* Die hier hervorgehobenen Sätze von Punkten auf einer geraden Linie scheinen vereinzelt dazustehen. So verlassen von ihrer Umgebung sind sie aber nicht. Vielmehr lassen sie sich mit einer grossen Zahl anderer Sätze über Punkte auf einer geraden Linie, nicht wie hier durch künstliche Betrachtungen, sondern organisch aus einem und demselben Principe der Übertragung aus der Ebene in die gerade Linie ableiten, welches ich am Schlusse meiner „Vier Vorlesungen aus der analytischen Geometrie“, Leipzig Teubner 1866, entwickelt habe.

Was wir in dieser Vorlesung von Punkten oder Punktepaaren auf einer geraden Linie ausgesagt haben, dasselbe gilt ebenso von geraden Linien, welche sich in einem und demselben Punkte schneiden.

Wir machen diese Bemerkung zum Zwecke der achten Vorlesung, in welcher wir die Übertragung der Sätze von Punkten in Sätze von geraden Linien voraussetzen werden, besonders der Sätze 14) und 22).

Siebente Vorlesung.

Die Auflösung biquadratischer Gleichungen.*

Eine biquadratische Gleichung:

1) $$a_0\lambda^4 + a_1\lambda^3 + a_2\lambda^2 + a_3\lambda + a_4 = 0$$

mit den gegebenen fünf Koefficienten a auflösen, heisst bekanntlich die vier Wurzeln λ_1, λ_2, λ_3, λ_4 bestimmen, welche für λ in die Gleichung gesetzt, derselben genügen oder die gegebene Gleichung in ihre Faktoren zerlegen:

2) $$a_0(\lambda - \lambda_1)(\lambda - \lambda_2)(\lambda - \lambda_3)(\lambda - \lambda_4) = 0.$$

Um mit dieser Gleichung eine geometrische Vorstellung zu verbinden, nehmen wir irgend zwei durch ihre Gleichungen

---

* Diese Vorlesung hat den Zweck, zu zeigen, wie geometrische Spekulationen auf die Auflösung der biquadratischen Gleichung führen. Sie macht darin eine Ausnahme von den übrigen Vorlesungen, dass sie den Satz der Algebra voraussetzt: „Jede ganze symmetrische Funktion der Wurzeln einer algebraischen Gleichung lässt sich rational durch die Koefficienten in der Gleichung ausdrücken.“ Durch diesen Satz wird in der Vorlesung aber nur die Möglichkeit der Auflösung bewiesen. Will man die Auflösung der biquadratischen Gleichung selbst, so genügt der algebraische Satz nicht, vielmehr muss man wissen, ganze symmetrische Funktionen der Wurzeln einer algebraischen Gleichung rational durch die Koefficienten in der Gleichung wirklich auszudrücken.

Die Vorlesung kann, wenn sie nicht anspricht, unbeschadet für die folgenden Vorlesungen übergangen werden, mit welchen sie in gar keiner Beziehung steht.

$U_0 = 0$ und $U_1 = 0$ gegebene Punkte als Fundamentalpunkte der geometrischen Anschauung. Jeder Punkt der geraden Linie, welche durch diese Punkte geht, wird durch die Gleichung dargestellt:

$$3) \qquad U_0 - \lambda U_1 = 0.$$

Setzen wir den Wert von λ aus dieser Gleichung in die Gleichung, welche wir erhalten, wenn wir einen der vier Faktoren in 2) gleich 0 setzen, zum Beispiel in die Gleichung $\lambda - \lambda_1 = 0$, so erhalten wir $U_0 - \lambda_1 U_1 = 0$, die Gleichung eines ganz bestimmten Punktes der geraden Linie. Dieser Punkt ist bestimmt durch die erste Wurzel λ_1 der biquadratischen Gleichung 1).

So entspricht jeder Wurzel der biquadratischen Gleichung ein Punkt der geraden Linie, und wir werden sagen, die biquadratische Gleichung 1) repräsentiere vier bestimmte Punkte $\lambda_1, \lambda_2, \lambda_3, \lambda_4$, deren Gleichung aus 1) erhalten wird, wenn man den Wert von λ aus 3) einsetzt.

Zum Zwecke der Auflösung der biquadratischen Gleichung sprechen wir die in der vorhergehenden Vorlesung bewiesenen Identitäten in Worten so aus:

Der Ausdruck:

$$F_1 = (\lambda_4 - \lambda_1)(\lambda_6 - \lambda_3)(\lambda_2 - \lambda_5) + (\lambda_3 - \lambda_2)(\lambda_5 - \lambda_4)(\lambda_1 - \lambda_6)$$

bleibt ungeändert, wenn man von den drei Punktepaaren $\lambda_1 \lambda_2$, $\lambda_3 \lambda_4$, $\lambda_5 \lambda_6$ die Punkte eines Paares mit einander vertauscht; er ändert nur sein Vorzeichen, wenn man ein Punktepaar mit einem anderen vertauscht.

Setzt man in dem genannten Ausdrucke $F_1 : \lambda_5 = \lambda_6 = \lambda$ und lässt ihn verschwinden, so erhält man die Gleichung:

$$(\lambda - \lambda_3)(\lambda - \lambda_2)(\lambda_1 - \lambda_4) + (\lambda - \lambda_4)(\lambda - \lambda_1)(\lambda_2 - \lambda_3) = 0,$$

die das Punktepaar $\alpha\beta$ repräsentiert, welches harmonisch ist sowohl mit dem Punktepaare $\lambda_1 \lambda_2$ als mit dem Punktepaare $\lambda_3 \lambda_4$.

Vertauscht man die Wurzeln der biquadratischen Gleichung λ_1 mit λ_3 oder λ_1 mit λ_4, so hat man die Gleichungen:

$$4) \quad \begin{cases} (\lambda - \lambda_3)(\lambda - \lambda_2)(\lambda_1 - \lambda_4) + (\lambda - \lambda_4)(\lambda - \lambda_1)(\lambda_2 - \lambda_3) = 0, \\ (\lambda - \lambda_1)(\lambda - \lambda_2)(\lambda_3 - \lambda_4) + (\lambda - \lambda_4)(\lambda - \lambda_3)(\lambda_2 - \lambda_1) = 0, \\ (\lambda - \lambda_3)(\lambda - \lambda_2)(\lambda_4 - \lambda_1) + (\lambda - \lambda_1)(\lambda - \lambda_4)(\lambda_2 - \lambda_3) = 0, \end{cases}$$

welche die drei Punktepaare $\alpha\beta$, $\alpha_1\beta_1$, $\alpha_2\beta_2$ repräsentieren, von welchen der vorletzte Satz der vorhergehenden Vorlesung handelte. Das erste Punktepaar ist nämlich harmonisch mit $\lambda_1\lambda_2$ und $\lambda_3\lambda_4$, das zweite Punktepaar $\alpha_1\beta_1$ ist harmonisch mit $\lambda_2\lambda_3$ und $\lambda_1\lambda_4$, das dritte Punktepaar $\alpha_2\beta_2$ ist harmonisch mit $\lambda_1\lambda_3$ und $\lambda_2\lambda_4$, und die drei Punktepaare sind harmonisch unter einander.

Die Gleichungen 4) haben die Eigenschaft, dass bei Vertauschung irgend zweier Wurzeln λ der biquadratischen Gleichung 1) immer eine Gleichung ungeändert bleibt, während die beiden anderen Gleichungen in einander übergehen und zwar so, dass ihre linken Teile entweder ihr Vorzeichen beibehalten oder beide zugleich ändern.

Man wird sich von dieser Eigenschaft der Gleichungen 4) nicht direkt überzeugen können, wohl aber, wenn man jeder von den drei Gleichungen die drei anderen Formen beigesellt, welche sich aus der oben angeführten Eigenschaft der Funktion F_1 ergeben. Es ist dieses allerdings ein weitläufiges Verfahren, welches sich aber durch Determinanten-Bildung sehr vereinfachen lässt.*

---

* Die Funktion $-F_1$ ist nichts anderes als die Determinante:

$$-F_1 = \begin{vmatrix} 1, & (\lambda_1+\lambda_2), & \lambda_1\lambda_2 \\ 1, & (\lambda_3+\lambda_4), & \lambda_3\lambda_4 \\ 1, & (\lambda_5+\lambda_6), & \lambda_5\lambda_6 \end{vmatrix},$$

woraus die drei Gleichungen 4) hervorgehen in Determinanten-Form:

$$4)\quad \left\{ \begin{aligned} &\begin{vmatrix} 1, & (\lambda_1+\lambda_2), & \lambda_1\lambda_2 \\ 1, & (\lambda_3+\lambda_4), & \lambda_3\lambda_4 \\ 1, & (\lambda\ +\lambda\ ), & \lambda\lambda \end{vmatrix} = 0, \\ &\begin{vmatrix} 1, & (\lambda_3+\lambda_2), & \lambda_3\lambda_2 \\ 1, & (\lambda_1+\lambda_4), & \lambda_1\lambda_4 \\ 1, & (\lambda\ +\lambda\ ), & \lambda\lambda \end{vmatrix} = 0, \\ &\begin{vmatrix} 1, & (\lambda_4+\lambda_2), & \lambda_4\lambda_2 \\ 1, & (\lambda_3+\lambda_1), & \lambda_3\lambda_1 \\ 1, & (\lambda\ +\lambda\ ), & \lambda\lambda \end{vmatrix} = 0. \end{aligned} \right.$$

Aus den bekannten Eigenschaften der Determinanten ergeben sich nun die hervorgehobenen Eigenschaften der Gleichungen 4) von selbst.

Das Produkt der drei quadratischen Gleichungen 4) giebt eine Gleichung vom sechsten Grade:

$$5)\qquad C=0,$$

welche die drei Punktepaare repräsentiert, und C ist auf Grund der genannten Eigenschaften der drei Gleichungen 4) eine ganze symmetrische Funktion der vier Wurzeln λ der biquadratischen Gleichung 1).

Die Algebra lehrt ganze symmetrische Funktionen der Wurzeln einer algebraischen Gleichung durch die Koefficienten in derselben rational ausdrücken. Denken wir uns nun die von der Algebra vorgeschriebenen Regeln auf den vorliegenden Fall angewendet, so erscheinen in der Entwickelung von:

$$6)\qquad C=c_0\lambda^6+c_1\lambda^5+c_2\lambda^4+c_3\lambda^3+\ldots+c_6$$

die sieben Koefficienten c als bekannte rationale Ausdrücke der Koefficienten a in der gegebenen biquadratischen Gleichung. Wir werden deshalb, ohne die Rechnung durchzuführen, annehmen, dass die sieben Koefficienten c in der Gleichung 5), welche die drei Punktepaare $\alpha\beta$, $\alpha_1\beta_1$, $\alpha_2\beta_2$ repräsentiert, ebenso bekannt seien wie die fünf Koefficienten a in der gegebenen biquadratischen Gleichung 1).

Wir gehen nun darauf aus, die nunmehr bekannte Gleichung 5) $C=0$, das Produkt der drei Gleichungen 4), ohne die Wurzeln der biquadratischen Gleichung 1) zu kennen, in die drei Gleichungen 4) zu zerlegen, die wir entwickelt so darstellen:

$$7)\qquad \begin{cases} \lambda^2-p\lambda+q=0, \\ \lambda^2-p_1\lambda+q_1=0, \\ \lambda^2-p_2\lambda+q_2=0. \end{cases}$$

Dazu dient der Satz 20) der vorhergehenden Vorlesung, welcher aussagt, dass je zwei Punktepaare $\alpha\beta$, $\alpha_1\beta_1$, $\alpha_2\beta_2$ harmonisch sind, und welcher algebraisch ausgedrückt drei Relationen zwischen den sechs Wurzeln der Gleichung 5) $C=0$ giebt.

Um diese drei Relationen aufzustellen, bemerken wir, dass:

$$8)\qquad \begin{cases} \alpha+\beta=p, & \alpha_1+\beta_1=p_1, & \alpha_2+\beta_2=p_2, \\ \alpha\beta=q, & \alpha_1\beta_1=q_1, & \alpha_2\beta_2=q_2, \end{cases}$$

woraus sich sofort die drei Relationen ergeben:

$$9)\quad \begin{cases} q_1 - \frac{1}{2} p_1 p_2 + q_2 = 0, \\ q_2 - \frac{1}{2} p_2 p + q = 0, \\ q - \frac{1}{2} p p_1 + q_1 = 0, \end{cases}$$

welche eben ausdrücken, dass jedes der drei Punktepaare harmonisch ist mit jedem anderen von ihnen.

Die Verhältnisse der Koefficienten c in C sind die bekannten symmetrischen Funktionen der sechs Wurzeln $\alpha\beta$, $\alpha_1\beta_1$, $\alpha_2\beta_2$ der Gleichung $C=0$, welche sich nach 8) so ausdrücken lassen:

$$10)\quad \begin{cases} -\frac{c_1}{c_0} = p + p_1 + p_2, \\ \frac{c_2}{c_0} = p_1 p_2 + p_2 p + p p_1 + q + q_1 + q_2, \\ -\frac{c_3}{c_0} = p p_1 p_2 + q(p_1 + p_2) + q_1(p_2 + p) + q_2(p + p_1). \end{cases}$$

Es sind dieses Ausdrücke der Grössen p und q, welche sich als Funktionen der Grössen p allein darstellen lassen auf Grund von 9). Denn zieht man von der Summe zweier Gleichungen 9) die dritte Gleichung ab, so erhält man:

$$11)\quad \begin{cases} 4q = -p_1 p_2 + p_2 p + p p_1, \\ 4q_1 = p_1 p_2 - p_2 p + p p_1, \\ 4q_2 = p_1 p_2 + p_2 p - p p_1. \end{cases}$$

Setzt man nun in 10) diese Werte der Grössen q ein, so hat man:

$$12)\quad \begin{cases} -\frac{c_1}{c_0} = p + p_1 + p_2, \\ \frac{4}{5}\frac{c_2}{c_0} = p_1 p_2 + p_2 p + p p_1, \\ -\frac{2}{5}\frac{c_3}{c_0} = p p_1 p_2. \end{cases}$$

Diese Gleichungen beweisen, dass die drei Grössen p die Wurzeln sind folgender kubischen Gleichung:

$$13)\quad c_0 p^3 + c_1 p^2 + \tfrac{4}{5} c_2 p + \tfrac{2}{5} c_3 = 0.$$

Um den Koefficienten q bequem durch den ihm entsprechenden Koefficienten p auszudrücken, addieren wir die beiden aus 11) und 12) genommenen Gleichungen:

$$4q = -p_1p_2 + p_2p + pp_1,$$

$$\tfrac{4}{5}\frac{c_2}{c_0} = \quad p_1p_2 + p_2p + pp_1,$$

multiplizieren mit $\frac{c_0}{2}$ wie folgt:

$$2c_0q + \tfrac{2}{5}c_2 = c_0p(p_1 + p_2)$$

und setzen für $(p_1 + p_2)$ den Wert aus der ersten Gleichung 12), wodurch wir erhalten:

$$2c_0q + \tfrac{2}{5}c_2 = -c_0p^2 - c_1p,$$

welche Gleichung mit Benutzung von 13) übergeht in:

14) $$c_0q = \tfrac{1}{5}c_2 + \tfrac{1}{5}c_3\frac{1}{p}.$$

Wollten wir vermittelst dieser Gleichung p durch q ausdrücken und den Wert von p in die kubische Gleichung 13) einsetzen, so würden wir eine kubische Gleichung in q erhalten, deren Wurzeln die gesuchten Koefficienten q in den quadratischen Gleichungen 7) sind. Wir ziehen es jedoch vor, bei der einen kubischen Gleichung 13) zu bleiben und die Koefficienten q der quadratischen Gleichungen 7) durch die ihnen entsprechenden Koefficienten p vermittelst 14) auszudrücken, welche die Wurzeln der kubischen Gleichung 13) sind.

Wir haben es auf diese Weise erreicht, dass wir durch Auflösung der kubischen Gleichung 13), deren Koefficienten ganze rationale Funktionen der Koefficienten der gegebenen biquadratischen Gleichung 1) sind, jede von den quadratischen Gleichungen 7) rational durch eine der drei Wurzeln der kubischen Gleichung darstellen können, ohne die Wurzeln λ der gegebenen biquadratischen Gleichung 1) selbst zu kennen. Es bleibt noch übrig zu zeigen, wie daraus die Wurzeln der biquadratischen Gleichung gefunden werden.

Die erste quadratische Gleichung 7), deren Wurzeln α und β sind, repräsentiert, wenn wir setzen:

15) $$U_0 - \alpha U_1 = A, \quad U_0 - \beta U_1 = B$$

das Punktepaar α, β:

16) $$A = 0, \quad B = 0.$$

Diese beiden Punkte führen wir nun als die Fundamentalpunkte an Stelle der früheren $U_0 = 0$ und $U_1 = 0$ ein, indem wir auf Grund von 15) setzen:

17) $$U_0 = \frac{\beta A - \alpha B}{\beta - \alpha}, \quad U_1 = \frac{A - B}{\beta - \alpha}.$$

Dadurch geht die Gleichung 3) irgend eines Punktes auf der geraden Linie, auf welcher die Fundamentalpunkte liegen, über in die Gleichung:

18) $$A - \mu B = 0,$$

indem man hat:

19) $$\lambda = \frac{\beta \mu - \alpha}{\mu - 1}.$$

Durch Substitution des Wertes von λ aus 19) in die gegebene biquadratische Gleichung 1) transformieren wir nun letztere in eine in μ biquadratische Gleichung, bezogen auf die Fundamentalpunkte $\alpha \beta$.

In dieser nach Potenzen von μ entwickelten Gleichung fehlen die beiden Glieder mit den ungeraden Potenzen. Da nämlich das Punktepaar $\lambda_1 \lambda_2$ harmonisch ist mit dem Punktepaar $\alpha \beta$, so stellen sich die Gleichungen der ersten Punkte in der Form dar:

$$A - \mu_1 B = 0, \quad A + \mu_1 B = 0,$$

und ihr Produkt in der Form:

20) $$\mu^2 - \mu_1^2 = 0,$$

wenn man für $\frac{A}{B}$ nach 18) μ setzt.

Ebenso wird das mit $\alpha \beta$ harmonische Punktepaar $\lambda_3 \lambda_4$ repräsentiert durch eine Gleichung von der Form:

21) $$\mu^2 - \mu_3^2 = 0.$$

Da aber das Produkt der Gleichungen 20) und 21) die vier Punkte der gegebenen biquadratischen Gleichung repräsentiert, so sieht man, dass die durch die Substitution von 19) transformierte biquadratische Gleichung die Form haben muss:

22) $$b_0 \mu^4 + b_2 \mu^2 + b_4 = 0.$$

Diese in μ^2 quadratische Gleichung wird man nun aufzulösen und ihre vier Wurzeln nach einander in 19) einzusetzen haben, um die gesuchten Wurzeln λ der gegebenen biquadratischen Gleichung 1) zu erhalten.

Die vier Wurzeln der gegebenen biquadratischen Gleichung 1) stellen sich auf diese Weise dar als Ausdrücke einer einzigen Wurzel der kubischen Gleichung 13), während man gewohnt ist, bei Auflösung biquadratischer Gleichungen alle drei Wurzeln der kubischen Gleichung, auf welche das Problem zurückführt, gleichmässig zu verwenden. Wir lassen deshalb noch eine zweite Auflösungsart folgen.

In dieser Absicht drücken wir die bekannte Eigenschaft des Punktepaares $\alpha\beta$, dass es sowohl mit dem Punktepaare $\lambda_1\lambda_2$ als mit dem Punktepaare $\lambda_3\lambda_4$ harmonisch ist, durch die Gleichungen aus:

$$23)\qquad \begin{cases} \lambda_1\lambda_2 - \frac{1}{2}(\lambda_1+\lambda_2)p + q = 0, \\ \lambda_3\lambda_4 - \frac{1}{2}(\lambda_3+\lambda_4)p + q = 0. \end{cases}$$

Durch Addition erhalten wir:

$$\lambda_1\lambda_2 + \lambda_3\lambda_4 = -\frac{1}{2}\frac{a_1}{a_0}p - 2q,$$

und wenn wir für q seinen Wert 14) setzen:

$$24)\qquad \lambda_1\lambda_2 + \lambda_3\lambda_4 = -\frac{1}{2}\frac{a_1}{a_0}p - \frac{2}{5}\cdot\frac{c_2}{c_0} - \frac{2}{5}\cdot\frac{c_3}{c_0}\cdot\frac{1}{p}.$$

Wir haben ferner die Werte der symmetrischen Funktionen:

$$25)\qquad \begin{cases} \lambda_1^2 + \lambda_2^2 + \lambda_3^2 + \lambda_4^2 = \dfrac{a_1^2 - 2a_0a_2}{a_0^2}, \\ -2\{\lambda_1\lambda_2 + \lambda_1\lambda_3 + \ldots \lambda_3\lambda_4\} = -\dfrac{2a_0a_2}{a_0^2}. \end{cases}$$

Multiplizieren wir nun die Gleichung 24) mit 4 und addieren sie zu 25), so wird die Summe:

$$\{\lambda_1 + \lambda_2 - \lambda_3 - \lambda_4\}^2 = 16\left\{e'p + e_0 + e_1\frac{1}{p}\right\},$$

wenn wir, um abzukürzen, setzen:

$$26)\quad \begin{cases} 16e' = -2 \cdot \dfrac{a_1}{a_0}, \\ 16e_0 = -\frac{8}{5}\dfrac{c_2}{c_0} + \dfrac{a_1^2 - 4a_0a_2}{a_0^2}, \\ 16e_1 = -\frac{8}{5}\dfrac{c_3}{c_0}, \end{cases}$$

und daher:

$$27)\quad \lambda_1 + \lambda_2 - \lambda_3 - \lambda_4 = 4\sqrt{\left\{e'p + e_0 + e_1\frac{1}{p}\right\}}.$$

Wir stellen nun die Gleichungen zusammen, deren Summe oder Differenz die Wurzeln λ der biquadratischen Gleichung 1) geben:

$$28)\quad \begin{cases} \lambda_1 + \lambda_2 + \lambda_3 + \lambda_4 = -4 \cdot \dfrac{a_1}{4a_0}, \\ \lambda_1 + \lambda_2 - \lambda_3 - \lambda_4 = 4\sqrt{\left\{e'p + e_0 + e_1\dfrac{1}{p}\right\}}, \\ \lambda_1 - \lambda_2 - \lambda_3 + \lambda_4 = 4\sqrt{\left\{e'p_1 + e_0 + e_1\dfrac{1}{p_1}\right\}}, \\ \lambda_1 - \lambda_2 + \lambda_3 - \lambda_4 = 4\sqrt{\left\{e'p_2 + e_0 + e_1\dfrac{1}{p_2}\right\}}. \end{cases}$$

Die erste Gleichung ist der bekannte Ausdruck für die Summe der Wurzeln der gegebenen biquadratischen Gleichung 1). Die zweite Gleichung, aus 27) genommen, ging aus der Betrachtung des Punktepaares $\alpha\beta$ hervor, welches der Wurzel p der kubischen Gleichung entspricht. Ebenso gehen die beiden letzten Gleichungen aus der Betrachtung der Punktepaare $\alpha_1\beta_1$ und $\alpha_2\beta_2$ hervor, welche den beiden letzten Wurzeln p_1 und p_2 der kubischen Gleichung entsprechen.

Ganz willkürlich sind die Vorzeichen der drei Quadratwurzelgrössen in 28) nicht. Denn man erhielte eben acht Wurzeln der gegebenen biquadratischen Gleichung 1), wenn man die Vorzeichen beliebig wählen wollte. Es bleibt daher noch übrig, die Wahl der Vorzeichen durch eine geeignete Bedingung einzuschränken.

Wir bemerken zu diesem Zwecke, dass, wenn wir die drei letzten Gleichungen 28) mit einander multiplizieren, das Produkt auf der linken Seite der resultierenden Gleichung eine symmetrische Funktion der Wurzeln der biquadratischen Gleichung ist, die sich durch die Koefficienten der Gleichung rational ausdrücken lässt. Bezeichnen wir nun diesen Ausdruck, dessen Vorzeichen unzweifelhaft ist, mit D, so haben wir die gesuchte Bedingung:

$$29)\qquad \frac{D}{64} =$$
$$\sqrt{\left\{e'p + e_0 + e_1\frac{1}{p}\right\}}\sqrt{\left\{e'p_1 + e_0 + e_1\frac{1}{p_1}\right\}}\sqrt{\left\{e'p_2 + e_0 + e_1\frac{1}{p_2}\right\}},$$

nach welcher das Vorzeichen einer Quadratwurzel bestimmt wird durch die beiden anderen, welche willkürlich bleiben.

Es kann genügen, in dem Vorhergehenden die Möglichkeit der Auflösung der biquadratischen Gleichung nach der kubischen Gleichung auf dem vorgezeichneten Wege eingesehen zu haben. Der wirklichen Ausführung stellt sich die Schwierigkeit entgegen, die symmetrische Funktion C in 6) der Wurzeln der biquadratischen Gleichung durch die Koefficienten in der letzteren auszudrücken. Diese Schwierigkeit lässt sich auf dem gewöhnlichen Wege nur durch unerquickliche Rechnungen überwinden. Da es aber doch interessant ist, zu sehen, wie unsere Auflösung der biquadratischen Gleichung 1) übereinstimmt mit der bekannten Auflösung in dem Falle, wo $a_0 = 1$, $a_1 = 0$ ist, so geben wir die Werte der vier ersten Koefficienten c in der Gleichung $C = 0$ für den angegebenen Fall ohne Beweis:

$$30)\qquad \begin{cases} c_0 = \dfrac{a_3}{4}, & c_2 = -\frac{5}{8}a_2 a_3, \\ c_1 = \dfrac{4a_4 - a_2^2}{4}, & c_3 = -\frac{5}{8}a_3^2.\text{*} \end{cases}$$

---

* Wenn man in dem linken Teile der biquadratischen Gleichung 1) für λ setzt $\frac{x}{y}$ und mit y^4 multipliziert, so erhält man eine homogene Funktion u der Variabelen x, y vom vierten Grade. Bezeichnet man hierauf mit v und w die Ausdrücke:

$$v = \tfrac{1}{16}\left\{\frac{d^2u}{dx^2}\cdot\frac{d^2u}{dy^2} - \frac{d^2u}{dx\,dy}\cdot\frac{d^2u}{dx\,dy}\right\},$$
$$w = \tfrac{1}{8}\left\{\frac{du}{dx}\,\frac{dv}{dy} - \frac{du}{dy}\,\frac{dv}{dx}\right\},$$

Setzt man diese Werte der Koefficienten c in die kubische Gleichung 13), so erhält man:

$$31)\qquad -a_3p^3+(a_2{}^2-4a_4)p^2+2a_2a_3p+a_3{}^2=0.$$

Es wird ferner, da $a_0=1$, $a_1=0$ aus 26):

$$32)\qquad e'=0,\quad e_0=0,\quad e_1=\frac{a_3}{4},$$

und wenn man setzt:

$$33)\qquad p=\frac{a_3}{4P},$$

so geht die kubische Gleichung 31) über in:

$$34)\qquad P^3+\frac{a_2}{2}P^2+\frac{a_2{}^2-4a_4}{16}P-\frac{a_3{}^2}{64}=0,$$

während die Gleichungen 28) die Gestalt erhalten:

$$35)\qquad \begin{cases} \lambda_1+\lambda_2+\lambda_3+\lambda_4=0, \\ \lambda_1+\lambda_2-\lambda_3-\lambda_4=4\sqrt{P}, \\ \lambda_1-\lambda_2-\lambda_3+\lambda_4=4\sqrt{P_1}, \\ \lambda_1-\lambda_2+\lambda_3-\lambda_4=4\sqrt{P_2}, \end{cases}$$

indem P, P_1, P_2 die Wurzeln der kubischen Gleichung 34) bedeuten.

Dieses sind die bekannten Auflösungen der gegebenen biquadratischen Gleichung 1), wenn $a_0=1$, $a_1=0$.

Um die Vorzeichen der drei Quadratwurzeln richtig zu beschränken, diente die Gleichung 29), in welcher D das Produkt der linken Teile der drei letzten Gleichungen 28) oder 35) bedeutet. Setzt man für die negativen Glieder in jedem dieser drei Faktoren von D die entsprechenden positiven Glieder vermittelst der ersten Gleichung 35), so wird:

---

so wird (wenn man setzt $x=\lambda$, $y=1$) $w=0$ gerade die Gleichung $C=0$ selbst in dem allgemeinen Falle, wenn die fünf Koefficienten a in der biquadratischen Gleichung 1) irgendwelche Werte haben.

Aus der so gebildeten Gleichung $w=0$ sind jene Werte 30) der fünf Koefficienten c berechnet (Crelles Journal Bd. 52, pag. 4).

Den Beweis zu geben, beabsichtigt diese Anmerkung nicht. Sie soll nur — neben dem Hinweis auf neuere Untersuchungen — als Kontrolle der Rechnung dienen.

$$D = 8(\lambda_1 + \lambda_2)(\lambda_1 + \lambda_3)(\lambda_1 + \lambda_4),$$

und nach Potenzen von λ_1 entwickelt:

$$\frac{D}{8} = \lambda_1^3 + (\lambda_2 + \lambda_3 + \lambda_4)\lambda_1^2 + (\lambda_2\lambda_3 + \lambda_2\lambda_4 + \lambda_3\lambda_4)\lambda_1 + \lambda_2\lambda_3\lambda_4.$$

Da nun die Summe der beiden ersten Glieder der Entwickelung nach der ersten Gleichung 35) verschwindet, so haben wir:

$$\frac{D}{8} = \lambda_1\lambda_2\lambda_3 + \lambda_2\lambda_3\lambda_4 + \lambda_3\lambda_4\lambda_1 + \lambda_4\lambda_1\lambda_2 = -a_2,$$

und die Gleichung 29) geht über in:

36) $$-\frac{a_2}{8} = \sqrt{P}.\ \sqrt{P_1}.\ \sqrt{P_2}.$$

Achte Vorlesung.

Linienpaare und Punktepaare.

Nachdem wir in den vorhergehenden Vorlesungen Liniensysteme und Punktesysteme betrachtet haben, von welchen jede gerade Linie und jeder Punkt durch seine Gleichung analytisch ausgedrückt wurde, so haben wir in der sechsten Vorlesung den Anfang gemacht, Punktepaare und Linienpaare, jedes Paar durch eine Gleichung darzustellen. Man wird den Vorteil der neuen Ausdrucksweise nicht für gering achten, wenn man sich die daraus gezogenen Resultate der letzten Vorlesungen vergegenwärtigt.

Um aus der genannten Ausdrucksweise weiteren Vorteil zu ziehen, nimmt diese Vorlesung denselben Gegenstand zur ausführlichen Diskussion wieder auf. Es werden sich bei dieser Gelegenheit dieselben Fragen freilich wieder erheben, wolche wir bereits beantwortet haben. Da aber die Voraussetzungen hier eben andere sind, so werden auch die Antworten darauf ein ganz anderes Gewand tragen, in welchem sie den früheren wenig ähnlich sehen. Doch das ist eben das Wesen der Mathematik, dass sie zeigt, was gleich ist, so verschieden es auch in der Form sei, und was ungleich ist.

Das Produkt der Gleichungen von zwei geraden Linien heisst die Gleichung des Linienpaares, weil alle Punkte, deren Koordinaten der Gleichung genügen, zum Teil auf der einen, zum Teil auf der anderen geraden Linie liegen. Ebenso nennt man das Produkt zweier Punktegleichungen die Gleichung des Punktepaares, denn alle geraden Linien, deren Koordinaten der Gleichung genügen, gehen entweder durch den einen oder den anderen Punkt.

Solche Gleichungen, von der zweiten Ordnung in Rücksicht auf die Koordinaten, nehmen entwickelt die Form an:

1) $a_{00}x^2 + 2a_{01}xy + a_{11}y^2 + 2a_{02}x + 2a_{12}y + a_{22} = 0.$

2) $a_{00}u^2 + 2a_{01}uv + a_{11}v^2 + 2a_{02}u + 2a_{12}v + a_{22} = 0.$

Es werden aber nicht alle Gleichungen von dieser Form Linienpaare oder Punktepaare darstellen. Die Bedingung, dass sie Linienpaare oder Punktepaare ausdrücken, ist, dass die Ausdrücke zweiter Ordnung links von dem Gleichheitszeichen sich in lineare Faktoren zerlegen lassen. Welches auch die linearen Faktoren seien, in welche der Ausdruck 1) links vom Gleichheitszeichen zerfällt, das Produkt wird immer die Form annehmen können:

3) $\lambda(u_0x + v_0y + 1)(u_1x + v_1y + 1).$

Soll aber dieses Produkt jenem Ausdrucke 1) gleich sein, so müssen die Koefficienten der Potenzen und Produkte der Variabelen in 1) den entsprechenden Koefficienten in der Entwickelung des Produktes gleich sein. Setzen wir die einen den anderen gleich, so erhalten wir sechs Gleichungen zwischen den fünf Unbekannten λ, u_0, v_0, u_1, v_1. Fünf von diesen Gleichungen bestimmen die fünf Unbekannten. Setzen wir die Werte derselben in die sechste Gleichung, so erhalten wir die Bedingung zwischen den Koefficienten in 1), welche erfüllt sein muss, wenn jene Gleichung 1) ein Linienpaar darstellen soll. Wir können uns daher die Aufgabe stellen:

Die Bedingungsgleichung zwischen den sechs Koefficienten a in der Gleichung 1) oder 2) zu finden, welche erfüllt sein muss, wenn diese Gleichungen ein Linienpaar oder ein Punktepaar darstellen sollen.

Zu diesem Zwecke verteilen wir die oben erwähnten sechs Gleichungen in drei Systeme von drei Gleichungen:

$$a_{00}=\frac{\lambda}{2}(u_1u_0+u_0u_1),\quad a_{01}=\frac{\lambda}{2}(v_1u_0+v_0u_1),\quad a_{02}=\frac{\lambda}{2}(u_0+u_1),$$

$$a_{01}=\frac{\lambda}{2}(u_1v_0+u_0v_1),\quad a_{11}=\frac{\lambda}{2}(v_1v_0+v_0v_1),\quad a_{12}=\frac{\lambda}{2}(v_0+v_1),$$

$$a_{02}=\frac{\lambda}{2}(u_1+u_0),\quad a_{12}=\frac{\lambda}{2}(v_1+v_0),\quad a_{22}=\frac{\lambda}{2}(1+1).$$

Bezeichnen wir nun mit x_1 und y_1 die Koordinaten des Punktes, in welchem sich die beiden durch 1) dargestellten geraden Linien schneiden, so haben wir:

$$u_0x_1+v_0y_1+1=0,$$
$$u_1x_1+v_1y_1+1=0.$$

Multiplizieren wir hierauf die Gleichungen jedes der drei Systeme der Reihe nach mit x_1, y_1, 1 und addieren, so erhalten wir mit Berücksichtigung der beiden letzten Gleichungen:

$$4)\qquad \begin{cases} a_{00}x_1+a_{01}y_1+a_{02}=0,\\ a_{01}x_1+a_{11}y_1+a_{12}=0,\\ a_{02}x_1+a_{12}y_1+a_{22}=0,\end{cases}$$

woraus durch Elimination von x_1 und y_1 die gesuchte Bedingungsgleichung hervorgeht:

$$5)\quad a_{00}a_{11}a_{22}+2a_{01}a_{02}a_{12}-a_{00}a_{12}^2-a_{11}a_{02}^2-a_{22}a_{01}^2=0.*$$

Wir können demnach sagen:

6) Wenn die Gleichungen 1) oder 2) die analytischen Ausdrücke für Linienpaare oder Punktepaare sind, so genügen die Koefficienten in jenen Gleichungen der Gleichung 5).

Der Ausdruck 3) ändert nur seine Form, wenn man in ihm von dem ersten linearen Faktor den Ausdruck $u_0x_1+v_0y_1+1=0$ und von dem zweiten linearen Faktor den Ausdruck

---

* Da die Gleichung 5) das Resultat ist der Elimination aus den Gleichungen 4), so lässt sich die Gleichung in Determinantenform so darstellen:

$$5)\qquad \begin{vmatrix} a_{00} & a_{01} & a_{02}\\ a_{10} & a_{11} & a_{12}\\ a_{20} & a_{21} & a_{22}\end{vmatrix}=0.$$

$u_1 x_1 + v_1 y_1 + 1 = 0$ abzieht. Dadurch nimmt er aber die Gestalt an:

$$\lambda\{u_0(x-x_1)+v_0(y-y_1)\}\ \{u_1(x-x_1)+v_1(y-y_1)\}.$$

Ersetzt man in der Entwickelung dieses Ausdruckes nach den Differenzen $(x-x_1)$ und $(y-y_1)$ die schon erwähnten fünf Unbekannten mittelst der obigen drei Systeme Gleichungen durch die Koefficienten in 1) und bemerkt, dass dieser Ausdruck mit dem Ausdrucke 1) links vom Gleichheitszeichen identisch ist, so sieht man, dass unter der Bedingung 5), welche sagt, dass die Gleichung 1) ein Linienpaar darstelle, diese Gleichung 1) sich auf die Form zurückführen lässt:

$$a_{00}(x-x_1)^2+2a_{01}(x-x_1)(y-y_1)+a_{11}(y-y_1)^2=0.$$

Da die Gleichung 2) unter der Bedingung 5) eine ähnliche Umformung zulässt, so können wir kurz sagen:

7) Wenn die Gleichungen 1) und 2) respektive ein Linienpaar oder ein Punktepaar darstellen, so lassen sich diese Gleichungen auf die Form zurückführen:

$$8)\quad a_{00}(x-x_1)^2+2a_{01}(x-x_1)(y-y_1)+a_{11}(y-y_1)^2=0.$$

$$9)\quad a_{00}(u-u_1)^2+2a_{01}(u-u_1)(v-v_1)+a_{11}(v-v_1)^2=0.$$

In diesen Gleichungen bedeuten die Grössen x_1 und y_1, die durch zwei von den Gleichungen 4) definiert sind, die Koordinaten des Schnittpunktes der beiden Linien 1), und u_1 und v_1 die Koordinaten der geraden Linie, welche durch das Punktepaar 2) geht, und welche sich aus irgend zwei von den folgenden drei Gleichungen berechnen lassen:

$$10)\quad \begin{cases} a_{00}u_1+a_{01}v_1+a_{02}=0,\\ a_{01}u_1+a_{11}v_1+a_{12}=0,\\ a_{02}u_1+a_{12}v_1+a_{22}=0.\end{cases}$$

Den Winkel v zu bestimmen, welcher von dem durch die Gleichung 1) unter der Bedingung 5) gegebenen Linienpaare gebildet wird.

Wählen wir für die linearen Faktoren, in welche der Ausdruck der zweiten Ordnung links vom Gleichheitszeichen in 1) zerfällt, ihre Normalformen, so können wir für den Ausdruck 3) auch setzen:

$$\mu(x\cos\alpha+y\cos\beta-\delta)(x\cos\alpha_1+y\cos\beta_1-\delta_1)$$

und wir haben:

$$a_{00}=\mu\cos\alpha\cos\alpha_1,\quad 2a_{01}=\mu(\cos\alpha\cos\beta_1+\cos\beta\cos\alpha_1),$$
$$a_{11}=\mu\cos\beta\cos\beta_1.$$

Addieren wir die erste und die letzte von diesen Gleichungen, so wird:

$$a_{00}+a_{11}=\mu\cos v.$$

Quadrieren wir die zweite Gleichung und ziehen das vierfache Produkt der ersten und dritten Gleichung ab, so erhalten wir:

$$4(a_{01}{}^2-a_{00}a_{11})=\mu^2(\cos\alpha\cos\beta_1-\cos\alpha_1\cos\beta)^2,$$

oder:

$$2\sqrt{(a_{01}{}^2-a_{00}a_{11})}=\mu\sin v.$$

Aus den gefundenen Werten von $\cos v$ und $\sin v$ setzen wir nun die Tangente des gesuchten Winkels zusammen:

11) $$\operatorname{tang} v=2\frac{\sqrt{(a_{01}{}^2-a_{00}a_{11})}}{a_{00}+a_{11}}.$$

Da $v=0$ ist, wenn $a_{01}{}^2-a_{00}a_{11}=0$, und $v=\frac{\pi}{2}$, wenn $a_{00}+a_{11}=0$, so können wir dieses auch so ausdrücken:

12) Das Linienpaar 1) artet unter der Bedingung 5) in zwei parallele Geraden aus, wenn $a_{01}{}^2-a_{00}a_{11}=0$.

13) Wenn in der Gleichung 1) eines Linienpaares die Summe der Koefficienten von x^2 und y^2 verschwindet, so stehen die geraden Linien auf einander senkrecht.

Wir wollen nun untersuchen, unter welcher Bedingung zwei von demselben bestimmten Punkte x_1y_1 ausgehende, durch ihre Gleichungen in der Form:

14) $$a_{00}x^2+2a_{01}xy+a_{11}y^2+2a_{02}x+2a_{12}y+a_{22}=0,$$

15) $$b_{00}x^2+2b_{01}xy+b_{11}y^2+2b_{02}x+2b_{12}y+b_{22}=0,$$

gegebene Linienpaare harmonisch sind.

Zu diesem Zwecke geben wir nach Satz 7) den beiden Gleichungen die Form:

14a) $a_{00}(x-x_1)^2+2a_{01}(x-x_1)(y-y_1)+a_{11}(y-y_1)^2=0,$

15a) $b_{00}(x-x_1)^2+2b_{01}(x-x_1)(y-y_1)+b_{11}(y-y_1)^2=0.$

Nehmen wir nun an, es sei:

16) $$(x-x_1)=\lambda(y-y_1)$$

die Gleichung einer von den geraden Linien 14a), so ist diese und die mit ihr in der Gleichung verbundene gerade Linie gegeben durch die quadratische Gleichung: $a_{00}\lambda^2+2a_{01}\lambda+a_{12}=0$, welche man erhält, wenn man den Wert von $(x-x_1)$ aus 16) in 14a) setzt.

Die beiden von demselben Ursprunge ausgehenden Linienpaare 14) und 15) sind auf diese Weise gegeben durch die quadratischen Gleichungen:

17) $$\begin{cases} a_{00}\lambda^2+2a_{01}\lambda+a_{11}=0, \\ b_{00}\lambda^2+2b_{01}\lambda+b_{11}=0, \end{cases}$$

und man kann den von Punkten auf gerade Linien übertragenen Satz 22) der sechsten Vorlesung in Kraft treten lassen, der, nur anders ausgesprochen, so lautet:

18) Wenn zwei Linienpaare, die von demselben Punkte ausgehen, durch ihre Gleichungen in der Form 14) und 15) gegeben sind, so sind diese Linienpaare harmonisch unter der Bedingung:

$$a_{00}b_{11}-2a_{01}b_{01}+a_{11}b_{00}=0.$$

Wenn wir zu dieser Bedingung für das zweite Linienpaar noch die Bedingung $b_{00}+b_{11}=0$ des Satzes 13) hinzufügen, dass die geraden Linien des zweiten Paares aufeinander senkrecht stehen, so wird das zweite Linienpaar die Winkel halbieren, die das erste Linienpaar bildet.

Drückt man nun die beiden Grössen b_{01} und b_{11} vermittelst der beiden aufgestellten Bedingungsgleichungen aus durch b_{00} und setzt ihre Werte in die Gleichung 15a), so erhält man die Gleichung der Halbierungslinien der Winkel, welche das erste Linienpaar 14a) bildet. Dieses drücken wir so aus:

19) Wenn die Gleichung eines Linienpaares gegeben ist in der Form:

$$a_{00}(x-x_1)^2+2a_{01}(x-x_1)(y-y_1)+a_{11}(y-y_1)^2=0,$$

so ist die Gleichung des Linienpaares, welches die Winkel des gegebenen Linienpaares halbiert, folgende:

$$(x - x_1)^2 + \frac{(a_{11} - a_{00})}{a_{01}} (x - x_1)(y - y_1) - (y - y_1)^2 = 0.$$

Dieser Satz lehrt die Aufgabe der Halbierung von Winkeln ebenso lösen als der Satz 12) der zweiten Vorlesung, mit dem Unterschiede, dass nach demselben die Halbierungslinien nicht jede einzeln für sich bestimmt werden.

Um aber einen Weg anzudeuten, auf dem jede Halbierungslinie für sich gefunden werden kann, machen wir die Bemerkung, dass die letzte Gleichung 19) ungeändert bleibt, wenn man für a_{00} und a_{11} respektive setzt $a_{00} - \lambda$ und $a_{11} - \lambda$, während die erste Gleichung sich ändert. Wir schliessen daraus folgendes:

20) Alle Linienpaare, welche von demselben Punkte x_1, y_1 ausgehen und deren Winkel von denselben geraden Linien halbiert werden, stellen sich mit dem willkürlichen Faktor λ in der Form dar:

$$a_{00}(x - x_1)^2 + 2a_{01}(x - x_1)(y - y_1) + a_{11}(y - y_1)^2 \\ - \lambda[(x - x_1)^2 + (y - y_1)^2] = 0.$$

Bestimmt man in dieser Gleichung den Faktor λ so, dass er der quadratischen Gleichung:

$$(a_{00} - \lambda)(a_{11} - \lambda) - a_{01}^2 = 0$$

genügt, so fällt nach Satz 12) das Linienpaar 20) zusammen in eine gerade Linie, die Halbierungslinie eines von den Winkeln, welche das in 19) gegebene Linienpaar bildet.

Die Gleichung in 20) wird daher der analytische Ausdruck für die eine Halbierungslinie der Winkel des in 19) gegebenen Linienpaares sein, wenn man für λ die eine Wurzel der quadratischen Gleichung einsetzt; sie wird die zweite Halbierungslinie darstellen, wenn man für λ die zweite Wurzel setzt.

In dieser Weise treten die Gleichungen der Halbierungslinien der Winkel des gegebenen Linienpaares allerdings in quadratischer Form auf, und es sollte sich weiter darum handeln, ihre linearen Gleichungen aufzusuchen. Da wir aber beabsichtigen, denselben Gegenstand in der zehnten Vorlesung aus einem neuen Gesichtspunkte ausführlicher zu beleuchten, so brechen wir hier ab, dem Zuhörer überlassend, die angeregte Frage zum Ende zu führen.

Es bleibt noch übrig, ein Kriterium aufzusuchen für drei Linienpaare der Involution, wenn ihre Gleichungen in der Form 1) gegeben sind.

Zu diesem Zwecke wollen wir annehmen, dass $Q=0$, $Q_1=0$, $Q_2=0$ die Gleichungen der drei Linienpaare in der Form 1) seien, welche sich, da sämtliche Linien von einem und demselben Punkte $x_1 y_1$ ausgehen, auf die Form 14a) reduzieren lassen. Nehmen wir ferner an, dass 16) die Gleichung einer von diesen Linien sei und setzen den Wert von $(x-x_1)$ aus der Gleichung 16), so reduzieren sich die drei Gleichungen auf drei in λ quadratische Gleichungen, durch welche die drei Linienpaare $Q=0$ gegeben sind.

Hier tritt nun der aus Punkten auf gerade Linien übertragene Satz 14) der sechsten Vorlesung in Wirksamkeit, den man in anderen Worten so wiedergeben kann:

21) Wenn drei Linienpaare, welche von einem und demselben Punkte ausgehen, durch ihre Gleichungen $Q=0$, $Q_1=0$, $Q_2=0$ in der Form 1) gegeben sind, so bilden die drei Linienpaare eine Involution, wenn sich drei Faktoren q der Art bestimmen lassen, dass man identisch hat:

$$qQ + q_1 Q_1 + q_2 Q_2 = 0.$$

Die entsprechenden Aufgaben für Punktepaare, welche wir für Linienpaare gelöst haben, verlangen eine etwas verschiedene Behandlung. Es existiert eben nicht eine vollständige Analogie zwischen Punkten und geraden Linien in der Ebene. Die vollständige Analogie besteht auf der Kugeloberfläche zwischen Punkt und grösstem Kreise, und nur, weil ein unendlich kleiner Teil der Kugeloberfläche als eine Ebene und der grösste Kreis in ihr als eine gerade Linie betrachtet werden kann, haben wir auch eine Analogie zwischen

Punkt und gerader Linie in der Ebene, die aber aufhört, wenn die Ebene in ihrer weiteren Ausdehnung sich nicht mehr als ein kleiner Teil der Kugeloberfläche betrachten lässt. Die erwähnte Verschiedenheit tritt schon bei der folgenden Aufgabe zu Tage:

Die Entfernung D der beiden Punkte zu bestimmen, welche durch die Gleichung 2) unter der Bedingung 5) gegeben sind.

Sind ab und $a_1 b_1$ die Koordinaten der durch die Gleichung 2) gegebenen Punkte, so muss sich der linke Teil der Gleichung 2) in die Faktoren auflösen lassen:

$$\lambda(au + bv + 1)(a_1 u + b_1 v + 1).$$

Daraus ergeben sich die sechs Gleichungen:

$$a_{00} = \lambda a a_1, \qquad 2a_{01} = \lambda(ab_1 + a_1 b), \qquad a_{11} = \lambda b b_1,$$
$$2a_{02} = \lambda(a + a_1), \qquad 2a_{12} = \lambda(b + b_1), \qquad a_{22} = \lambda.$$

Aus diesen Gleichungen setzen sich ohne Schwierigkeit die folgenden zusammen:

$$4(a_{01}^2 - a_{00}a_{11}) = \lambda^2(ab_1 - a_1 b)^2,$$
$$4(a_{02}^2 - a_{00}a_{22}) = \lambda^2(a - a_1)^2,$$
$$4(a_{12}^2 - a_{11}a_{22}) = \lambda^2(b - b_1)^2.$$

Bemerkt man nun, dass $D^2 = (a - a_1)^2 + (b - b_1)^2$ und $\lambda = a_{22}$, so erhält man aus den beiden letzten Gleichungen durch Addition:

$$22) \qquad D^2 = \frac{4}{a_{22}^2}\{(a_{02}^2 - a_{00}a_{22}) + (a_{12}^2 - a_{11}a_{22})\}.$$

Auch die erste von den drei Gleichungen ist einer geometrischen Deutung fähig. Bezeichnet man nämlich mit Δ den Inhalt des Dreiecks, dessen Ecken die gegebenen Punkte 2) und der Koordinatenanfangspunkt sind, so erhält man aus jener Gleichung:

$$23) \qquad \Delta = \frac{1}{a_{22}}\sqrt{(a_{01}^2 - a_{00}a_{11})}.$$

Beide Formeln beweisen den Satz:

24) Wenn in der Gleichung eines Punktepaares das ganz konstante Glied verschwindet, so liegt einer der beiden Punkte im Unendlichen.

Aus der ersten Formel 22) folgt ferner, dass die durch die Gleichung 2) gegebenen Punkte unter der Bedingung $(a_{02}{}^2 - a_{00}a_{22}) + (a_{12}{}^2 - a_{11}a_{22}) = 0$ zusammenfallen.

Die letzte Formel 23) beweist, dass die Verbindungslinie der durch die Gleichung 2) gegebenen Punkte durch den Koordinatenanfangspunkt geht, wenn $a_{01}{}^2 - a_{00}a_{11} = 0$.

Die Gleichungen von zwei Punktepaaren auf einer und derselben geraden Linie:

25) $a_{00}u^2 + 2a_{01}uv + a_{11}v^2 + 2a_{02}u + 2a_{12}v + a_{22} = 0,$

26) $b_{00}u^2 + 2b_{01}uv + b_{11}v^2 + 2b_{02}u + 2b_{12}v + b_{22} = 0,$

lassen sich, wie wir gesehen haben, auf die Form zurückführen:

25a) $a_{00}(u-u_1)^2 + 2a_{01}(u-u_1)(v-v_1) + a_{11}(v-v_1)^2 = 0,$

26a) $b_{00}(u-u_1)^2 + 2b_{01}(u-u_1)(v-v_1) + b_{11}(v-v_1)^2 = 0,$

in welchen Gleichungen u_1 und v_1 die Koordinaten der geraden Linie bedeuten, auf welcher sämtliche Punkte liegen.

Nimmt man nun an, es sei:

27) $$(u-u_1) = \lambda(v-v_1)$$

die Gleichung eines dieser Punkte und setzt den Wert von $(u-u_1)$ aus 27) in 25a) und 26a), so erhält man zwei in λ quadratische Gleichungen, welche die beiden Punktepaare bestimmt, wie der Satz 22) der sechsten Vorlesung es verlangt. Es lässt sich demnach der angeführte Satz hier so wiedergeben:

28) Wenn die Gleichungen von zwei Punktepaaren auf einer und derselben geraden Linie durch ihre Gleichungen in der Form 25) und 26) gegeben sind, so sind diese Punktepaare harmonisch unter der Bedingung:

$$a_{00}b_{11} - 2a_{01}b_{01} + a_{11}b_{00} = 0.$$

Tritt zu dieser Bedingung für das zweite Punktepaar noch die Bedingung des Satzes 24) hinzu:

$$b_{00}u_1{}^2 + 2b_{01}u_1v_1 + b_{11}v_1{}^2 = 0,$$

dass der eine der beiden Punkte in der Unendlichkeit liegt, so halbiert der andere die Verbindungslinie der beiden durch die Gleichung 25a) gegebenen Punkte.

Berechnet man daher die Verhältnisse der drei Koefficienten b aus den beiden Gleichungen und setzt sie in die Gleichung 26a), so erhält man die Gleichung desjenigen Punktepaares, von welchem der eine Punkt die Verbindungslinie des Punktepaares 25a) halbiert, der andere auf dieser Linie im Unendlichen liegt. Daraus schliessen wir, dass die so erhaltene Gleichung sich in zwei Faktoren zerlegen lassen muss, von welchen der eine $(uv_1 - u_1 v)$ sein wird. Denn setzt man diesen Faktor gleich 0, so hat man die Gleichung des genannten Punktes im Unendlichen. Lässt man diesen Faktor fort, so erhält man die Gleichung des Punktes, der jene Verbindungslinie halbiert, wie sie der folgende Satz angiebt:

29) Wenn die Gleichung eines Punktepaares gegeben ist in der Form:

$$a_{00}(u-u_1)^2 + 2a_{01}(u-u_1)(v-v_1) + a_{11}(v-v_1)^2 = 0,$$

so ist die Gleichung des Punktes, welcher die Verbindungslinie der beiden Punkte halbiert:

$$a_{00}u_1(u-u_1) + a_{01}\{v_1(u-u_1) + u_1(v-v_1)\} \\ + a_{11}v_1(v-v_1) = 0.$$

Die Bemerkung, dass die letzte Gleichung ungeändert bleibt, wenn man für a_{00}, a_{01}, a_{11} respektive setzt $a_{00} - \lambda v_1^2$, $a_{01} + \lambda u_1 v_1$, $a_{11} - \lambda u_1^2$, führt zu dem Satze:

30) Alle Punktepaare auf derselben geraden Linie, deren Verbindungslinien durch einen und denselben Punkt halbiert werden, stellen sich analytisch mit dem willkürlichen Faktor λ in der Form dar:

$$a_{00}(u-u_1)^2 + 2a_{01}(u-u_1)(v-v_1) + a_{11}(v-v_1)^2 \\ - \lambda(uv_1 - u_1 v)^2 = 0.$$

Wenn schliesslich die Gleichungen von drei Punktepaaren auf einer und derselben geraden Linie gegeben sind in der Form 2), so lassen sich dieselben zurückführen auf die Form 9) und diese wieder durch Substitution des Wertes von $(u - u_1)$ aus 27) auf quadratische Gleichungen in λ, welche der Satz 14) der sechsten Vorlesung vor Augen hat. Es ist daher nichts anderes als eine andere Ausdrucksweise desselben Satzes, wenn wir sagen:

31) Wenn drei Punktepaare auf einer und derselben geraden Linie durch ihre Gleichungen $Q = 0$, $Q_1 = 0$, $Q_2 = 0$ in der Form 2) gegeben sind, so bilden die drei Punktepaare eine Involution, wenn sich drei Faktoren q der Art bestimmen lassen, dass man identisch hat:

$$qQ + q_1 Q_1 + q_2 Q_2 = 0.$$

Neunte Vorlesung.

Transformation der Koordinaten und die orthogonalen Substitutionen.

An Stelle des rechtwinkligen Koordinatensystems bedient man sich bisweilen des schiefwinkligen Koordinatensystems. Dasselbe besteht aus zwei festen geraden Linien, den Koordinatenaxen, welche sich unter einem gegebenen Winkel schneiden. Die Koordinaten eines beliebigen gegebenen Punktes in demselben sind die beiden aus dem gegebenen Punkte den Axen parallel gezogenen geraden Linien, begrenzt durch die Axen. Das System wird ein rechtwinkliges Koordinatensystem, wenn der gegebene Winkel ein rechter Winkel wird.

Wenn die Lage der Axen eines schiefwinkligen Koordinatensystems in einem rechtwinkligen Koordinatensysteme gegeben ist, so sind die schiefwinkligen Koordinaten eines Punktes bestimmt, sobald seine rechtwinkligen Koordinaten gegeben sind. Es soll sich darum handeln, die schiefwinkligen Koordinaten X, Y eines beliebigen Punktes p zu bestimmen, wenn seine rechtwinkligen Koordinaten x, y gegeben sind.

Es seien:

$$A_0=0, \quad A_1=0$$

die gegebenen Gleichungen der Axen des schiefwinkligen Systems in der Normalform. Die erste sei die X-Axe, welcher die X-Koordinate parallel geht, die andere die Y-Axe. Lässt man nun x und y, wie diese Variabelen in A_0 und A_1 eingehen, die rechtwinkligen Koordinaten des gegebenen Punktes p bedeuten, so werden A_0 und A_1 die negativen senkrechten Abstände des gegebenen Punktes p von den schiefwinkligen Koordinatenaxen und demnach, wenn u der von den Axen gebildete Winkel ist:

$$Y=-\frac{A_0}{\sin u}, \quad X=-\frac{A_1}{\sin u}$$

die schiefwinkligen Koordinaten des gegebenen Punktes p.

Die angegebenen Gleichungen, durch welche die schiefwinkligen Koordinaten eines beliebig gegebenen Punktes p durch seine rechtwinkligen Koordinaten ausgedrückt werden, sind demnach von der Form:

$$X=Ax+By+C,$$
$$Y=A'x+B'y+C'.$$

Wir heben hervor, dass die sechs Koefficienten A, B ... in diesen Transformationsformeln unabhängig sind von der Lage des gegebenen Punktes p und dass sie allein abhängen von der Beschaffenheit und Lage des schiefwinkligen Koordinatensystems rücksichtlich des zu Grunde gelegten rechtwinkligen Koordinatensystems.

Gleichungen von eben derselben Form erhält man, wenn man sie nach x und y auflöst. Die Auflösungen würden sein die Transformationsformeln aus einem beliebigen schiefwinkligen Koordinatensystem in ein beliebiges rechtwinkliges, und die sechs Koefficienten darin würden wieder von der Lage der Koordinatensysteme zu einander und ihrer Beschaffenheit abhängen.

Wir werden annehmen, dass die angegebenen beiden Gleichungen die Transformationsformeln seien aus einem beliebigen schiefwinkligen Koordinatensysteme xy in ein rechtwinkliges Koordinatensystem XY. Ähnliche Formeln:

$$X = P\xi + Q\eta + R,$$
$$Y = P'\xi + Q'\eta + R',$$

vermitteln dann den Übergang aus einem beliebigen anderen schiefwinkligen Koordinatensysteme $\xi\eta$ in dasselbe rechtwinklige System XY.

Wenn man die Werte von X und Y aus diesem Systeme Gleichungen in das vorhergehende setzt, so erhält man die Transformationsformeln für zwei beliebige schiefwinklige Koordinatensysteme. Die Auflösungen derselben nach x und y mit Veränderung von ξ in X und η in Y nehmen die Form an:

$$1)\qquad \begin{cases} x = aX + a'Y + a'', \\ y = bX + b'Y + b'', \end{cases}$$

und die sechs Koefficienten in ihnen sind wieder unabhängig von der Lage des Punktes p.

Wir werden in Erweiterung der obigen Annahme festsetzen, dass die Gleichungen 1) die Transformationsformeln seien aus einem beliebigen schiefwinkligen Koordinatensysteme XY in ein beliebiges anderes schiefwinkliges System xy. In dieser Auffassung wird die Erforschung der geometrischen Bedeutung der sechs Koefficienten in 1) unsere nächste Aufgabe sein.

Lassen wir den beliebigen Punkt p in den Anfangspunkt des XY-Systems fallen, indem wir $X = Y = 0$ setzen, so erhalten wir aus 1) die Koordinaten desselben $x = a''$, $y = b''$ in dem xy-Systeme. Es bedeuten mithin die Konstanten a'' und b'' in 1) die Koordinaten des Anfangspunktes des XY-Systems in dem xy-Systeme.

Zur Ermittelung der geometrischen Bedeutung der noch übrigen vier Koefficienten in 1) behandeln wir vorerst specielle Fälle.

In dem speciellen Falle:

$$2)\qquad \begin{cases} x = X + A, \\ y = Y + B, \end{cases}$$

liegen parallele Koordinatensysteme vor. Denn wenn man das xy-Koordinatensystem parallel so verschiebt, dass der Anfangspunkt des verschobenen Systems XY die Koordinaten $x = A$

und $y = B$ hat, so kommen die Transformationsformeln 2) zur Geltung. Wir können daher sagen:

3) Man verschiebt ein schiefwinkliges Koordinatensystem sich selbst parallel, wenn man die Koordinaten eines beliebigen Punktes in demselben um Konstanten verändert. Diese Konstanten sind die Koordinaten des Anfangspunktes des verschobenen Systems.

In dem speciellen Falle von 1), wenn a'' und b'' gleich 0 sind:

$$4)\qquad \begin{cases} x = aX + a'Y, \\ y = bX + b'Y, \end{cases}$$

liegen nach dem Vorhergehenden Koordinatensysteme mit demselben Anfangspunkte vor. Die Richtung der Axen des einen wie des anderen Systems sind ganz willkürlich, hängen aber von den Werten der vier Koefficienten ab. Die geometrische Bedeutung der letzteren ergiebt sich aus speciellen Lagen des Punktes p, indem man denselben in der Entfernung gleich der Einheit von dem gemeinschaftlichen Koordinatenanfangspunkte entweder in die X-Axe oder in die Y-Axe fallen lässt:

$$5)\qquad \begin{cases} a = \dfrac{\sin(Xy)}{\sin(xy)}, & a' = \dfrac{\sin(Yy)}{\sin(xy)}, \\[2ex] b = \dfrac{\sin(Xx)}{\sin(xy)}, & b' = \dfrac{\sin(Yx)}{\sin(xy)}. \end{cases}$$

Im ersteren Falle erhält man nämlich aus 4) die Koordinaten $x = a$, $y = b$, welche in der Figur die Seiten eines Parallelogramms bilden, dessen Diagonale gleich der Längeneinheit ist, und aus der Betrachtung des Parallelogramms ergeben sich die Werte von a und b in 5).

Fig. 12.

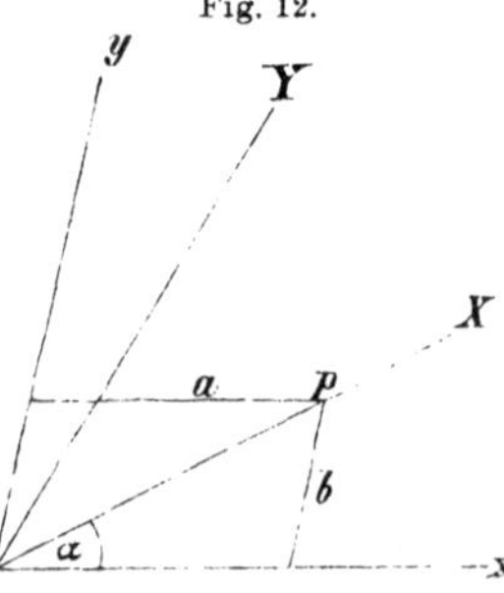

Wenn man in 4) für x und y respektive setzt $x - a''$ und $y - b''$, wodurch nach 3) das xy-Koordinatensystem sich selbst parallel verschoben wird, so erhält man die Transformationsformeln 1) für irgend zwei schiefwinklige Koordinatensysteme. Die geometrische Bedeutung der sechs Koefficienten in ihnen ist in dem Vorhergehenden dargelegt worden.

Wir wollen nicht unerwähnt lassen, dass beliebige Formeln von der Form 1) nicht die Transformationsformeln sein können für schiefwinklige Koordinatensysteme; vielmehr müssen die vier Koefficienten, deren Werte 5) sich abhängig zeigen von nur drei Winkeln (Xx), (YX), (Yx), einer bestimmten Bedingungsgleichung genügen.

Nur in seltenen Fällen kommen die Transformationsformeln 1) zur Anwendung. Man zieht es gewöhnlich vor, die allgemeine Transformation 1) durch zwei Operationen zu ersetzen, durch die Verlegung des Koordinatenanfangspunktes mit Beibehaltung der Richtung der Koordinatenaxen in 2), und durch die Veränderung der Richtung der Koordinatenaxen mit Beibehaltung des Koordinatenanfangspunktes in 4). In welcher Reihenfolge dieses geschieht, ist gleichgiltig. Denn schliesslich erreicht man doch die Transformation aus einem beliebigen schiefwinkligen Systeme in ein beliebiges andere schiefwinklige System.

In dem Falle 2) tritt keine Vereinfachung ein, mögen die Koordinatensysteme auch rechtwinklige sein. In dem Falle 4) dagegen, wenn das xy-System ein rechtwinkliges ist und die Koordinatenaxen des schiefwinkligen Systems mit den Axen des ersteren die Winkel α, β und α', β' bilden, hat man:

$$6)\qquad \begin{cases} a = \cos\alpha, & a' = \cos\alpha', \\ b = \cos\beta, & b' = \cos\beta'. \end{cases}$$

Setzt man diese Werte der Koefficienten in 4) ein und nimmt überdies an, dass auch das XY-System ein rechtwinkliges sei, so hat man die Transformationsformeln aus einem rechtwinkligen Koordinatensystem in ein beliebiges andere rechtwinklige System mit demselben Anfangspunkte:

$$7)\qquad \begin{cases} x = X\cos\alpha - Y\sin\alpha, \\ y = X\sin\alpha + Y\cos\alpha. \end{cases}$$

Wenn der Winkel α von 0 bis 2π wächst, so dreht sich das XY-System aus der Lage des fest angenommenen

xy-Systems um den gemeinschaftlichen Anfangspunkt und erhält schliesslich die ursprüngliche Lage wieder, in welcher die positiven Koordinatenaxen respektive auf einander fallen.

Es giebt jedoch rechtwinklige Koordinatensysteme mit demselben Anfangspunkte, welche unter den eben angeführten nicht inbegriffen sind. Betrachtet man nämlich die negative Richtung einer der Koordinatenaxen eines gegebenen rechtwinkligen Systems als die positive Richtung, so hat man ein rechtwinkliges Koordinatensystem, in dessen Lage das gegebene Koordinatensystem durch Drehung in der Ebene um den gemeinschaftlichen Anfangspunkt nicht gebracht werden kann.

Diese Art entgegengesetzter rechtwinkliger Koordinatensysteme sind in den Transformationsformeln 7) nicht inbegriffen. Um sie jedoch nicht auszuschliessen, bemerken wir, dass ein Punkt p, der in einem gegebenen System die Koordinaten X und Y hat, in dem entgegengesetzten Koordinatensystem die Koordinaten X und $-Y$ oder die Koordinaten $-X$ und Y haben wird. Wenn wir demnach in den Transformationsformeln 7) einer der beiden Koordinaten X oder Y das entgegengesetzte Zeichen zuerteilen und dieses Vorzeichen respektive mit den Koefficienten verbinden, so haben wir die Transformationsformeln für entgegengesetzte Koordinatensysteme.

Sollen demnach die Gleichungen 4) die Transformationsformeln sein für rechtwinklige Koordinatensysteme, die durch Drehung um den gemeinschaftlichen Anfangspunkt in einander übergeführt werden können, so hat man im Vergleich mit 7) das Kriterium:

8) $$ab' - a'b = 1.$$

Lässt sich dagegen das eine rechtwinklige Koordinatensystem durch Drehung um den Anfangspunkt in der Ebene nicht in die Lage des anderen rechtwinkligen Systems bringen, so tritt die Bedingung in Kraft:

9) $$ab' - a'b = -1.$$

Die Transformationsformeln 7) rechtwinkliger Koordinatensysteme sind transcendent in Rücksicht auf den variabelen

Winkel α, von dem die gegenseitige Lage der Systeme abhängt. Sie lassen sich aber durch Einführung einer anderen Variabele $t = \operatorname{tang}\frac{\alpha}{2}$ auch rational darstellen:

$$10)\qquad \begin{cases} x(1-tt) = X(1+tt) - Y2t, \\ y(1-tt) = X2t + Y(1+tt), \end{cases}$$

und es macht das mit der Variabele t veränderliche Koordinatensystem um den gemeinschaftlichen Anfangspunkt eine ganze Umdrehung, wenn t von 0 bis ∞ und darüber hinaus von $-\infty$ bis 0 wächst.

Wenn wir annehmen, dass die Gleichungen 1) die Transformationsformeln seien aus einem rechtwinkligen Koordinatensystem xy in ein beliebiges schiefwinkliges System XY, so geht die Gleichung irgend einer Kurve durch die Substitutionen 1) über in eine Gleichung von gleichem Grade. Es ändert sich der Grad der Kurvengleichungen nicht durch unsere Transformationen.

Die Gleichung einer durch ihre Koordinaten u, v gegebenen geraden Linie

$$ux + vy + 1 = 0$$

nimmt nach den Substitutionen 1) und Division mit $1 + a''u + b''v$ die Gestalt an:

$$UX + VY + 1 = 0,$$

indem man hat:

$$11)\qquad \begin{cases} U = \dfrac{au + bv}{1 + a''u + b''v}, \\[2ex] V = \dfrac{a'u + b'v}{1 + a''u + b''v}. \end{cases}$$

Betrachten wir nun die Koefficienten U und V in der transformierten Gleichung als Linienkoordinaten in dem schiefwinkligen Systeme — das sind wieder die negativen reciproken Abschnitte, welche die gerade Linie auf den Koordinatenaxen macht —, so drücken die angegebenen Gleichungen 11) die Koordinaten U, V einer geraden Linie in dem schiefwinkligen System aus durch die Koordinaten u, v derselben geraden Linie in dem rechtwinkligen Systeme.

Nach dem eben festgestellten Begriffe der Linienkoordinaten in einem schiefwinkligen Koordinatensysteme gelten die Formeln 11) auch als Transformationsformeln für schiefwinklige Systeme, den Transformationsformeln 1) für schiefwinklige Systeme entsprechend.

Als speciellen Fall davon führen wir die Transformationsformeln für parallele schiefwinklige Koordinatensysteme an zugleich mit ihren Auflösungen, wenn der Koordinatenanfangspunkt des UV-Systems in dem uv-Systeme die Koordinaten $x=A$ und $y=B$ hat:

$$12)\quad \begin{cases} U=\dfrac{u}{1+Au+Bv}, & u=\dfrac{U}{1-AU-BV}, \\ V=\dfrac{v}{1+Au+Bv}, & v=\dfrac{V}{1-AU-BV} \end{cases}$$

Die specialisierten Formeln 11):

$$13)\quad \begin{cases} U=au+bv, \\ V=a'u+b'v, \end{cases}$$

gelten als Transformationsformeln für beliebige schiefwinklige Koordinatensysteme mit demselben Anfangspunkte. Wenn die vier Koefficienten in ihnen gleiche Werte haben mit den gleichbezeichneten Koefficienten in 4), so ist das Koordinatensystem xy identisch mit dem Koordinatensystem uv und das System XY identisch mit dem Systeme UV.

Daraus ergiebt sich nun die weitere Specialisierung für rechtwinklige Koordinatensysteme, für welche wir gleich die Auflösungen nach u und v angeben:

$$14)\quad \begin{cases} u=U\cos\alpha-V\sin\alpha, \\ v=U\sin\alpha+V\cos\alpha. \end{cases}$$

Diese Transformationsformeln für rechtwinklige Linienkoordinaten erhält man auch aus den Transformationsformeln 7) für rechtwinklige Punktkoordinaten, wenn man die Punktkoordinaten respektive in die Linienkoordinaten übergehen lässt.

Wir haben in dem Vorhergehenden die Transformationsformeln schiefwinkliger Koordinatensysteme mit aufgenommen, weil man davon, wenn gleich selten, Gebrauch macht. Das schiefwinklige Koordinatensystem pflegt man da anzuwenden, wo sich die Koordinatenaxen als Teile der Figur einführen lassen, deren Eigenschaften ergründet werden sollen. In solchen Fällen stellen allerdings einfachere und darum leichter zu behandelnde analytische Formeln die Figur dar, jedoch meistens auf Kosten der Symmetrie, auf welche das grössere Gewicht zu legen ist.

Im ganzen kompliziert das schiefwinklige Koordinatensystem den analytischen Ausdruck einer Figur, indem es neben den Koordinatenaxen, welche schon mit der Figur in keinem unmittelbaren Zusammenhange stehen, noch den von den Koordinatenaxen gebildeten Winkel, ein der Figur ganz fremdartiges Element, in den Kalkül einführt. Deshalb verschmäht auch die durch Einführung der Zeit erweiterte Geometrie, die analytische Mechanik, das schiefwinklige Koordinatensystem.

Indem wir uns diesem Vorgange anschliessen, werden uns die Gleichungen 2) und 12) dienen für die Transformation rechtwinkliger Koordinaten mit Beibehaltung ihrer Richtungen, und die Gleichungen 4) und 13) für die Transformation rechtwinkliger Koordinatensysteme mit gemeinschaftlichem Anfangspunkte.

In dem folgenden werden wir die Bedingungsgleichungen zwischen den vier Koefficienten in den Transformationsformeln 4) und 13) rechtwinkliger Koordinatensysteme behandeln auf einem Wege, der sich leicht ausdehnen lässt auf den Fall rechtwinkliger Raumkoordinaten.

Wir haben in dem vorhergehenden gesehen, wie die vier Koefficienten in den Transformationsformeln rechtwinkliger Koordinatensysteme mit demselben Anfangspunkte sich abhängig machen lassen von dem einen mit der Lage der Koordinatensysteme zu einander veränderlichen Winkel α, den die x-Axen der beiden Systeme bilden. Da wir mit gleichem Rechte für diesen Winkel den Winkel hätten wählen können, den irgend eine Axe des einen Systems mit irgend einer Axe des anderen Systems bildet, so wurden die symmetrischen Formeln 4) und 13) schliesslich in 7) und 14) unsymmetrisch.

Um die Symmetrie unserer Transformationsformeln aufrecht zu erhalten, werden wir die vier Koefficienten in ihnen durch drei aus der Natur der Aufgabe genommene Bedingungsgleichungen beschränken. Mit Hilfe dieser Bedingungsgleichungen kann man immer, wenn es verlangt wird, drei Koefficienten durch den vierten ausdrücken, von dem die Transformation abhängig bleibt. Es sind in der That nur drei Bedingungsgleichungen notwendig zwischen den vier Koefficienten, wenn unsere Transformationformeln 4) oder 13) gelten sollen für irgend rechtwinklige Koordinatensysteme mit demselben Anfangspunkte. Sie reichen auch hin, wenn wir keinen Unterschied machen wollen, ob die rechtwinkligen Koordinatensysteme durch Drehung um den gemeinschaftlichen Anfangspunkt in einander übergeführt werden können oder nicht. Machen wir jedoch den angezeigten Unterschied, so kommt im ersten Falle eine von den drei Bedingungsgleichungen nicht unabhängige Gleichung 8) hinzu, im anderen Falle die Gleichung 9). Wir werden deshalb die Gleichungen 4) und 13) unter Voraussetzung der drei ausreichenden Bedingungen **orthogonale Substitutionen** nennen, wenn wir den bezeichneten Unterschied nicht machen, dagegen werden wir im speciellen jene Gleichungen **Transformationsformeln rechtwinkliger Koordinatensysteme** nennen, wenn die Systeme durch Drehung um den gemeinsamen Anfangspunkt in einander übergehen.

Das Quadrat der Entfernung eines beliebigen Punktes p mit den Koordinaten x, y in dem einen und X, Y in dem anderen rechtwinkligen Koordinatensysteme mit demselben Anfangspunkt hat den gleichen analytischen Ausdruck:

15) $$x^2 + y^2 = X^2 + Y^2.$$

Sollen demnach die Gleichungen 4) orthogonale Substitutionen ausdrücken, so muss, da der Punkt p ein beliebiger, seine Koordinaten in dem Systeme XY auch beliebig sind, die Gleichung 15) durch die Substitutionen 4) eine identische werden. Nach den Substitutionen müssen die Koefficienten gleicher Potenzen und Produkte der Variabelen einander gleich sein. Daraus leiten wir die gesuchten drei Bedingungsgleichungen für orthogonale Substitutionen ab:

16) $$a^2 + b^2 = 1, \quad a'^2 + b'^2 = 1, \quad aa' + bb' = 0.$$

Aus diesen drei Bedingungsgleichungen lassen sich alle folgenden Eigenschaften orthogonaler Substitutionen direkt entwickeln und wir bezeichnen diese Entwickelungen als eine nützliche Übungsaufgabe. Wir werden jedoch, um schneller zum Ziele zu gelangen, uns vornehmlich der identischen Gleichung 15) bedienen, welche die Bedingungen 16) gleichsam in konzentrierter Gestalt enthält. Indem wir dieselbe erweitern, wird sie die Hauptquelle der folgenden Entwickelungen werden.

Multiplizieren wir die beiden ersten Gleichungen 16) und ziehen das Quadrat der dritten ab, so erhalten wir:

17) $$(ab' - a'b)^2 = 1,$$

eine Gleichung, welche beweist, dass die für die Transformationsformeln rechtwinkliger Koordinatensysteme hinzukommende Bedingung 8) keine unabhängige ist, sondern nur die Wahl zwischen zwei möglichen Fällen. Es werden daher die Formeln für die Transformation rechtwinkliger Koordinatensysteme immer gelten für die orthogonalen Substitutionen, aber nicht umgekehrt. Wir werden aus diesem Grunde die nicht allgemein, sondern nur für die Transformation rechtwinkliger Koordinatensysteme geltenden Formeln mit dem Buchstaben a) bezeichnen.

Wir fassen das Vorgetragene kurz zusammen in dem Satze:

Die Gleichungen 4) und 13) sind orthogonale Substitutionen unter den drei Bedingungen 16), sie werden speciell die Transformationsformeln rechtwinkliger Koordinatensysteme, wenn die Bedingung $ab' - a'b = 1$ hinzukommt.

Wenn wir die Gleichungen 4) entweder mit a und b oder mit a' und b' multiplizieren und addieren, so erhalten wir mit Rücksicht auf 16):

18) $$\begin{cases} X = ax + by, \\ Y = a'x + b'y. \end{cases}$$

Es sind dieses die Auflösungen der Gleichungen 4), wie umgekehrt die Gleichungen 4) die Auflösungen von 18) sind. Deshalb hat man auch die Auflösungen von 13):

19) $$\begin{cases} u = aU + a'V, \\ v = bU + b'V. \end{cases}$$

Die Zusammenstellung der betreffenden Gleichungen lehrt, wenn wir an den eingeführten Bezeichnungen festhalten, dass es in orthogonalen Substitutionen erlaubt ist, folgende gleichzeitige Vertauschungen zu machen:

20) $$\begin{cases} x \quad y \quad u \quad v \quad b, \\ Y \quad Y \quad U \quad V \quad a'. \end{cases}$$

Dieselben gleichzeitigen Vertauschungen darf man daher auch in allen aus den orthogonalen Substitutionen abgeleiteten Formeln machen.

Durch diese Vertauschungen erhält man aus 16):

21) $$a^2 + a'^2 = 1, \quad b^2 + b'^2 = 1, \quad ab + a'b' = 0.$$

Es gehen diese Gleichungen auch aus der durch die Substitutionen 18) identischen Gleichung 15) hervor, wenn man die Koefficienten gleicher Potenzen und Produkte der Variabelen auf beiden Seiten der Gleichung einander gleich setzt.

Löst man die Gleichungen 4) direkt auf und vergleicht die Auflösungen mit den bereits angegebenen Auflösungen 18), so erhält man:

22) $$\begin{cases} a(ab' - a'b) = b', \qquad b(ab' - a'b) = -a', \\ a'(ab' - a'b) = -b, \quad b'(ab' - a'b) = a. \end{cases}$$

Die Bedingungsgleichung 15) für orthogonale Substitutionen geht durch die Veränderungen 20) über in:

23) $$u^2 + v^2 = U^2 + V^2.$$

Diese Gleichung sagt aus, dass bei der Drehung eines rechtwinkligen Koordinatensystems um den Anfangspunkt eine mit dem Systeme fest verbundene gerade Linie immer dieselbe Entfernung von dem Koordinatenanfangspunkte beibehält.

Multipliziert man die Gleichungen 18) mit U und V und addiert, so erhält man mit Rücksicht auf 19):

24) $$UX + VY = ux + vy,$$

eine durch die Substitutionen 18) und 13) oder 19) und 4) allgemeinere identische Gleichung als 15) oder 23).

Mit dieser Formel schliesst der Kreis der gebräuchlicheren Relationen, welche die orthogonalen Substitutionen darbieten. Für die Transformationen rechtwinkliger Koordinatensysteme, welche in einander übergeführt werden können, hat man an der Stelle von 17) und 22):

17a) $$ab' - a'b = 1,$$

22a) $$a = b', \quad b = -a',$$

Gleichungen, welche beweisen, dass die Veränderungen 20) auch in allen Transformationsformeln rechtwinkliger Koordinatensysteme erlaubt sind, sowie in den Gleichungen, welche aus den Transformationsformeln hervorgehen.

Zum Schlusse unserer Diskussion orthogonaler Substitutionen wollen wir noch Relationen höherer Ordnung zwischen den vier Koefficienten in ihnen vorführen, von welchen die Bedingungsgleichungen 16) oder die ihnen äquivalenten 21) nur als specielle Fälle erscheinen.

Wir gehen zu dem angegebenen Zwecke von der verallgemeinerten, durch die orthogonalen Substitutionen identischen Gleichung 24) aus:

$$(UX + VY)^m = (ux + vy)^m.$$

Wir entwickeln beide Teile der Gleichung nach dem binomischen Lehrsatze:

$$\Sigma \frac{\Pi(m)}{\Pi(\alpha) . \Pi(\beta)} U^\alpha X^\alpha V^\beta Y^\beta = \Sigma \frac{\Pi(m)}{\Pi(\alpha) . \Pi(\beta)} u^\alpha x^\alpha v^\beta y^\beta,$$

indem wir festsetzen, dass $\alpha + \beta = m$, dass α und β alle Werte der Zahlen $0\,1\,2 \ldots m$ annehmen und dass $\Pi\alpha = 1 . 2 \ldots \alpha$, im Speciellen also $\Pi(0) = 1$, $\Pi(1) = 1$, $\Pi(2) = 1 . 2$ u. s. w. seien.

Führen wir unter den angegebenen Voraussetzungen noch die kürzere Bezeichnung ein: $\Pi(\alpha) . \Pi(\beta) = C_{\alpha\beta}$, so stellt sich die letzte Gleichung mit Weglassung des gemeinsamen Faktors $\Pi(m)$ so dar:

a) $$\Sigma \frac{1}{C_{\alpha\beta}} U^\alpha V^\beta X^\alpha Y^\beta = \Sigma \frac{1}{C_{\alpha\beta}} u^\alpha v^\beta x^\alpha y^\beta.$$

Wir denken uns nun das Produkt $u^\alpha v^\beta$, in welchem die Substitutionen 19) gemacht seien, entwickelt. Den Koefficienten von $U^a V^b$, wo a und b zwei unveränderliche Zahlen seien, deren Summe $= m$, bezeichnen wir mit $C_{\alpha\beta} . A_{\alpha\beta}$, indem wir unter dem ersten Faktor $C_{\alpha\beta}$ den eben beschriebenen Zahlenkoefficienten verstehen. Wenn wir ebenso in dem Produkte $x^\alpha y^\beta$ die Substitutionen 4) machen und entwickeln, so wird, da u und v dieselben Funktionen von U und V sind, als x und y von X und Y, der Koefficient von $X^a Y^b$ ebenfalls $C_{\alpha\beta} . A_{\alpha\beta}$ sein. Wir drücken dieses mit Weglassung der übrigen Glieder der Entwickelung übersichtlich durch die Gleichungen aus:

b) $$u^\alpha v^\beta = \ldots + C_{\alpha\beta} . A_{\alpha\beta} . U^a V^b + \ldots$$

c) $$x^\alpha y^\beta = \ldots + C_{\alpha\beta} . A_{\alpha\beta} . X^a Y^b + \ldots$$

Machen wir nun in a) auf der rechten Seite der Gleichung die Substitutionen b) und setzen auf beiden Seiten der Gleichung die Koefficienten des Produktes $U^a V^b$ einander gleich, oder machen wir in a) auf der rechten Seite die Substitutionen c) und setzen auf beiden Seiten der Gleichung die Koefficienten von $X^a Y^b$ einander gleich, so finden wir:

d) $$\frac{1}{C_{ab}} \cdot X^a Y^b = \Sigma A_{\alpha\beta} x^\alpha y^\beta,$$

e) $$\frac{1}{C_{ab}} \cdot U^a V^b = \Sigma A_{\alpha\beta} u^\alpha v^\beta.$$

Die Gleichungen b) bis e) bieten eine doppelte Definition der eingeführten $(m+1)$ Grössen $A_{\alpha\beta}$ dar. Denn einmal sind $C_{\alpha\beta} . A_{\alpha\beta}$ Entwickelungskoefficienten in b) und c), das andere Mal in d) und e) sind $C_{ab} . A_{\alpha\beta}$ die Entwickelungskoefficienten der Produkte $X^a Y^b$ oder $U^a V^b$.

Wir führen noch andere $(m+1)$ Grössen $A'_{\alpha\beta}$ in die Rechnung ein, indem wir an Stelle der Zahlen a und b zwei andere Zahlen a' und b', deren Summe ebenfalls $= m$ sein soll, zu Grunde legen. Wir definieren erstere in gleicher Weise durch die Gleichungen:

f) $$u^\alpha v^\beta = \ldots + C_{\alpha,\beta} \,.\, A'_{\alpha,\beta} \,.\, U^{a'} V^{b'} + \ldots$$

g) $$x^\alpha y^\beta = \ldots + C_{\alpha,\beta} \,.\, A'_{\alpha,\beta} \,.\, X^{a'} Y^{b'} + \ldots$$

oder, was auf dasselbe hinauskommt, durch die Gleichungen:

h) $$\frac{1}{C_{a'b'}} \cdot X^{a'} Y^{b'} = \Sigma A'_{\alpha,\beta} x^\alpha y^\beta,$$

i) $$\frac{1}{C_{a'b'}} \cdot U^{a'} V^{b'} = \Sigma A'_{\alpha,\beta} u^\alpha v^\beta.$$

Nach diesen Vorbereitungen kehren wir wieder zu der identischen Gleichung a) zurück. Setzen wir auf der linken Seite derselben den Koefficienten von $U^a V^b X^a Y^b$ dem nach den Substitutionen b) und c) entsprechenden auf der rechten Seite gleich, so erhalten wir:

k) $$\frac{1}{C_{ab}} = \Sigma C_{\alpha,\beta} \,.\, A^2_{\alpha,\beta}.$$

Setzen wir dagegen auf der linken Seite den Koefficienten von $U^a V^b X^{a'} Y^{b'}$, der $= 0$ ist, dem nach den Substitutionen b) und g) entsprechenden auf der rechten Seite gleich, so erhalten wir:

l) $$0 = \Sigma C_{\alpha\beta} \,.\, A_{\alpha\beta} \,.\, A'_{\alpha\beta}.$$

Das Resultat unserer Entwickelungen lässt sich kurz so aussprechen:

Wenn man $(m+1)$ Grössen $A_{\alpha,\beta}$ unter Voraussetzung, dass $\alpha + \beta = a + b = m$ als die Entwickelungskoefficienten des Produktes $\frac{1}{C_{ab}} \cdot X^a Y^b$ orthogonaler Substitutionen 18) definiert nach Vorschrift der Gleichung:

25) $$\frac{1}{C_{ab}} X^a Y^b = \Sigma A_{\alpha,\beta} x^\alpha y^\beta$$

und noch $(m+1)$ andere Grössen $A'_{\alpha,\beta}$ in gleicher Weise nach Vorschrift der Gleichung:

26) $$\frac{1}{C_{a'b'}} \cdot X^{a'} Y^{b'} = \Sigma A'_{\alpha,\beta} x^\alpha y^\beta,$$

so finden zwischen den $2(m+1)$ Grössen die Relationen statt:

$$27)\quad \begin{cases} \dfrac{1}{C_{ab}} = \Sigma C_{\alpha\beta} \,.\, A^2_{\alpha\beta}, \\ \dfrac{1}{C_{a'b'}} = \Sigma C_{\alpha\beta} \,.\, A'^2_{\alpha\beta}, \\ \quad 0 = \Sigma C_{\alpha\beta} \,.\, A_{\alpha\beta} A'_{\alpha\beta}. \end{cases}$$

Durch die erlaubte Vertauschung von b mit a' in den Ausdrücken der $2(m+1)$ definierten Grössen geht aus dem Systeme Gleichungen 27) ein anderes ebenfalls geltendes System hervor.

Setzt man in den Gleichungen 25) bis 27) für die ganzen Zahlen $a=1$, $b=0$, $a'=0$, $b'=1$, so gehen die Gleichungen 25) und 26) über in 18) und die Gleichungen 27) in 16).

Wenn $m=2$, also $C_{20}=2$, $C_{11}=1$, $C_{02}=2$, werden die Entwickelungen 25) und 26):

$$28)\quad \begin{cases} \frac{1}{2} X^2 = A_{20} x^2 + A_{11} xy + A_{02} y^2, \\ X Y = A'_{20} x^2 + A'_{11} xy + A'_{02} y^2, \\ \frac{1}{2} Y^2 = A''_{20} x^2 + A''_{11} xy + A''_{02} y^2, \end{cases}$$

indem wir die Werte der Koefficienten haben:

$$29)\quad \begin{cases} A_{20} = \dfrac{a^2}{2}, & A_{11} = ab, & A_{02} = \dfrac{b^2}{2}, \\ A'_{20} = aa', & A'_{11} = ab' + a'b, & A'_{02} = bb', \\ A''_{20} = \dfrac{a'^2}{2}, & A''_{11} = a'b', & A''_{02} = \dfrac{b'^2}{2}. \end{cases}$$

Zwischen diesen bestehen nun die Relationen 27):

$$30)\quad \begin{cases} \frac{1}{2} = 2 A^2_{20} + A^2_{11} + 2 A^2_{02}, \\ \frac{1}{2} = 2 A'^2_{20} + A'^2_{11} + 2 A'^2_{02}, \\ \frac{1}{2} = 2 A''^2_{20} + A''^2_{11} + 2 A''^2_{02}, \\ 0 = 2 A'_{20} A''_{20} + A'_{11} A''_{11} + 2 A'_{02} A''_{02}, \\ 0 = 2 A''_{20} A_{20} + A''_{11} A_{11} + 2 A''_{02} A_{02}, \\ 0 = 2 A_{20} A'_{20} + A_{11} A'_{11} + 2 A_{02} A'_{02}. \end{cases}$$

Es fällt in die Augen, dass die neun in 29) aufgeführten Grössen A nur in einander übergehen, wenn man in ihnen b mit a' vertauscht. Macht man diese erlaubte Vertauschung in dem Systeme 30), so sieht man aus demselben ein neues System Gleichungen hervorgehen, deren Elemente auch nur die neun Grössen A sind. Man wird bemerken, dass diese beiden Systeme Gleichungen die gleiche Eigenschaft haben als die Systeme 16) und 21).

Wenn man in dem Systeme 28) die Vertauschungen 20) macht, so erhält man ein System, welches mit dem ersteren in einer merkwürdigen Beziehung steht. Das zweite System kann nämlich aus dem ersten 28) auch dadurch erhalten werden, dass man das erste als ein lineares betrachtet in Rücksicht auf die Unbekannten x^2, xy, y^2 und nach den Unbekannten auflöst. Da nun durch Vertauschung von b mit a' die Horizontalreihen der Koefficienten A in 28) in die Vertikalreihen übergehen, so kann man sagen: Man erhält die Auflösungen der Gleichungen 28), als lineare betrachtet, wenn man die Horizontalreihen der Koefficienten zu Vertikalreihen macht und zugleich x mit X und y mit Y vertauscht.

Es ist dieses die gleiche Eigenschaft der Gleichungen 28), welche wir bei den orthogonalen Substitutionen selbst wahrgenommen haben.

Zum Schlusse unserer Vorlesung wollen wir noch orthogonale Substitutionen $x = aX + a'Y$, $y = bX + b'Y$ entwickeln, also solche, welche die Gleichung $x^2 + y^2 = X^2 + Y^2$ zu einer identischen machen, die Koefficienten a, b, a', b' aber durch vier von einander unabhängige Grössen ausdrücken.

Dieses ist offenbar ein Paradoxon. Denn wir haben in dem Vorhergehenden gesehen, dass die Koefficienten in den orthogonalen Substitutionen dreien Bedingungsgleichungen genügen müssen, dass sie also nur eine willkürliche Grösse enthalten können, nicht vier, wie hier vorausgesagt wird. Doch man sehe und urteile.

Wir gehen in unserer Entwickelung von vier Punkten 1 2 3 4 aus, welche auf einer und derselben geraden Linie liegen. Ebenso könnte man von vier geraden Linien ausgehen, welche sich in einem und demselben Punkte schneiden, und dieses wäre natürlicher, weil die geraden Linien schliesslich die Bedeutung der Koordinatenaxen erhielten. Wir ziehen aber die erste Ausgangsart vor, um leicht eintretende Missverständnisse in den einzuführenden Zeichen zu vermeiden.

Wenn $A=0$ und $B=0$ die Gleichungen von irgend zwei Punkten bedeuten und man setzt:

$$31)\qquad W=A+\lambda B,$$

so stellt die Gleichung $W=0$ mit dem willkürlichen Faktor λ irgend einen Punkt auf der Verbindungslinie der beiden Punkte dar. Es sind mithin:

$$32)\qquad W_1=0,\quad W_2=0,\quad W_3=0,\quad W_4=0$$

die Gleichungen von irgend vier Punkten auf einer geraden Linie, wenn:

$$33)\qquad \begin{cases} W_1=A+\lambda_1 B, & W_2=A+\lambda_2 B, \\ W_3=A+\lambda_3 B, & W_4=A+\lambda_4 B. \end{cases}$$

Wir bringen nun den in der sechsten Vorlesung angewendeten algebraischen Lehrsatz in Erinnerung, der rücksichtlich vier Grössen λ sich so darstellt:

„Wenn man mit $\pi_1, \pi_2, \pi_3, \pi_4$ die Produkte der Differenzen von irgend vier Grössen $\lambda_1, \lambda_2, \lambda_3, \lambda_4$ bezeichnet:

$$\begin{aligned} \pi_1 &= (\lambda_1-\lambda_2)(\lambda_1-\lambda_3)(\lambda_1-\lambda_4), \\ \pi_2 &= (\lambda_2-\lambda_1)(\lambda_2-\lambda_3)(\lambda_2-\lambda_4), \\ \pi_3 &= (\lambda_3-\lambda_1)(\lambda_3-\lambda_2)(\lambda_3-\lambda_4), \\ \pi_4 &= (\lambda_4-\lambda_1)(\lambda_4-\lambda_2)(\lambda_4-\lambda_3), \end{aligned}$$

wenn ferner $\varphi(\lambda)$ irgend eine ganze Funktion von λ des zweiten Grades ist, so hat man identisch:

$$34)\qquad \frac{\varphi(\lambda_1)}{\pi_1}+\frac{\varphi(\lambda_2)}{\pi_2}+\frac{\varphi(\lambda_3)}{\pi_3}+\frac{\varphi(\lambda_4)}{\pi_4}=0.“$$

Setzen wir in dieser Gleichung $\varphi(\lambda)=W^2$, so geht dieselbe über in:

$$35)\qquad \frac{W_1^2}{\pi_1}+\frac{W_2^2}{\pi_2}+\frac{W_3^2}{\pi_3}+\frac{W_4^2}{\pi_4}=0,$$

eine Gleichung, die wir in Worten so aussprechen können:

Wenn $U_1=0$, $U_2=0$, $U_3=0$, $U_4=0$ die Gleichungen von irgend vier Punkten auf einer und derselben geraden Linie sind, so lassen sich vier Faktoren $\varkappa$ der Art bestimmen, dass man identisch hat:

$$36)\qquad \varkappa_1 U_1^2 + \varkappa_2 U_2^2 + \varkappa_3 U_3^2 + \varkappa_4 U_4^2 = 0.$$

Dieser Satz lässt sich auch umkehren wie folgt:

Wenn $U_1 = 0$, $U_2 = 0$, $U_3 = 0$, $U_4 = 0$ die Gleichungen von irgend vier Punkten sind, so liegen dieselben auf einer geraden Linie, wenn sich vier Faktoren $\varkappa$ der Art bestimmen lassen, dass 36) eine identische Gleichung wird.

Auf der Verbindungslinie der Punkte 1 und 2 liegen nämlich die Punktepaare $U_1^2 = 0$ und $U_2^2 = 0$. Auf dieser Linie liegt nun nach dem Satze 31) der achten Vorlesung auch das durch die Gleichung $\varkappa_1 U_1^2 + \varkappa_2 U_2^2 = 0$ ausgedrückte Punktepaar. Da diese Gleichung auf Grund der identischen Gleichung 36) die Form annimmt $\varkappa_3 U_3^2 + \varkappa_4 U_4^2 = 0$, so liegt dasselbe Punktepaar auch auf der Verbindungslinie der Punkte 3 und 4. Daraus folgt nun, dass die vier Punkte 1 2 3 4 auf einer und derselben geraden Linie liegen.

Ein zweiter Beweis desselben Satzes ergiebt sich aus der identischen Gleichung 34), wenn man in derselben setzt $\varphi(\lambda) = W$ oder $\varphi(\lambda) = \lambda W$. Denn dadurch erhält man die identischen Gleichungen:

$$37)\qquad \begin{cases} \dfrac{W_1}{\pi_1} + \dfrac{W_2}{\pi_2} + \dfrac{W_3}{\pi_3} + \dfrac{W_4}{\pi_4} = 0, \\[2ex] \dfrac{\lambda_1 W_1}{\pi_1} + \dfrac{\lambda_2 W_2}{\pi_2} + \dfrac{\lambda_3 W_3}{\pi_3} + \dfrac{\lambda_4 W_4}{\pi_4} = 0, \end{cases}$$

welche es noch deutlicher aussprechen, dass die betrachteten vier Punkte auf einer und derselben geraden Linie liegen.*

Sehen wir aber ab von geometrischen Deutungen und beschränken uns allein auf die drei in Rücksicht der variabelen

* Wie hier die eine identische Gleichung 35) der zweiten Ordnung die beiden linearen identischen Gleichungen 37) zur Folge hat, so gehen auch aus der identischen Gleichung 36) zwei lineare identische Gleichungen hervor, wenn man die Gleichung 36) nach der einen Variabele u oder nach der anderen Variabele v differentiiert, was bekanntlich erlaubt ist.

Linienkoordinaten zugleich bestehenden identischen Gleichungen 35) und 37). An Stelle der vier Funktionen W_1, W_2, W_3, W_4 der genannten Variabelen führen wir neue Funktionen x, X, y, Y ein, indem wir setzen:

$$38)\quad \begin{cases} W_1 = ix\sqrt{\pi_1}, & W_2 = X\sqrt{\pi_2}, \\ W_3 = iy\sqrt{\pi_3}, & W_4 = Y\sqrt{\pi_4}, \end{cases}$$

wodurch die identische Gleichung 35) übergeht in:

$$39)\quad x^2 + y^2 = X^2 + Y^2$$

und die Gleichungen 37) in:

$$40)\quad \begin{cases} \dfrac{1}{\sqrt{\pi_1}}x + \dfrac{1}{\sqrt{\pi_3}}y = \dfrac{i}{\sqrt{\pi_2}}X + \dfrac{i}{\sqrt{\pi_4}}Y, \\ \dfrac{\lambda_1}{\sqrt{\pi_1}}x + \dfrac{\lambda_3}{\sqrt{\pi_3}}y = \dfrac{i\lambda_2}{\sqrt{\pi_2}}X + \dfrac{i\lambda_4}{\sqrt{\pi_4}}Y. \end{cases}$$

Löst man diese Gleichungen auf nach x und y, so erhält man orthogonale Substitutionen von der Form:

$$41)\quad \begin{cases} x = aX + a'Y, \\ y = bX + b'Y, \end{cases}$$

welche die Gleichung 39) zu einer identischen machen.

Die Substitutionskoefficienten haben folgende Werte:

$$a = \frac{(\lambda_4 - \lambda_1)\sqrt{\pi_2}}{(\lambda_4 - \lambda_2)i\sqrt{\pi_1}}, \quad a' = \frac{(\lambda_2 - \lambda_1)\sqrt{\pi_4}}{(\lambda_2 - \lambda_4)i\sqrt{\pi_1}},$$

$$b = \frac{(\lambda_4 - \lambda_3)\sqrt{\pi_2}}{(\lambda_4 - \lambda_2)i\sqrt{\pi_3}}, \quad b' = \frac{(\lambda_2 - \lambda_3)\sqrt{\pi_4}}{(\lambda_2 - \lambda_4)i\sqrt{\pi_3}},$$

und wenn man noch die Werte der vier Grössen π substituiert:

$$42)\quad \begin{cases} a = \sqrt{\dfrac{(\lambda_4 - \lambda_1)(\lambda_2 - \lambda_3)}{(\lambda_4 - \lambda_2)(\lambda_1 - \lambda_3)}}, & a' = \sqrt{\dfrac{(\lambda_4 - \lambda_3)(\lambda_2 - \lambda_1)}{(\lambda_4 - \lambda_2)(\lambda_3 - \lambda_1)}}, \\ b = \sqrt{\dfrac{(\lambda_4 - \lambda_3)(\lambda_2 - \lambda_1)}{(\lambda_4 - \lambda_2)(\lambda_3 - \lambda_1)}}, & b' = \sqrt{\dfrac{(\lambda_4 - \lambda_1)(\lambda_2 - \lambda_3)}{(\lambda_4 - \lambda_2)(\lambda_1 - \lambda_3)}}. \end{cases}$$

Es sind hierdurch in der That die orthogonalen Substitutionen 41), welche die Gleichung 39) zu einer identischen Gleichung machen, abhängig gemacht von den vier ganz willkürlichen Grössen λ, und es entsteht die Frage, wie das am Anfange unserer Untersuchung hervorgehobene Paradoxon aufzuklären ist?

Betrachten wir irgend einen der vier Koefficienten in 42), so ist derselbe eine Funktion $\varphi(\lambda_1, \lambda_2, \lambda_3, \lambda_4)$ der vier Variabelen λ, welche die Eigenschaft hat, sich nicht zu ändern, wenn man für sämtliche $\lambda_\varkappa$ setzt $\alpha\lambda_\varkappa + \beta$ oder für sämtliche $\lambda_\varkappa$ setzt $\frac{1}{\lambda_\varkappa + \gamma}$. Setzen wir deshalb in der genannten Funktion für sämtliche:

$$\lambda_\varkappa = \frac{\alpha\mu_\varkappa + \beta}{\mu_\varkappa + \gamma},$$

so geht dieselbe über in die gleiche Funktion der Variabelen μ, so dass wird:

$$\varphi(\lambda_1, \lambda_2, \lambda_3, \lambda_4) = \varphi(\mu_1, \mu_2, \mu_3, \mu_4),$$

und die drei Grössen α, β, γ ganz fortgehen.

Wir führen nun an Stelle der vier Variabelen λ vier neue Variabelen α, β, γ, μ_4 ein durch die vier Gleichungen:

$$\lambda_1 = \frac{\alpha\mu_1 + \beta}{\mu_1 + \gamma}, \quad \lambda_2 = \frac{\alpha\mu_2 + \beta}{\mu_2 + \gamma}, \quad \lambda_3 = \frac{\alpha\mu_3 + \beta}{\mu_3 + \gamma}, \quad \lambda_4 = \frac{\alpha\mu_4 + \beta}{\mu_4 + \gamma},$$

indem wir unter μ_1, μ_2, μ_3 gegebene Konstanten verstehen, die den drei ersten Gleichungen nicht widersprechen sollen. Dadurch wird die Funktion $\varphi(\lambda_1, \lambda_2, \lambda_3, \lambda_4)$ der vier Variabelen λ zurückgeführt auf die Funktion $\varphi(\mu_1, \mu_2, \mu_3, \mu_4)$ der einzigen Variabelen μ_4.

Auf diese Weise sind sämtliche Koefficienten 42) der Substitutionen abhängig von nur einer Variabelen μ_4.

Wir wollen noch bemerken, dass die hier mehr künstlich abgeleiteten orthogonalen Substitutionen 41) wie von selbst aus der Betrachtung konfokaler Kegelschnitte hervorgehen.*

* In meiner Raumgeometrie findet man dieselben Ausdrücke 42) für die Koefficienten orthogonaler Substitutionen in der einundzwanzigsten Vorlesung wieder. Denn setzt man dort die Werte der Grössen β und B aus 10) in 6) ein, so hat man:

$$a = \sqrt{\frac{(\alpha_1 + \lambda_0)(\alpha_0 + \lambda_1)}{(\alpha_1 - \alpha_0)(\lambda_1 - \lambda_0)}}, \quad a' = \sqrt{\frac{(\alpha_1 + \lambda_1)(\alpha_0 + \lambda_0)}{(\alpha_1 - \alpha_0)(\lambda_0 - \lambda_1)}}.$$

$$b = \sqrt{\frac{(\alpha_1 + \lambda_1)(\alpha_0 + \lambda_0)}{(\alpha_1 - \alpha_0)(\lambda_0 - \lambda_1)}}, \quad b' = \sqrt{\frac{(\alpha_1 + \lambda_0)(\alpha_0 + \lambda_1)}{(\alpha_1 - \alpha_0)(\lambda_1 - \lambda_0)}},$$

Ausdrücke, welche übergehen in unsere Ausdrücke 42), wenn man für α_0, α_1, λ_0, λ_1 respektive setzt λ_2, λ_4, $-\lambda_1$, $-\lambda_3$.

Zehnte Vorlesung.

Orthogonale Substitutionen, welche eine gegebene homogene Funktion der zweiten Ordnung zweier Variabelen auf die Quadrate zweier anderen Variabelen zurückführen.

Das Problem, die geraden Linien analystisch zu bestimmen, welche die Winkel halbieren, die zwei gegebene gerade Linien mit einander bilden, haben wir in doppelter Art gelöst. Einmal gingen wir von den gegebenen Gleichungen der beiden geraden Linien aus und drückten das Resultat unserer Untersuchung in dem Satze 12) der zweiten Vorlesung aus; das andere Mal war die Gleichung des Linienpaares gegeben, und der Satz 19) der achten Vorlesung gab die Auflösung des Problems. Wenn wir jetzt zum dritten Male auf denselben Gegenstand zurückkommen, so geschieht dieses in der Absicht, sowohl eine Anwendung der in der vorhergehenden Vorlesung diskutierten orthogonalen Substitutionen vorzuführen als auch das Problem rein algebraisch zu fassen und zu behandeln. Denn in dieser Auffassung und in weiterer Verallgemeinerung wird es zu einem Fundamentalprobleme, auf welches sich viele Probleme der Geometrie, der Integralrechnung und der analytischen Mechanik zurückführen lassen.

Wenn wir mit $f(x, y)$ die homogene Funktion zweiter Ordnung bezeichnen:

1) $$f(x, y) = a_{00}x^2 + 2a_{01}xy + a_{11}y^2,$$

so stellt die Gleichung $f(x, y) = 0$ ein Linienpaar dar, welches von dem Koordinatenanfangspunkt ausgeht. Dieses Linienpaar, welches mit der angegebenen Funktion übrigens willkürlich ist, sei gegeben.

Macht man in der Gleichung des Linienpaares die orthogonalen Substitutionen 4) aus der vorhergehenden Vorlesung, so ändert die Gleichung ihre Form nicht. Nur in dem einen Falle, wenn die Axen des neuen Koordinatensystems XY die Winkel halbieren, welche die gegebenen geraden Linien mit einander bilden, verschwindet aus der Gleichung das Produkt XY der Variabelen und es bleiben nur die Quadrate der Variabelen in der Gleichung zurück. Bestimmt man also die orthogonalen Substitutionen für diesen Fall, so hat man die Gleichungen der gesuchten Halbierungslinien der Winkel $X=0$ und $Y=0$ oder anders:

$$ax+by=0 \quad \text{und} \quad a'x+b'y=0.$$

Erinnert man sich überdies der Bedingung 15) für orthogonale Substitutionen, so kann man sagen, dass das Problem, die Winkel zu halbieren, welche zwei beliebig gegebene gerade Linien mit einander bilden, rein algebraisch gefasst, darin besteht:

Die linearen Substitutionen zu bestimmen:

$$2) \qquad \begin{cases} x = aX + a'Y, \\ y = bX + b'Y, \end{cases}$$

welche folgende beide Gleichungen zu identischen Gleichungen machen:

$$3) \qquad \begin{cases} x^2+y^2 = X^2+Y^2, \\ f(x,y) = \lambda_0 X^2 + \lambda_1 Y^2. \end{cases}$$

Dieses Problem enthält auch algebraisch nichts Unmögliches. Denn wie die erste identische Gleichung 3) in drei Gleichungen 16) zerfiel, so findet dasselbe auch bei der zweiten Gleichung 3) statt und wir haben sechs Gleichungen zur Bestimmung der sechs Unbekannten, nämlich der vier Koefficienten in 2) und der beiden Koefficienten λ_0 und λ_1 in 3).

Schreiben wir die sechs Gleichungen mit den sechs Unbekannten ab, $a'b'$, $\lambda_0\lambda_1$ hin, welche das Problem lösen:

$$4) \qquad a^2+b^2=1, \quad a'^2+b'^2=1, \quad aa'+bb'=0,$$

$$5) \qquad \begin{cases} a_{00}a^2 + 2a_{01}ab + a_{11}b^2 = \lambda_0, \\ a_{00}a'^2 + 2a_{01}a'b' + a_{11}b'^2 = \lambda_1, \\ a_{00}aa' + a_{01}(ab'+a'b) + a_{11}bb' = 0. \end{cases}$$

Die vorliegenden Gleichungen sind keineswegs lineare Gleichungen. Es sind Gleichungen, welche sich den gewöhnlichen Auflösungsmethoden entziehen. Da wir jedoch in 19) der achten Vorlesung das Linienpaar rational haben bestimmen können, welches die Winkel des gegebenen Linienpaares halbiert, und die analytische Zerlegung eines Linienpaares in seine Bestandteile auf eine quadratische Gleichung hinauskommt, so wissen wir, dass die Auflösung der Gleichungen 4) und 5) auch auf eine quadratische Gleichung führen muss. In dieser Voraussicht werden wir die Auflösung der genannten Gleichungen unternehmen.

Es unterliegt keinem Zweifel, dass das rein algebraische Problem Schwierigkeiten hervorruft, welche in der früheren Behandlung des gleichen Problems nicht aufkamen. Um so dringender ist aber die Aufforderung, das algebraische Problem durchzuführen, dessen Auflösung wir anders beherrschen. Denn gerade an Problemen der Art macht man die einträglichsten Studien.

Wir führen, um die Gleichungen 5) übersichtlicher darzustellen, unter Voraussetzung, dass $a_{01} = a_{10}$ die Bezeichnungen $f'(x)$ und $f'(y)$ — der partiellen Differentialquotienten der Funktion $f(x, y)$ — ein:

$$6)\qquad \tfrac{1}{2} f'(x) = a_{00} x + a_{01} y, \quad \tfrac{1}{2} f'(y) = a_{10} x + a_{11} y,$$

und werden annehmen, dass $f'(x)$ und $f'(y)$ in $f'(a)$ und $f'(b)$ oder in $f'(a')$ und $f'(b')$ übergehen, wenn man für x und y setzt a und b oder a' und b'. Alsdann stellen sich die Gleichungen 5) so dar:

$$5a)\qquad \begin{cases} a \,.\, \tfrac{1}{2} f'(a) + b \,.\, \tfrac{1}{2} f'(b) = \lambda_0, \\ a' \,.\, \tfrac{1}{2} f'(a') + b' \,.\, \tfrac{1}{2} f'(b') = \lambda_1, \\ a' \,.\, \tfrac{1}{2} f'(a) + b' \,.\, \tfrac{1}{2} f'(b) = a \,.\, \tfrac{1}{2} f'(a') + b \,.\, \tfrac{1}{2} f'(b') = 0. \end{cases}$$

Multiplizieren wir die erste von diesen Gleichungen mit a oder b, die dritte Gleichung mit a' oder b' und addieren, oder multiplizieren wir die dritte Gleichung mit a oder b, die zweite mit a' oder b' und addieren, so erhalten wir mit Rücksicht auf die Gleichungen 21) der vorhergehenden Vorlesung, welche, wie wir gesehen haben, aus den orthogonalen Substitutionen 4) folgen, die Gleichungen:

$$7)\qquad \begin{cases} \tfrac{1}{2} f'(a) = \lambda_0 a, & \tfrac{1}{2} f'(a') = \lambda_1 a', \\ \tfrac{1}{2} f'(b) = \lambda_0 b, & \tfrac{1}{2} f'(b') = \lambda_1 b', \end{cases}$$

welche Gleichungen ausführlich sich so darstellen:

$$7\text{a})\quad \begin{cases} (a_{00}-\lambda_0)\,a+a_{01}\,b=0, & (a_{00}-\lambda_1)\,a'+a_{01}\,b'=0, \\ a_{10}\,a+(a_{11}-\lambda_0)\,b=0, & a_{10}\,a'+(a_{11}-\lambda_1)\,b'=0. \end{cases}$$

Eliminiert man aus dem ersten Systeme Gleichungen a und b, aus dem zweiten a' und b' und setzt nach der Elimination λ sowohl für λ_0 als für λ_1, so erhält man die quadratische Gleichung:

$$8)\qquad (a_{00}-\lambda)(a_{11}-\lambda)-a_{01}{}^2=0,$$

welches beweist, dass die Wurzeln dieser Gleichung gerade die zu bestimmenden Koefficienten λ_0 und λ_1 sein werden.

Hat man die Wurzeln λ_0 und λ_1 dieser Gleichung bestimmt, so ergäbe sich aus der ersten Gleichung 7a) das Verhältnis der Koefficienten $a:b$ und die Gleichung $a^2+b^2=1$ würde dienen, die Werte der Koefficienten selbst zu bestimmen. Solch' unsymmetrisches Verfahren bei Auflösung eines vollkommen symmetrischen Problems ist aber verwerflich. Wir multiplizieren deshalb die erste Gleichung 7a) mit a, die zweite mit b und bestimmen gleichmässig aus beiden Gleichungen die Verhältnisse:

$$a^2:ab:b^2=\frac{1}{a_{00}-\lambda_0}:\frac{-1}{a_{01}}:\frac{1}{a_{11}-\lambda_0},$$

woraus mit Einführung eines noch zu bestimmenden Faktors $\varkappa_0$ die Gleichungen hervorgehen:

$$9)\qquad a^2=\frac{\varkappa_0}{a_{00}-\lambda_0},\quad ab=\frac{-\varkappa_0}{a_{01}},\quad b^2=\frac{\varkappa_0}{a_{11}-\lambda_0}.$$

Der Faktor $\varkappa_0$ ergiebt sich durch Addition der ersten und letzten Gleichung unter Berücksichtigung der ersten Gleichung 4) und der quadratischen Gleichung 8):

$$10)\qquad \varkappa_0=\frac{a_{01}{}^2}{a_{00}+a_{11}-2\lambda_0}.$$

Setzt man diesen Wert von $\varkappa_0$ in die erste und letzte Gleichung 9) ein, so hat man:

$$11)\qquad \begin{cases} a=\dfrac{a_{01}}{\sqrt{(a_{00}-\lambda_0)(a_{00}+a_{11}-2\lambda_0)}}, \\ b=\dfrac{a_{01}}{\sqrt{(a_{11}-\lambda_0)(a_{00}+a_{11}-2\lambda_0)}}. \end{cases}$$

Was die Vorzeichen der beiden Quadratwurzeln anbelangt, so kann ein Vorzeichen beliebig gewählt werden, das andere ist so zu bestimmen, dass der zweiten Gleichung 9) genügt wird, welche sich nach der Substitution des Wertes von $\varkappa_0$ so darstellt:

$$12)\qquad ab = -\frac{a_{01}}{a_{00}+a_{11}-2\lambda_0}.$$

Von den Koefficienten a' und b', welche aus a und b in 11) dadurch hervorgehen, dass man für λ_0 setzt λ_1:

$$13)\qquad \begin{cases} a' = \dfrac{a_{01}}{\sqrt{(a_{00}-\lambda_1)(a_{00}+a_{11}-2\lambda_1)}}, \\ b' = \dfrac{a_{01}}{\sqrt{(a_{11}-\lambda_1)(a_{00}+a_{11}-2\lambda_1)}}, \end{cases}$$

gilt dasselbe. Die Vorzeichen der Quadratwurzeln brauchen nur der Bedingung zu genügen:

$$14)\qquad a'b' = -\frac{a_{01}}{a_{00}+a_{11}-2\lambda_1}.$$

Das an die Spitze der Vorlesung gestellte algebraische Problem kann hierdurch als gelöst angesehen werden. Denn wir haben die in der zweiten Gleichung 3) unbekannten Koefficienten λ_0 und λ_1 als die Wurzeln der quadratischen Gleichung 8) festgestellt und durch diese Wurzeln in 11) und 13) die Koefficienten in den Substitutionen 2) ausgedrückt. Wenn wir aber den geometrischen Ursprung des Problems im Auge behalten, nämlich die Frage nach den Halbierungslinien der Winkel, welche das durch die Gleichung $f(x, y) = 0$ gegebene Linienpaar bildet, so drängen sich gewisse Bedenken auf, die zu weiteren Untersuchungen Veranlassung geben.

Unter der Annahme, dass die Gleichung $f(x, y) = 0$ ein gegebenes reelles Linienpaar darstelle, muss die Gleichung $ax + by = 0$ der Halbierungslinie des einen von den gegebenen geraden Linien gebildeten Winkels auch eine reelle sein. Die quadratische Gleichung 8), von der die Koefficienten a und b in der genannten Gleichung abhängen, könnte auch imaginäre Wurzeln haben. In diesem Falle wären die Ausdrücke 11) von a und b imaginär. Da dieses nicht sein kann, so müssen wir daraus schliessen, dass die quadratische Gleichung 8), von welcher das algebraische Problem abhängt, imaginäre Wurzeln nicht haben kann.

Gehen wir nun auf die Natur der quadratischen Gleichung 8) näher ein und stellen eine Wurzel derselben dar, so finden wir, dass unter dem Quadratwurzelzeichen die Summe zweier Quadrate steht:

$$(a_{00} - a_{11})^2 + 4\, a_{01}^{\,2}.$$

Da diese Summe immer positiv ist, so folgt hieraus, dass die quadratische Gleichung selbst in dem Falle, wenn die Gleichung $f(x, y) = 0$ mit reellen Koefficienten ein imaginäres Linienpaar darstellt, reelle Wurzeln hat. Ein eleganterer Beweis für die Realität der Wurzeln der quadratischen Gleichung 8) wird am Ende der Vorlesung folgen.

Aber trotzdem, dass die quadratische Gleichung nur reelle Wurzeln hat, würde die Halbierungslinie eine imaginäre, wenn in 11) die Ausdrücke unter den Wurzelzeichen von entgegengesetztem Vorzeichen wären. Das Produkt derselben ist aber mit Rücksicht auf die quadratische Gleichung ein Quadrat:

$$a_{01}^{\,2}\,(a_{00} + a_{11} - 2\,\lambda_0)^2.$$

Die genannten Ausdrücke müssen also gleiche Vorzeichen haben. Das negative Vorzeichen können beide Ausdrücke nicht haben, weil die Summe der Quadrate von a und b gleich der Einheit nicht eine negative Grösse ist.

Nach dem Satze 20) der achten Vorlesung stellen sich die Gleichungen aller von dem Anfangspunkte der Koordinaten ausgehenden Linienpaare, welche mit dem gegebenen Linienpaare $f(x, y) = 0$ dieselben Winkel-Halbierungslinien haben, dar in der Form:

$$f(x, y) - \lambda\,(x^2 + y^2) = 0.$$

Wenn demnach $\varphi(x, y) = 0$ die Gleichung irgend eines solchen Linienpaares ist, so werden sich Faktoren p und q der Art bestimmen lassen, das man identisch hat:

$$15)\qquad p f(x, y) + q\,(x^2 + y^2) = \varphi(x, y).$$

Da der linke Teil dieser Gleichung durch die Substitutionen 2) transformiert wird auf die Quadrate der neuen

Variabelen, so gilt dieses auch von der Funktion $\varphi(x, y)$, welche durch die Substitution übergeht in:

$$16)\qquad \varphi(x, y) = \mu_0 X^2 + \mu_1 Y^2.$$

Definieren wir also die Funktion $\varphi(x, y)$ als eine Funktion, welche durch die Substitutionen 2) transformiert wird auf die Quadrate der neuen Variabelen, so setzt sich dieselbe aus den Funktionen $f(x, y)$ und $(x^2 + y^2)$ in linearer Weise zusammen, wie die Gleichung 15) angiebt.

Was die Koefficienten p und q in der Gleichung 15) anbetrifft, so bestimmen wir dieselben, indem wir in der Gleichung 15) die Substitutionen 3) und 16) machen und die Koefficienten der Quadrate der neuen Variabelen einander gleich setzen:

$$17)\qquad p = \frac{\mu_1 - \mu_0}{\lambda_1 - \lambda_0}, \quad q = \frac{\mu_0 \lambda_1 - \mu_1 \lambda_0}{\lambda_1 - \lambda_0}.$$

Dieses sind Ausdrücke der Wurzeln der quadratischen Gleichung 8) und der beiden Grössen μ_0 und μ_1. Wenn man die letzeren als gegeben betrachtet zugleich mit der quadratischen Gleichung, deren Wurzeln nicht bekannt sein sollen, so sind die Ausdrücke irrational. Wir können demnach sagen, dass die gegebene Funktion $\varphi(x, y)$ im allgemeinen irrational aus den beiden gegebenen Funktionen $f(x, y)$ und $(x^2 + y^2)$ zusammengesetzt sei.

Es liegt nicht in unserer Absicht, auf die Natur aller eben definierten Funktionen $\varphi(x, y)$ näher einzugehen. Wir werden uns vielmehr beschränken auf die Zahl derer, welche rational zusammengesetzt sind.

Wenn wir unter n eine positive oder negative ganze Zahl verstehen und für $\varphi(x, y)$ die Bezeichnung $f_n(x, y)$ wählen, so stellen sich die eben beschränkten Funktionen in der Form dar:

$$18)\qquad f_n(x, y) = \lambda_0^n X^2 + \lambda_1^n Y^2.$$

Denn setzen wir in der Gleichung 16) $\mu_0 = \lambda_0^n$ und $\mu_1 = \lambda_1^n$, so werden Zähler und Nenner der Brüche von p und q in 17) alternierende Funktionen der Wurzeln der quadratischen Gleichung 8) und die Ausdrücke von p und q selbst symmetrische Funktionen der Wurzeln. Da sich aber symmetrische Funktionen der Wurzeln einer Gleichung immer rational durch die Koefficienten in der Gleichung ausdrücken lassen und die Koefficienten der quadratischen Gleichung 8) wieder rational aus den Koefficienten der gegebenen Funktion $f_1(x, y)$ zusammengesetzt sind, so braucht man gar nicht die Wurzeln der quadratischen Gleichung zu kennen, um die Funktion $f_n(x, y)$ selbst darzustellen.

Die weiter zu behandelnden Funktionen bilden zwei Klassen, je nachdem n eine positive oder negative ganze Zahl ist. Demnach nennt man die Funktionen $f_n(x, y)$ und $f_{-n}(x, y)$ reciproke Funktionen.

Dass diese Funktionen sich rational darstellen lassen, ist aus dem Vorhergehenden klar, aber es stellen sich bei der Durchführung doch praktische Schwierigkeiten dar, welcher man überhoben sein möchte. Damit sei das folgende Problem angezeigt, dessen Lösung eine tiefere Einsicht in die Natur der zu behandelnden Funktionen geben wird.

Wenn zwei Funktionen $f_1(x, y)$ und $f_0(x, y)$ gegeben sind, welche durch die Substitutionen 2) transformiert werden in:

19) $$f_0(x, y) = X^2 + Y^2,$$

20) $$f_1(x, y) = \lambda_0 X^2 + \lambda_1 Y^2,$$

jede andere Funktion $f_n(x, y)$, welche durch dieselben Substitutionen transformiert wird in:

18a) $$f_n(x, y) = \lambda_0^n X^2 + \lambda_1^n Y^2,$$

rational darzustellen.

Den Anfang der Lösung des vorstehenden Problems machen wir mit der rationalen Darstellung der Funktion $f_2(x, y)$.

Setzen wir zu diesem Zwecke $\mu_0 = \lambda_0^2$, $\mu_1 = \lambda_1^2$ und $\varphi(x, y) = f_2(x, y)$, so ergeben sich aus 17) die Werte von p und q:

$$p = \lambda_0 + \lambda_1 = a_{00} + a_{11}, \quad q = -\lambda_0 \lambda_1 = -(a_{00} a_{11} - a_{01}^2),$$

und aus der Gleichung 15) selbst die Relation zwischen den drei aufeinander folgenden Funktionen $f_2(x, y)$, $f_1(x, y)$, $f_0(x, y)$:

21) $$f_2(x, y) - (a_{00} + a_{11}) f_1(x, y) + (a_{00} a_{11} - a_{01}^2) f_0(x, y) = 0.$$

Diese Relation lässt sich bilden nach folgender einfachen Regel:

„Man erhält die zwischen den drei aufeinander folgenden Funktionen $f_2(x,y)$, $f_1(x,y)$, $f_0(x,y)$ bestehende Relation, wenn man die quadratische Gleichung 8) nach Potenzen von λ entwickelt und für λ^2, λ, λ^0 respektive jene Funktionen setzt.“

Um die reciproke Funktion $f_{-1}(x,y)$ rational darzustellen, setzen wir in 17) $\mu_0 = \frac{1}{\lambda_0}$, $\mu_1 = \frac{1}{\lambda_1}$, woraus sich die Werte von p und q ergeben:

$$p = -\frac{1}{\lambda_0\lambda_1} = -\frac{1}{a_{00}a_{11} - a_{01}^2}, \quad q = \frac{\lambda_0 + \lambda_1}{\lambda_0\lambda_1} = \frac{a_{00} + a_{11}}{a_{00}a_{11} - a_{01}^2}$$

und aus der Gleichung 15), in welcher $\varphi(x,y)$ die Bedeutung von $f_{-1}(x,y)$ hat, ergiebt sich die Relation:

$$22)\quad f_1(x,y) - (a_{00} + a_{11})f_0(x,y) + (a_{00}a_{11} - a_{01}^2)f_{-1}(x,y) = 0,$$

welche nach folgender Regel sich bilden lässt:

„Man erhält die zwischen den drei aufeinander folgenden Funktionen $f_1(x,y)$, $f_0(x,y)$, $f_{-1}(x,y)$ bestehende Relation, wenn man die quadratische Gleichung 8) nach Potenzen von λ entwickelt, durch λ dividiert und nach ausgeführter Division für λ, λ^0 und λ^{-1} respektive jene Funktionen setzt.“

Diese beiden Regeln lassen vermuten, dass zwischen je drei benachbarten Funktionen $f_n(x,y)$ gleiche Relationen bestehen. Das Folgende soll dazu dienen, die aufgeworfene Frage zur Entscheidung zu bringen.

Wenn man je zwei in einer Horizontalreihe stehende Gleichungen 7) mit X und Y multipliziert und hierauf addiert, so erhält man mit Berücksichtigung der Substitutionen 2):

$$23)\quad \begin{cases} \frac{1}{2}f'_1(x) = a\,.\,\lambda_0 X + a'\,.\,\lambda_1 Y, \\ \frac{1}{2}f'_1(y) = b\,.\,\lambda_0 X + b'\,.\,\lambda_1 Y. \end{cases}$$

Es sind dieses die Substitutionsgleichungen 2) selbst, nur in einer anderen Form. Vergleicht man sie mit jenen, so kann man sagen:

Es ist erlaubt, in allen aus den Substitutionen 2), welche die Gleichungen 3) zu identischen Gleichungen machen, hervorgegangenen Formeln folgende gleichzeitige Veränderungen eintreten zu lassen:

$$24)\quad \begin{cases} x, & y, & X, & Y, \\ \tfrac{1}{2}f'_1(x), & \tfrac{1}{2}f'_1(y), & \lambda_0 X, & \lambda_1 Y. \end{cases}$$

Wenn wir in unserem Probleme in 3) an Stelle der gegebenen Funktion $f_1(x, y) = \lambda_0 X^2 + \lambda_1 Y^2$ ihre in 22) ausgedrückte reciproke Funktion $f_{-1}(x, y) = \frac{1}{\lambda_0} X^2 + \frac{1}{\lambda_1} Y^2$ nehmen, so ändert sich bei der Durchführung des Problems die quadratische Gleichung 8) nicht, deren Wurzeln λ_0 und λ_1 sind. Der vorhergehende Satz wird aber so lauten:

Es ist erlaubt, in allen aus den Substitutionen 2), welche die Gleichungen 3) zu identischen Gleichungen machen, hervorgegangenen Formeln folgende gleichzeitige Veränderungen eintreten zu lassen:

$$25)\quad \begin{cases} x, & y, & X, & Y, \\ \tfrac{1}{2}f'_{-1}(x), & \tfrac{1}{2}f'_{-1}(y), & \frac{1}{\lambda_0} X, & \frac{1}{\lambda_1} Y. \end{cases}$$

Machen wir nun die Veränderungen 24) und 25) nicht allein in den Gleichungen 21) und 22), sondern auch in den Gleichungen, welche aus diesen durch die Veränderungen hervorgegangen sind, so drückt sich die zwischen irgend drei benachbarten Funktionen $f(x, y)$ bestehende Relation in der Gleichung aus:

$$26)\quad f_{n+1}(x,y) - (a_{00} + a_{11}) f_n(x,y) + (a_{00}a_{11} - a_{01}^2) f_{n-1}(x,y) = 0.$$

Der Beweis dieser Gleichung ergiebt sich freilich wie von selbst. Denn multiplizieren wir die aufeinander folgenden Gleichungen:

$$\begin{aligned} f_{n+1}(x, y) &= \lambda_0^{n+1} X^2 + \lambda_1^{n+1} Y^2, \\ f_n(x, y) &= \lambda_0^n X^2 + \lambda_1^n Y^2, \\ f_{n-1}(x, y) &= \lambda_0^{n-1} X^2 + \lambda_1^{n-1} Y^2 \end{aligned}$$

der Reihe nach mit 1, $-(a_{00} + a_{11})$, $(a_{00}a_{11} - a_{01}^2)$ und addieren, so verschwindet auf der rechten Seite das mit X^2 multiplizierte Glied der Summe, weil λ_0 eine Wurzel der quadratischen

Gleichung 8) ist, und ebenso das mit Y^2 multiplizierte Glied, weil λ_1 ebenfalls eine Wurzel der quadratischen Gleichung ist. Es war aber zugleich unsere Absicht, durch die aufgestellten Regeln zu zeigen, wie aus jeder der betrachteten Funktionen andere derselben Art bloss durch Substitutionen hervorgehen.

Für die Anwendung der Regel 25) entnehmen wir aus 22) den Ausdruck $f_{-1}(x, y)$ der der gegebenen Funktion reciproken Funktion:

$$27) \qquad f_{-1}(x, y) = \frac{(a_{00} + a_{11})(x^2 + y^2) + f_1(x, y)}{a_{00}a_{11} - a_{01}^2}.$$

Sämtliche eben betrachtete Funktionen kann man auch als Entwickelungskoefficienten darstellen.

Multiplizieren wir zu diesem Zwecke die zweite Funktion 3) mit einer unabhängigen Variabele λ und ziehen von ihr die erste Funktion 3) ab, so erhalten wir eine Funktion $F_1(x, y)$, welche durch die Substitution 2) übergeht in:

$$F_1(x, y) = \lambda f_1(x, y) - (x^2 + y^2) = (\lambda_0\lambda - 1)X^2 + (\lambda_1\lambda - 1)Y^2.$$

Diese Funktion $F_1(x, y)$ geht aus der gegebenen Funktion $f_1(x, y)$ dadurch hervor, dass man in ihr für a_{00}, a_{11}, a_{01} respektive setzt $a_{00}\lambda - 1$, $a_{11}\lambda - 1$, $a_{01}\lambda$. Ihre reciproke Funktion $F_{-1}(x, y)$:

$$F_{-1}(x, y) = \frac{1}{\lambda_0\lambda - 1}X^2 + \frac{1}{\lambda_1\lambda - 1}Y^2$$

wird daher aus der in 27) angegebenen reciproken Funktion $f_{-1}(x, y)$ erhalten, wenn man in letzterer dieselben Veränderungen macht. Die letzte Gleichung lässt sich demnach mit Veränderung des Vorzeichens auf beiden Seiten so darstellen:

$$28) \qquad \frac{\lambda f_1(x,y) - (a_{00}\lambda + a_{11}\lambda - 2)(x^2 + y^2)}{(a_{00}\lambda - 1)(a_{11}\lambda - 1) - a_{01}^2} = \frac{1}{1 - \lambda_0\lambda}X^2 + \frac{1}{1 - \lambda_1\lambda}Y^2.$$

Diese Gleichung, welche durch die Substitutionen 2) eine identische Gleichung wird, ist es, auf welche wir haben hinauskommen wollen. Denn entwickeln wir den rechten Teil der Gleichung entweder nach aufsteigenden oder nach absteigenden Potenzen der Variabele λ, so erhalten wir:

$$= (X^2 + Y^2) + (\lambda_0 X^2 + \lambda_1 Y^2)\lambda + (\lambda_0^2 X^2 + \lambda_1^2 Y^2)\lambda^2 + \dots$$

$$= -\left(\frac{1}{\lambda_0} X^2 + \frac{1}{\lambda_1} Y^2\right)\frac{1}{\lambda}$$

$$-\left(\frac{1}{\lambda_0^2} X^2 + \frac{1}{\lambda_1^2} Y^2\right)\frac{1}{\lambda^2} - \left(\frac{1}{\lambda_0^3} X^2 + \frac{1}{\lambda_1^3} Y^2\right)\frac{1}{\lambda^3} - \dots$$

oder auf Grund von 18):

$$= f_0(x, y) + f_1(x, y)\lambda + f_2(x, y)\lambda^2 + \dots$$

$$= -f_{-1}(x, y)\frac{1}{\lambda} - f_{-2}(x, y)\frac{1}{\lambda^2} - f_{-3}(x, y)\frac{1}{\lambda^3} - \dots$$

Es ergeben sich demnach sämtliche Funktionen $f_n(x, y)$ als Entwickelungskoefficienten einer und derselben Funktion 28) der Variabelen x und y.

Ein letztes Bedenken erregt noch der Satz 19) der achten Vorlesung, nach welchem die Winkel des durch die Gleichung:

$$a_{00}x^2 + 2a_{01}xy + a_{11}y^2 = 0$$

gegebenen Linienpaares halbiert sein sollen durch das Linienpaar, dessen analytischer Ausdruck ist:

$$a_{00}x^2 + (a_{11} - a_{00})xy - a_{11}y^2 = 0.$$

Denn die letzte Gleichung ist rational zusammengesetzt, während nach unserer Untersuchung die Gleichung der Halbierungslinien:

$$XY = (ax + by)(a'x + b'y) = 0$$

in irrationaler Form auftritt, weil a und b von den Wurzeln der Gleichung abhängen.

Dieses Paradoxon werden wir dadurch aufklären, dass wir nachweisen, wie die Irrationalität nur in einem Faktor der letzten Gleichung auftritt.

Wir gehen von der identischen Gleichung aus:

$$(\alpha\beta' - \alpha'\beta)(ab' - a'b)$$
$$= (\alpha a + \alpha' a')(\beta b + \beta' b') - (\alpha b + \alpha' b')(\beta a + \beta' a'),$$

welche zwar aus der Determinanten-Theorie hergenommen ist, sich aber sehr leicht verifizieren lässt.

Setzen wir in dieser identischen Gleichung $\alpha = X$, $\alpha' = Y$; $\beta = \lambda_0 X$; $\beta' = \lambda_1 Y$ und nehmen an, dass a, b, a', b' die in dem Vorhergehenden bestimmten Substitutionskoefficienten seien, so erhalten wir mit Berücksichtigung von 23):

$$(\lambda_1 - \lambda_0)\, XY(ab' - a'b) = \frac{x}{2} f'(y) - \frac{y}{2} f'(x)$$

oder, wenn man für die Differentialquotienten ihre Werte setzt und berücksichtigt, dass $(ab' - a'b) = \pm 1$ ist:

$$29) \qquad \pm(\lambda_1 - \lambda_0)\, XY = a_{01} x^2 + (a_{11} - a_{00})\, xy - a_{01} y^2.$$

Es stellt sich also wirklich das Produkt XY, mit einem irrationalen Faktor multipliziert, als ein rationaler Ausdruck dar.

Erinnern wir uns nun, dass wir dasselbe Produkt schon einmal in der zweiten Gleichung 28) der vorhergehenden Vorlesung als eine Funktion der Variabelen x, y dargestellt haben, so ergeben sich aus dem Vergleich der beiden Entwickelungen die Gleichungen:

$$30) \qquad \begin{cases} \pm(\lambda_1 - \lambda_0)\, A'_{20} = a_{01}, \\ \pm(\lambda_1 - \lambda_0)\, A'_{11} = (a_{11} - a_{00}), \\ \pm(\lambda_1 - \lambda_0)\, A'_{02} = -\, a_{01}. \end{cases}$$

Setzen wir die Werte der drei Grössen A' in die zweite Gleichung 30) der vorhergehenden Vorlesung ein, so erhalten wir:

$$31) \qquad (\lambda_1 - \lambda_0)^2 = (a_{00} - a_{11})^2 + 4\, a_{01}{}^2.$$

Aus dieser Gleichung lassen sich zwei wichtige Folgerungen ziehen:

Die Wurzeln der quadratischen Gleichung 8), von welcher das Problem der Transformation 3) abhängt, sind immer reell.

Denn wären sie imaginär, so wäre der linke Teil der Gleichung 31) negativ, während der rechte Teil, aus Quadraten zusammengesetzt, positiv ist.

Die Bedingung der Gleichheit der Wurzeln der quadratischen Gleichung 8) löst sich in zwei Bedingungen auf.

Denn wenn der linke Teil der Gleichung 31) verschwindet, so muss auch jedes der beiden Quadrate des rechten Teils verschwinden, d. h. $a_{11} = a_{00}$ und $a_{01} = 0$ werden. Die Funktion $f(x, y)$ unterscheidet sich alsdann von $x^2 + y^2$ nur durch einen konstanten Faktor, und das durch die Bedingungen 2) und 3) gestellte Problem lässt unendlich viele, in 10) der vorhergehenden Vorlesung mitgeteilte Lösungen zu.

Elfte Vorlesung.

Homogene Koordinaten. Dreieckkoordinaten.

Wenn $A_0 = 0$ und $A_1 = 0$ die Gleichungen zweier durch ihre Koordinaten x_0, y_0 und x_1, y_1 gegebenen Punkte in der Normalform sind, so stellt die Gleichung:

$$A_0 - \lambda A_1 = 0$$

mit dem willkürlichen Faktor λ jeden beliebigen Punkt dar auf der Verbindungslinie der beiden gegebenen Punkte. Bringt man die letzte Gleichung auf die Normalform durch Division mit dem Faktor $(1 - \lambda)$, um von der Gleichung dieses Punktes zu seinen Koordinaten x, y überzugehen, welche nach der Division die Koefficienten der Variabelen sind, so hat man:

$$x = \frac{x_0 - \lambda x_1}{1 - \lambda}, \quad y = \frac{y_0 - \lambda y_1}{1 - \lambda}.$$

Wir wollen beiläufig bemerken, dass man durch Elimination von λ aus diesen beiden Gleichungen mit Rücksicht auf 3) der ersten Vorlesung die Gleichung $2\Delta = 0$ der geraden Linie erhalten muss, welche durch die gegebenen beiden Punkte geht.

Die Koordinaten eines beliebigen Punktes einer geraden Linie stellen sich hiernach als Brüche dar mit demselben Nenner, deren Zähler und Nenner lineare Ausdrücke einer Variabele λ sind.

Analoge Ausdrücke kann man erhalten für die Koordinaten einer geraden Linie, welche beliebig durch den Schnittpunkt zweier durch ihre Koordinaten gegebenen geraden Linien gelegt ist. Auch diese Ausdrücke sind lineare Brüche mit gleichem Nenner.

Die Rechnung mit Brüchen der angegebenen Art vermeidet man aber in dem ersten Falle durch Einführung der homogenen Koordinaten x, y, z eines Punktes an Stelle der rechtwinkligen. Wir werden zu diesem Zwecke irgend drei Grössen x, y, z, deren Verhältnisse $\frac{x}{z}$, $\frac{y}{z}$ die gebräuchlichen rechtwinkligen Koordinaten eines Punktes ausdrücken, die homogenen Koordinaten oder auch bloss die Koordinaten des Punktes nennen.

Die gegebenen homogenen Koordinaten eines Punktes bestimmen hiernach den Punkt zwar unzweideutig, aber durch den gegebenen Punkt sind seine homogenen Koordinaten x, y, z nicht bestimmt, sondern nur die Verhältnisse derselben $\frac{x}{z}$, $\frac{y}{z}$. Sie stellen denselben Punkt dar, wenn ihre Verhältnisse ungeändert bleiben. Es giebt also unendlich viele Systeme homogener Koordinaten x, y, z, welche einen und denselben Punkt darstellen; ihre Verhältnisse ändern sich jedoch nicht für einen und denselben Punkt.

Durch Einführung der homogenen Koordinaten an Stelle der rechtwinkligen wird die Gleichung einer geraden Linie:

$$Ax + By + C = 0,$$

wenn man für x und y setzt $\frac{x}{z}$ und $\frac{y}{z}$ und mit z multipliziert, homogen:

$$Ax + By + Cz = 0.$$

Da aber die homogene Gleichung einer geraden Linie übergeht in die allgemeine Form der Gleichung der geraden Linien, wenn man in ihr $z = 1$ setzt, so leuchtet es ein, dass man mit den homogenen Gleichungen von geraden Linien ebenso operieren kann, wie mit den allgemeinen Gleichungen der geraden Linien.

Sind zum Beispiel die Gleichungen von vier geraden Linien in der homogenen Form gegeben:

$$U_0 = 0, \quad U_1 = 0, \quad U_0 - \lambda U_1 = 0, \quad U_0 - \mu U_1 = 0,$$

so schneiden sich die diesen Gleichungen entsprechenden geraden Linien in einem Punkte, und das anharmonische Verhältnis des zweiten Linienpaares zu dem ersten ist $\frac{\lambda}{\mu}$, weil ganz dasselbe zutrifft, wenn man $z = 1$ setzt.

Gleichzeitig drücken wir die Lage einer geraden Linie durch homogene Linienkoordinaten aus. Wir verstehen darunter drei Grössen u, v, w, deren Verhältnisse $\frac{u}{w}$, $\frac{v}{w}$ die gebräuchlichen Koordinaten der geraden Linie sind. Alsdann wiederholt sich das, was wir von Punktkoordinaten und homogenen Punktkoordinaten gesagt haben, bei Linienkoordinaten und homogenen Linienkoordinaten. Die Gleichung eines Punktes:

$$Au + Bv + C = 0$$

wird durch Einführung der homogenen Linienkoordinaten homogen:

$$Au + Bv + Cw = 0,$$

und wir können sagen:

Die Koefficienten der Variabelen in der homogenen Gleichung einer geraden Linie sind die homogenen Koordinaten der geraden Linie. Die Koefficienten der Variabelen in der homogenen Gleichung eines Punktes sind die homogenen Koordinaten des Punktes.

Komponieren wir nun aus den homogenen Gleichungen irgend zweier Punkte:

$$U_0 = 0, \quad U_1 = 0,$$

die durch ihre homogenen Koordinaten $x_0 y_0 z_0$ und $x_1 y_1 z_1$ gegeben seien, die Gleichung:

$$\lambda_0 U_0 + \lambda_1 U_1 = 0$$

eines beliebigen Punktes auf der Verbindungslinie der beiden Punkte, und bezeichnen seine Koordinaten mit xyz, so haben wir nach dem angegebenen Satze:

$$x = \lambda_0 x_0 + \lambda_1 x_1,$$
$$y = \lambda_0 y_0 + \lambda_1 y_1,$$
$$z = \lambda_0 z_0 + \lambda_1 z_1.$$

Es sind dieses lineare Ausdrücke für die Koordinaten x, y, z eines variabelen Punktes auf einer geraden Linie, wenn man λ_0 und λ_1 variieren lässt, nicht Brüche, wie wir sie am Anfange der Vorlesung aufgestellt haben. Wir wollen noch bemerken, dass man auch $\lambda_0 = 1$ setzen und allein λ_1 variieren lassen kann; die drei Gleichungen stellen doch jeden beliebigen Punkt auf der geraden Linie dar.

Komponieren wir aus den homogenen Gleichungen von irgend drei Punkten $x_0 y_0 z_0$, $x_1 y_1 z_1$, $x_2 y_2 z_2$:

$$U_0 = 0, \quad U_1 = 0, \quad U_2 = 0$$

die Gleichung:

$$\lambda_0 U_0 + \lambda_1 U_1 + \lambda_2 U_2 = 0$$

eines Punktes $U = 0$ und bezeichnen die Koordinaten dieses Punktes mit x, y, z, so haben wir:

$$x = \lambda_0 x_0 + \lambda_1 x_1 + \lambda_2 x_2,$$
$$y = \lambda_0 y_0 + \lambda_1 y_1 + \lambda_2 y_2,$$
$$z = \lambda_0 z_0 + \lambda_1 z_1 + \lambda_2 z_2.$$

Es sind dieses drei lineare Gleichungen mit den drei Unbekannten λ, wenn man die Koordinaten des Punktes $U = 0$ und mit ihnen den Punkt als beliebig gegeben betrachtet. Da man die Werte der Unbekanten λ immer so bestimmen kann, dass sie den drei Gleichungen genügen — ausgenommen wenn die drei ersten Punkte auf einer geraden Linie liegen —, so kann man auch die Gleichung jedes beliebigen Punktes $U = 0$ komponieren aus den Gleichungen von irgend drei gegebenen Punkten, wenn diese nicht auf einer geraden Linie liegen.

Wenn dagegen:

$$U_0 = 0, \quad U_1 = 0$$

die homogenen Gleichungen irgend zweier, durch ihre Koordinaten $u_0 v_0 w_0$ und $u_1 v_1 w_1$ gegebenen geraden Linien sind, so ist:

$$\lambda_0 U_0 + \lambda_1 U_1 = 0$$

die Gleichung einer beliebigen, durch den Schnittpunkt der ersteren gezogenen geraden Linie. Bezeichnen wir mit u, v, w die Koordinaten dieser geraden Linie, so haben wir nach dem angegebenen Satze:

$$u = \lambda_0 u_0 + \lambda_1 u_1,$$
$$v = \lambda_0 v_0 + \lambda_1 v_1,$$
$$w = \lambda_0 w_0 + \lambda_1 w_1,$$

lineare Ausdrücke der Variabelen λ für die Koordinaten einer sich um einen bestimmten Punkt drehenden geraden Linie. Auch hier kann man $\lambda_0 = 1$ setzen und allein λ_1 variieren lassen; die drei Gleichungen werden jede Lage der sich um den Punkt drehenden geraden Linie ausdrücken.

Sind endlich die homogenen Gleichungen von drei durch ihre Koordinaten $u_0 v_0 w_0$, $u_1 v_1 w_1$, $u_2 v_2 w_2$ gegebene gerade Linien:

$$U_0 = 0, \quad U_1 = 0, \quad U_2 = 0,$$

die nicht durch denselben Punkt gehen, so wird:

$$\lambda_0 U_0 + \lambda_1 U_1 + \lambda_2 U_2 = 0$$

die Gleichung irgend einer geraden Linie $U = 0$ sein, deren Koordinaten uvw sich durch die Gleichungen ausdrücken:

$$\begin{aligned} u &= \lambda_0 u_0 + \lambda_1 u_1 + \lambda_2 u_2, \\ v &= \lambda_0 v_0 + \lambda_1 v_1 + \lambda_2 v_2, \\ w &= \lambda_0 w_0 + \lambda_1 w_1 + \lambda_2 w_2. \end{aligned}$$

Denn wenn die Koordinaten uvw gegeben sind, so hat man diese drei linearen Gleichungen, welche die drei Faktoren λ bestimmen.

Wir drücken dieses in Verbindung mit einer früheren Bemerkung nur eleganter aus, wenn wir sagen:

W e n n $U = 0$, $U_0 = 0$, $U_1 = 0$, $U_2 = 0$ d i e G l e i c h u n g e n v o n i r g e n d w e l c h e n v i e r P u n k t e n o d e r v o n i r g e n d w e l c h e n v i e r g e r a d e n L i n i e n s i n d , s o l a s s e n s i c h v i e r F a k t o r e n λ d e r A r t b e s t i m m e n , d a s s m a n i d e n t i s c h h a t :

$$\lambda U + \lambda_0 U_0 + \lambda_1 U_1 + \lambda_2 U_2 = 0.$$

Wir wollen nun irgend vier von einem und demselben Punkte ausgehende gerade Linien, deren homogene Gleichungen seien:

$$U_0 = 0, \quad U_1 = 0, \quad U_0 - \lambda U_1 = 0, \quad U_0 - \mu U_1 = 0,$$

in Verbindung bringen mit vier in einer und derselben geraden Linie liegenden Punkten, die durch ihre homogenen Gleichungen gegeben seien:

$$V_0 = 0, \quad V_1 = 0, \quad V_0 - l V_1 = 0, \quad V_0 - m V_1 = 0.$$

Die vier Punkte liegen respektive auf den vier geraden Linien unter den Bedingungen:

$$U_0^0 = 0, \quad U'_1 = 0, \quad l U'_0 + \lambda U_1^0 = 0, \quad m U'_0 + \mu U_1^0 = 0,$$

die wir erhalten, wenn wir die aus den Gleichungen der Punkte genommenen Koordinaten der Punkte einsetzen respektive in die Gleichungen der geraden Linien an Stelle der Variabelen. Es ist nämlich hierbei angenommen worden, dass U_0 und U_1 übergehen in $U_0{}^0$ und $U_1{}^0$, wenn wir für die Variabelen setzen die Koordinaten des Punktes V_0, und dass U_0 und U_1 übergehen in U'_0 und U'_1, wenn wir für die Variabelen setzen die Koordinaten des Punktes V_1.

Aus den beiden letzten Gleichungen erhalten wir durch Elimination:

$$\frac{l}{m} = \frac{\lambda}{\mu},$$

ein Resultat, welches mit Rücksicht auf die Bedingungen sich so aussprechen lässt:

Wenn man zwei von einem und demselben Punkte ausgehende Linienpaare durch irgend eine gerade Linie schneidet, so ist das anharmonische Verhältnis der Linienpaare gleich dem anharmonischen Verhältnisse der Schnittpunktepaare.

Wenn man von einem und demselben Punkte aus durch irgend zwei Punktepaare auf derselben geraden Linie zwei Linienpaare legt, so ist das anharmonische Verhältnis der Punktepaare gleich dem anharmonischen Verhältnisse der Linienpaare.

Hieraus folgt ferner:

Irgend zwei harmonische Linienpaare werden von einer beliebigen geraden Linie in harmonischen Punktepaaren geschnitten.

Zwei von einem und demselben Punkte ausgehende Linienpaare sind harmonische, wenn sie durch zwei harmonische Punktepaare gehen.

Drei Linienpaare der Involution werden von einer beliebigen geraden Linie in Punktepaaren der Involution geschnitten.

Drei von einem und demselben Punkte ausgehende Linienpaare bilden eine Involution, wenn sie durch drei Punktepaare der Involution gehen.

Die beiden letzten Sätze folgen aus den beiden vorhergehenden und aus den Definitionen von Punkte- und Linienpaaren der Involution. Denn konstruiert man dasjenige Linienpaar, welches harmonisch ist zu jedem der drei Linienpaare der Involution, so schneidet jedes Linienpaar der Involution eine beliebige gerade Linie in einem Punktepaare, welches harmonisch ist zu dem Schnittpunktepaare des konstruierten Linienpaares auf der beliebigen geraden Linie. Da man also auf der beliebigen geraden Linie ein Punktepaar angeben kann, welches harmonisch ist zu jedem der drei Schnittpunktepaare der Linienpaare der Involution, so bilden jene drei Schnittpunktepaare eine Involution. Einen analogen Beweis kann man für den letzten Satz geben; er geht aber auch aus dem nebenstehenden hervor.

An Stelle der homogenen Koordinaten bedient man sich in vielen Fällen mit Vorteil der Dreieckkoordinaten. Ihre Bedeutung soll in dem Folgenden entwickelt werden.

Man nehme irgend ein Dreieck, in welchem der Einfachheit wegen der Koordinatenanfangspunkt liegen soll. Die Gleichungen der Seiten des Dreiecks seien in der Normalform gegeben:

$$A=0, \quad B=0, \quad C=0.$$

Dieses Dreieck bildet das Fundament des neuen Koordinatensystems zugleich mit drei anderen beliebig gegebenen Richtungslinien A', B', C', die mit den Seiten des Dreiecks Winkel bilden, deren negative reciproke Sinus wir bezeichnen mit:

$$-\frac{1}{\sin(AA')}=\varkappa, \quad -\frac{1}{\sin(BB')}=\lambda, \quad -\frac{1}{\sin(CC')}=\mu.$$

Wenn wir nun von einem beliebigen Punkte p, dessen Koordinaten x, y seien, eine gerade Linie ziehen parallel der Richtungslinie A' bis zum Schnitt mit der Dreieckseite A und die Länge dieser Linie mit a bezeichnen; wenn wir ferner eine gerade Linie von dem Punkte p ziehen parallel mit der Richtungslinie B' bis zum Schnitt mit der Dreieckseite B und die Länge derselben mit b bezeichnen; wenn wir endlich von dem Punkte p eine gerade Linie ziehen parallel mit der

Richtungslinie C' bis zum Schnitt mit C, deren Länge sei c, so haben wir zuerst die Längen der vom Punkte p auf die Dreieckseiten gefällten Lote $-A$, $-B$, $-C$ und darnach die Ausdrücke der Längen der genannten geraden Linien:

$$a = \varkappa A, \quad b = \lambda B, \quad c = \mu C.$$

Diese von dem beliebigen Punkte p und den Seiten des Dreiecks begrenzten geraden Linien nennt man Dreieckkoordinaten des Punktes, und das Dreieck, worauf sie sich beziehen, das Koordinatendreieck.

Aber nicht allein die drei Grössen a, b, c werden Dreieckkoordinaten des Punktes p genannt, sondern auch jede drei andere Grössen a, b, c, wenn sie den vorigen proportional sind. Denn sind die proportionalen Grössen a, b, c gegeben, so kann man den Punkt p mit den angegebenen Dreieckkoordinaten ebenfalls unzweideutig konstruieren.

Die drei letzten Gleichungen, welche die Dreieckkoordinaten eines beliebigen Punktes p durch die rechtwinkligen Koordinaten ausdrücken, werden, wenn man für die rechtwinkligen Koordinaten die homogenen Koordinaten einführt, von der Form:

$$1) \qquad \left\{ \begin{aligned} a &= \alpha^0 x + \beta^0 y + \gamma^0 z, \\ b &= \alpha' x + \beta' y + \gamma' z, \\ c &= \alpha'' x + \beta'' y + \gamma'' z, \end{aligned} \right.$$

und die neun Koefficienten in ihnen hängen allein ab von der Lage des Koordinatendreiecks und den Richtungslinien, nicht von der Lage des Punktes p.

Welche Werte auch die neun Koefficienten in diesen Substitutionen haben, dieselben werden immer den Übergang von rechtwinkligen Koordinaten zu Dreieckkoordinaten eines ganz bestimmten Systems vermitteln. Die Gleichungen der Seiten des Koordinatendreiecks sind nämlich:

$$a = 0, \quad b = 0, \quad c = 0.$$

Setzt man in diesen Gleichungen $z = 1$ und bringt sie auf die Normalform durch Division mit den Grössen $\varkappa$, λ, μ, welche sich leicht bestimmen lassen, so hat man die Sinus der Winkel, welche die Richtungslinien A', B', C' mit den Seiten a, b, c des Koordinatendreiecks bilden:

$$\sin(aA') = -\frac{1}{\varkappa}, \quad \sin(bB') = -\frac{1}{\lambda}, \quad \sin(cC') = -\frac{1}{\mu}$$

und damit die Richtungen jener Linien A', B', C' selbst.

Da die Koefficienten in den Substitutionen 1) beliebige sein sollen, so kann es sich wohl ereignen, dass von den drei Grössen $\varkappa$, λ, μ eine oder mehrere, abgesehen von dem Vorzeichen, kleiner als die Einheit werden. In diesem Falle würden die Winkel (aA'), (bB'), (cC') imaginär. Da wir aber die Dreieckkoordinaten a, b, c in dem Vorhergehenden als Grössenverhältnisse definiert haben, so kann man für dieselben auch setzen ϱa, ϱb, ϱc, so dass wird:

$$\sin(aA') = -\frac{\varrho}{\varkappa}, \quad \sin(bB') = -\frac{\varrho}{\lambda}, \quad \sin(cC') = -\frac{\varrho}{\mu}.$$

Nun liegt es in unserer Macht, durch geeignete Bestimmung des Wertes von ϱ die Winkel (aA'), (bB'), (cC') reell werden zu lassen.

Man ersieht hieraus, dass die Substitutionen 1) das Koordinatendreieck zwar unzweideutig bestimmen, dass aber durch das unbestimmte ϱ in der Wahl einer Richtungslinie ein zwischen bestimmten Grenzen eingeschlossener Spielraum offen bleibt.

Durch Auflösung der angegebenen linearen Substitutionen 1) erhält man Gleichungen derselben Art:

$$2) \qquad \left\{ \begin{aligned} x &= \alpha_0 a + \alpha_1 b + \alpha_2 c, \\ y &= \beta_0 a + \beta_1 b + \beta_2 c, \\ z &= \gamma_0 a + \gamma_1 b + \gamma_2 c. \end{aligned} \right.$$

Diese Substitutionen drücken die homogenen Koordinaten eines beliebigen Punktes p linear aus durch seine Dreieckkoordinaten.

Die geometrische Bedeutung der neun Koefficienten in diesen Gleichungen tritt zu Tage, wenn man den beliebigen Punkt p in eine Ecke des Koordinatendreiecks rückt, zum Beispiel, wenn er in die Ecke rückt, in welcher sich die Seiten $b = 0$ und $c = 0$ schneiden. Denn setzt man in den drei Gleichungen $b = 0$ und $c = 0$, so erhält man aus ihnen die homogenen Koordinaten α_0, β_0, γ_0 der genannten Ecke des Koordinatendreiecks.

Während also in den ursprünglichen Substitutionen 1) die Horizontalkoefficienten die homogenen Koordinaten der Seiten des Koordinatendreiecks darstellen, so drücken in den letzteren Substitutionen 2), der Auflösung der ersten, die Vertikalkoefficienten die homogenen Koordinaten der Ecken des Koordinatendreiecks aus.

Betrachten wir nun die Gleichung einer beliebigen geraden Linie:

$$ux + vy + wz = 0,$$

deren homogene Koordinaten u, v, w gegeben seien. Dieselbe geht durch die Substitutionen 2) über in:

$$\alpha a + \beta b + \gamma c = 0,$$

indem man hat:

$$3)\qquad \begin{cases} \alpha = \alpha_0 u + \beta_0 v + \gamma_0 w, \\ \beta = \alpha_1 u + \beta_1 v + \gamma_1 w, \\ \gamma = \alpha_2 u + \beta_2 v + \gamma_2 w. \end{cases}$$

Durch die Substitutionen 2) in die homogene Gleichung der geraden Linie bleibt die Gleichung eine homogene lineare in Rücksicht auf die Dreieckkoordinaten a, b, c, weil die Substitutionen selbst linear sind. Dasselbe gilt auch von jeder homogenen Gleichung, sei sie die Gleichung eines Linienpaares, eines Kreises oder einer anderen algebraischen Curve; sie ändert ihren Grad nicht. Aber auch umgekehrt ändert eine in Dreieckkoordinaten gegebene homogene Gleichung ihren Grad nicht, wenn man für die Dreieckkoordinaten durch 1) Punktkoordinaten einführt.

Die Auflösung des letzten Systems Gleichungen 3) nach den Unbekannten u, v, w giebt die Substitutionen für homogene Linienkoordinaten zur Übertragung in das Dreiecksystem:

$$4)\qquad \begin{cases} u = \alpha^0 \alpha + \alpha' \beta + \alpha'' \gamma, \\ v = \beta^0 \alpha + \beta' \beta + \beta'' \gamma, \\ w = \gamma^0 \alpha + \gamma' \beta + \gamma'' \gamma, \end{cases}$$

wobei wir nicht unerwähnt lassen dürfen, dass in diesem Systeme 4) von drei Gleichungen, mit Verwechselung der Horizontal- und Vertikalreihen, dieselben Koefficienten wieder auftreten, welche das System 1) enthält, von welchem wir ausgingen. Es folgt dieses aus einem bekannten algebraischen Satze von der Auflösung linearer Gleichungen. Es sind nämlich 1) die Auflösungen von 2), sowie 4) die Auflösungen von 3) sind. Da nun in den aufzulösenden Gleichungen 2) und 3) die Horizontalreihen der Koefficienten in dem einen Systeme gerade die Vertikalreihen in dem anderen sind, so trifft dasselbe auch in den aufgelösten Gleichungen 1) und 4) zu. Aber auch durch direkte Auflösung der Gleichungen 2) und 3) wird man sich davon überzeugen können, freilich nicht ohne zu rechnen.

Die Koefficienten α, β, γ von a, b, c in der transformierten Gleichung der betrachteten geraden Linie heissen die Koordinaten der geraden Linie in dem Dreiecksystem. Die beiden letzten Systeme von Gleichungen 3) und 4) sind die Transformationsformeln, durch welche sich die zuletzt genannten durch die gegebenen Koordinaten der geraden Linie in dem rechtwinkligen Systeme oder die Koordinaten der geraden Linie in dem rechtwinkligen Systeme sich durch die Koordinaten derselben in dem Dreiecksystem ausdrücken lassen.

Betrachten wir die Gleichung eines beliebigen Punktes in dem rechtwinkligen Koordinatensystem:

$$xu + yv + zw = 0,$$

dessen homogene Koordinaten x, y, z gegeben seien, so geht dieselbe durch die Substitutionen der Werte 4) der Variabelen u, v, w über in die Punktgleichung des Dreiecksystems:

$$\alpha a + \beta b + \gamma c = 0,$$

indem die Konstanten a, b, c gerade die Bedeutung haben, die ihnen das System 1) anweist.

Es sind demnach die Koefficienten der Variabelen in einer Punktgleichung des Dreiecksystems die Koordinaten des Punktes in diesem Systeme, ebenso wie die Koefficienten der Variabelen in der Gleichung einer geraden Linie des Dreiecksystems die Koordinaten der geraden Linie in dem Systeme sind.

Man wird sich mit Vorteil des Dreieckkoordinaten-Systems bedienen, wenn man das Koordinatendreieck als einen Teil der Figur einführen kann, die betrachtet werden soll. Wir werden dieses an Beispielen erläutern.

Es soll die allgemeine Form der Gleichungen von drei Linienpaaren $\alpha\alpha'$, $\beta\beta'$, $\gamma\gamma'$ gefunden werden, die sich in drei Punkten schneiden, welche in einer und derselben geraden Linie r'' liegen.

Wir nehmen die geraden Linien α, β, γ als die Seiten des Koordinatendreiecks, deren Gleichungen in homogenen rechtwinkligen Koordinaten seien:

5) $$\alpha = 0, \quad \beta = 0, \quad \gamma = 0.$$

Alsdann ist nach dem Vorhergehenden die Gleichung irgend einer geraden Linie, also auch der geraden Linie r'' von der Form:

6) $$r'' \equiv \frac{\alpha}{a_{12}} + \frac{\beta}{a_{20}} + \frac{\gamma}{a_{01}} = 0.$$

Verändern wir in dieser Gleichung den Koefficienten $\frac{1}{a_{12}}$ in $\frac{a_{00}}{a_{01}\,a_{20}}$, indem wir unter a_{00} eine beliebige Grösse verstehen, so erhalten wir die Gleichungen aller geraden Linien, welche in dem Schnittpunkte der Linien α und r'' zusammenkommen. Es werden also durch die Gleichungen:

7) $$\begin{cases} \dfrac{a_{00}}{a_{01}\,a_{20}}\,\alpha + \dfrac{\beta}{a_{20}} + \dfrac{\gamma}{a_{01}} = 0, \\[2ex] \dfrac{\alpha}{a_{12}} + \dfrac{a_{11}}{a_{12}\,a_{01}}\,\beta + \dfrac{\gamma}{a_{01}} = 0, \\[2ex] \dfrac{\alpha}{a_{12}} + \dfrac{\beta}{a_{20}} + \dfrac{a_{22}}{a_{12}\,a_{20}}\,\gamma = 0, \end{cases}$$

alle geraden Linien ausgedrückt, welche sich um die drei Schnittpunkte der geraden Linie r'' mit den drei anderen α, β, γ beliebig drehen, wenn a_{00}, a_{11}, a_{22} beliebige Grössen bedeuten.

Bezeichnen wir nun die linken Teile dieser Gleichungen respektive mit: $\frac{\varkappa\,\alpha'}{a_{01}\,a_{20}}$, $\frac{\lambda\,\beta'}{a_{12}\,a_{01}}$, $\frac{\mu\,\gamma'}{a_{12}\,a_{20}}$, oder setzen kürzer:

$$8)\quad \begin{cases} \varkappa\alpha' = a_{00}\alpha + a_{01}\beta + a_{02}\gamma, \text{*} \\ \lambda\beta' = a_{10}\alpha + a_{11}\beta + a_{12}\gamma, \\ \mu\gamma' = a_{20}\alpha + a_{21}\beta + a_{22}\gamma, \end{cases}$$

so sind, vorausgesetzt, dass $a_{12} = a_{21}$, $a_{20} = a_{02}$, $a_{01} = a_{10}$, welche Voraussetzung wir immer machen werden, wo wir sie nicht ausdrücklich aufheben, die identischen Gleichungen 8) die Bedingungen für die gesuchten Linienpaare:

$$9)\quad \begin{cases} \alpha = 0, \quad \beta = 0, \quad \gamma = 0, \\ \alpha' = 0, \quad \beta' = 0, \quad \gamma' = 0. \end{cases}$$

Wir drücken dasselbe nur weitläufiger aus, wenn wir sagen: die neun Koefficienten der Variabelen in den Gleichungen 8) müssen sich so bestimmen lassen, dass den Gleichungen identisch genügt wird, wenn die Gleichungen 9) Linienpaare darstellen, welche sich in drei Punkten schneiden, die auf einer geraden Linie r'' liegen.

Um den Bedingungsgleichungen 8) eine einfachere Gestalt zu geben, führen wir für die Variabelen $\alpha, \beta \ldots \alpha' \ldots$ die Variabelen $a, b \ldots a' \ldots$ ein, indem wir setzen:

$$10)\quad \begin{cases} a_{01}a_{02} - a_{00}a_{12} = b_{12}, \quad a_{10}a_{12} - a_{11}a_{20} = b_{20}, \quad a_{20}a_{21} - a_{22}a_{01} = b_{01}, \\ \dfrac{a_{12}a_{20}a_{01}}{b_{12}}\, a = \alpha, \quad \dfrac{a_{12}a_{20}a_{01}}{b_{20}}\, b = \beta, \quad \dfrac{a_{12}a_{20}a_{01}}{b_{01}}\, c = \gamma, \\ -\dfrac{a_{12}a_{20}a_{01}}{a_{12}}\, a' = \varkappa\alpha', \quad -\dfrac{a_{12}a_{20}a_{01}}{a_{20}}\, b' = \lambda\beta', \quad -\dfrac{a_{12}a_{20}a_{01}}{a_{01}}\, c' = \mu\gamma'. \end{cases}$$

Dadurch geht die Gleichung 6) der geraden Linie, in welcher sich die drei Linienpaare:

---

* Wir machen auf die elegante Form der Bedingungsgleichungen 8) aufmerksam für drei Linienpaare 9), die sich in drei Punkten auf einer geraden Linie schneiden, oder dass die drei Verbindungslinien dreier Punktepaare 9) sich in einem und demselben Punkte schneiden. Die rechten Teile dieser identischen Gleichungen 8) stellen sich nämlich als die halben partiellen Differentialquotienten einer und derselben homogenen Funktion der zweiten Ordnung dar:

$$f(\alpha, \beta, \gamma) = a_{00}\alpha^2 + a_{11}\beta^2 + a_{22}\gamma^2 + 2a_{12}\beta\gamma + 2a_{20}\gamma\alpha + 2a_{01}\alpha\beta,$$

so dass unter der angegebenen Bezeichnung die identischen Gleichungen 8) sich kürzer so darstellen lassen:

$$\varkappa\alpha' = \tfrac{1}{2}f'(\alpha), \quad \lambda\beta' = \tfrac{1}{2}f'(\beta), \quad \mu\gamma' = \tfrac{1}{2}f'(\gamma).$$

$$11)\qquad \begin{cases} a=0, & b=0, & c=0, \\ a'=0, & b'=0, & c'=0, \end{cases}$$

schneiden, über in:

$$12)\qquad r''=a_{12}a_{20}a_{01}\left\{\frac{a}{a_{12}b_{12}}+\frac{b}{a_{20}b_{20}}+\frac{c}{a_{01}b_{01}}\right\}=0,$$

während die identischen Gleichungen 8) die Gestalt erhalten:

$$13)\qquad \begin{cases} a-a'\equiv r'', \\ b-b'\equiv r'', \\ c-c'\equiv r''. \end{cases}$$

Wir ersehen hieraus, dass, wenn drei Linienpaare sich in drei Punkten schneiden, welche auf einer geraden Linie $r''=0$ liegen, die Gleichungen der drei Linienpaare durch Multiplikation mit ganz bestimmten Faktoren in eine solche Form 11) gebracht werden können, dass man identisch hat 13) und umgekehrt, dass sich drei Linienpaare 11) in drei Punkten schneiden, welche auf einer geraden Linie $r''=0$ liegen, wenn die identischen Gleichungen 13) stattfinden.

Es leuchtet dieses auch von selbst ein. Denn wenn:

$$A=0,\quad B=0,\quad C=0,$$
$$A'=0,\quad B'=0,\quad C'=0,$$

die Gleichungen der drei Linienpaare sind, welche sich in einer beliebig gegebenen geraden Linie $r''=0$ schneiden, so müssen sich solche sechs konstante Faktoren $\varkappa\lambda\ldots\ \varkappa'\ldots$ bestimmen lassen, dass man identisch hat:

$$\varkappa A-\varkappa' A'\equiv r'',\quad \lambda B-\lambda' B'\equiv r'',\quad \mu C-\mu' C'\equiv r''.$$

Setzt man nun:

$$\varkappa A\equiv a,\quad \lambda B\equiv b,\quad \mu C\equiv c,$$
$$\varkappa' A'\equiv a',\quad \lambda' B'\equiv b',\quad \mu' C'\equiv c',$$

so hat man sowohl jene Gleichungen 11) als die identischen Gleichungen 13).

Es soll die allgemeine Form der Gleichungen von drei Punktepaaren $\alpha\alpha'$, $\beta\beta'$, $\gamma\gamma'$ gefunden werden, deren drei Verbindungslinien sich in einem und demselben Punkte r'' schneiden.

Wir wählen die Punkte α, β, γ als die Ecken eines Koordinatendreiecks, deren Gleichungen in homogenen Linienkoordinaten seien 5). In dieser Voraussetzung stellt die Gleichung 6) jeden beliebigen Punkt dar, also auch den Punkt r''.

Verändern wir in dieser Gleichung 6) $\frac{1}{a_{12}}$ in $\frac{a_{00}}{a_{01}\,a_{02}}$, oder $\frac{1}{a_{20}}$ in $\frac{a_{11}}{a_{12}\,a_{10}}$, oder $\frac{1}{a_{01}}$ in $\frac{a_{22}}{a_{21}\,a_{20}}$, indem wir unter a_{00}, a_{11}, a_{22} beliebige Grössen verstehen, so erhalten wir die Gleichungen 7) von irgend drei Punkten, die respektive auf den drei geraden Linien $(\alpha r'')$, $(\beta r'')$, $(\gamma r'')$ beliebig liegen. Diese Gleichungen 7) und die Gleichungen 5) stellen also irgend drei Punktepaare dar, deren Verbindungslinien sich in demselben Punkte r'' schneiden.

Verfolgen wir nun die in dem Vorhergehenden mit den Gleichungen 7) vorgenommenen Operationen in der veränderten Bedeutung, so kommen wir zu dem Schluss:

Wenn die Gleichungen 9) drei Punktepaare darstellen sollen, deren drei Verbindungslinien sich in einem und demselben Punkte r'' schneiden, so müssen sich in den Gleichungen 8) die neun Koefficienten der Variabelen so bestimmen lassen, dass diesen Gleichungen identisch genügt wird.

Wir spezialisieren endlich diesen Satz dahin, dass wir sagen:

Wenn die drei Verbindungslinien von drei Punktepaaren sich in einem und demselben Punkte r'' schneiden, so lassen sich die Gleichungen der drei Punktepaare durch Multiplikation mit bestimmten Faktoren auf die Form 11) bringen, so dass man die identischen Gleichungen 13) hat; und umgekehrt sind die identischen Gleichungen 13) das Kriterium für drei Punktepaare 11), deren drei Verbindungslinien sich in einem und demselben Punkte schneiden.

Es seien $a = 0$, $b = 0$, $c = 0$ die Gleichungen der Seiten eines beliebigen Koordinatendreiecks und

$$Aa + Bb + Cc = 0$$

mit gegebenen Koefficienten die Gleichung einer beliebigen geraden Linie in Dreieckkoordinaten a, b, c. Es sollen die Gleichungen der Schnittpunkte der geraden Linie und der Seiten des Dreiecks in Linienkoordinaten α, β, γ des Dreiecksystems gefunden werden.

Die Dreieckkoordinaten des Schnittpunktes der geraden Linie und der Dreieckseite $a = 0$ ergeben sich aus den beiden Gleichungen:

$$Aa + Bb + Cc = 0, \quad a = 0,$$

nämlich, da nur ihre Verhältnisse in Betracht kommen:

$$a = 0, \quad b = \frac{1}{B}, \quad c = -\frac{1}{C}.$$

Multiplizieren wir dieselben respektive mit den Linienkoordinaten α, β, γ des Dreiecksystems und setzen, nach bekannter Regel, die Summe der Produkte gleich 0, so erhalten wir die Gleichung des gesuchten Schnittpunktes:

$$\frac{\beta}{B} - \frac{\gamma}{C} = 0.$$

Es sind demnach die in der Aufgabe geforderten Gleichungen der Schnittpunkte der geraden Linien und der Seiten des Dreiecks:

$$\frac{\beta}{B} - \frac{\gamma}{C} = 0, \quad \frac{\gamma}{C} - \frac{\alpha}{A} = 0, \quad \frac{\alpha}{A} - \frac{\beta}{B} = 0.$$

Es seien $\alpha = 0$, $\beta = 0$, $\gamma = 0$ die Gleichungen der Ecken eines beliebigen Koordinatendreiecks und

$$A\alpha + B\beta + C\gamma = 0$$

mit gegebenen Koefficienten A, B, C die Gleichung eines beliebigen Punktes in Dreieckkoordinaten α, β, γ. Es sollen die Gleichungen der geraden Linien in Punktkoordinaten a, b, c des Dreiecksystems gefunden werden, welche den Punkt mit den Ecken des Dreiecks verbinden.

Die folgenden Gleichungen sind die Auflösung der Aufgabe:

$$\frac{b}{B} - \frac{c}{C} = 0, \quad \frac{c}{C} - \frac{a}{A} = 0, \quad \frac{a}{A} - \frac{b}{B} = 0.$$

Für die Anwendungen geben wir die gefundenen Resultate als Regel wieder:

Man erhält aus der Gleichung einer geraden Linie in Dreieckkoordinaten a, b, c die Gleichungen der Schnittpunkte der geraden Linie und der Seiten des Koordinatendreiecks in Linienkoordinaten α, β, γ des Systems, wenn man in der Gleichung nach einander für a, b, c setzt:

$$a = 0, \quad b = \frac{1}{\beta}, \quad c = -\frac{1}{\gamma},$$
$$a = -\frac{1}{\alpha}, \quad b = 0, \quad c = \frac{1}{\gamma},$$
$$a = \frac{1}{\alpha}, \quad b = -\frac{1}{\beta}, \quad c = 0.$$

Man erhält aus der Gleichung eines Punktes in Dreieckkoordinaten α, β, γ die Gleichungen der geraden Linien, welche den Punkt mit den Ecken des Koordinatendreiecks verbinden in Punktkoordinaten a, b, c des Systems, wenn man in der Gleichung nach einander für α, β, γ setzt:

$$\alpha = 0, \quad \beta = -\frac{1}{b}, \quad \gamma = -\frac{1}{c},$$
$$\alpha = -\frac{1}{a}, \quad \beta = 0, \quad \gamma = \frac{1}{c},$$
$$\alpha = \frac{1}{a}, \quad \beta = -\frac{1}{b}, \quad \gamma = 0.$$

Zwölfte Vorlesung.

Das Pascalsche und das Brianchonsche Sechseck.

Ein jedes Sechseck hat drei Paare gegenüberliegender Seiten. Die erste und vierte, die zweite und fünfte, die dritte und sechste Seite liegen einander gegenüber. Ebenso hat jedes Sechseck drei Paare gegenüberliegender Ecken.

Wenn in einem Sechseck die gegenüberliegenden Seiten oder ihre Verlängerungen sich paarweise in drei Punkten schneiden, welche auf einer geraden Linie liegen, so heisst das Sechseck ein Pascalsches Sechseck.

Wenn in einem Sechseck die drei Diagonalen, welche die gegenüberliegenden Ecken des Sechsecks paarweise verbinden, oder ihre Verlängerungen sich in einem Punkte schneiden, so heisst das Sechseck ein Brianchonsches Sechseck.

Eigenschaften der genannten Figuren analytisch zu entwickeln, wird der Zweck dieser Vorlesung sein.

Wenn wir annehmen, dass die Gleichungen der gegenüberliegenden Seiten eines Pascalschen Sechsecks seien:

$$\alpha = 0, \quad \beta = 0, \quad \gamma = 0,$$
$$\alpha' = 0, \quad \beta' = 0, \quad \gamma' = 0,$$

so müssen sich nach den Auseinandersetzungen am Ende der vorhergehenden Vorlesung neun Koefficienten der Art bestimmen lassen, dass man identisch hat:

$$\varkappa\alpha' = a_{00}\alpha + a_{01}\beta + a_{02}\gamma,$$
$$\lambda\beta' = a_{10}\alpha + a_{11}\beta + a_{12}\gamma,$$
$$\mu\gamma' = a_{20}\alpha + a_{21}\beta + a_{22}\gamma.$$

Aus diesen Bedingungen für das Pascalsche Sechseck leiten wir nun durch Elimination von einer der Variabelen α, β, γ aus zwei Gleichungen mit Rücksicht auf die Bezeichnung 10) der vorhergehenden Vorlesung die identischen Gleichungen ab:

$$a_{20}\lambda\beta' - a_{10}\mu\gamma' = b_{20}\beta - b_{10}\gamma,$$
$$a_{01}\mu\gamma' - a_{21}\varkappa\alpha' = b_{01}\gamma - b_{21}\alpha,$$
$$a_{12}\varkappa\alpha' - a_{02}\lambda\beta' = b_{12}\alpha - b_{02}\beta.$$

Diese identischen Gleichungen lassen die doppelte Zusammensetzung der Gleichungen:

$$a_{20}\lambda\beta' - a_{10}\mu\gamma' = 0, \quad a_{01}\mu\gamma' - a_{21}\varkappa\alpha' = 0, \quad a_{12}\varkappa\alpha' - a_{02}\lambda\beta' = 0,$$

von drei geraden Linien erkennen, welche deshalb in der beschriebenen Figur leicht konstruiert werden können. Die erste gerade Linie verbindet nämlich den Schnittpunkt der geraden Linien $\beta'\gamma'$ mit dem Schnittpunkte der geraden Linien $\beta\gamma$ u. s. w.

Diese drei Verbindungslinien schneiden sich in einem und demselben Punkte, weil die Summe ihrer Gleichungen identisch 0 giebt. Sie verbinden die entsprechenden Ecken zweier Dreiecke, von welchen das eine aus den geraden, das andere aus den gegenüberliegenden ungeraden Seiten des Pascalschen Sechsecks besteht.

Stellen dagegen die oben angegebenen drei Gleichungenpaare drei Punktepaare dar, die wir als die gegenüberliegenden Ecken eines Sechsecks betrachten wollen, so sind die darauf folgenden identischen Gleichungen die Bedingungen für ein Brianchonsches Sechseck. Die drei geraden und die drei gegenüberliegenden ungeraden Ecken des Sechsecks bilden die Ecken zweier Dreiecke, deren entsprechende Seiten sich in drei Punkten schneiden. Diese Schnittpunkte werden analytisch durch die zuletzt angegebenen drei Gleichungen dargestellt, wie aus den umgeformten identischen Gleichungen ersichtlich ist. Sie liegen auf einer geraden Linie, weil die Summe ihrer Gleichungen identisch 0 giebt.

Die Resultate der geführten Untersuchung fassen wir kurz zusammen in den beiden Sätzen:

Wenn man in einem Pascalschen Sechsecke die geraden Seiten als die Seiten eines Dreiecks und die gegenüberliegenden ungeraden Seiten als die entsprechenden Seiten eines zweiten Dreiecks betrachtet, so schneiden sich die drei geraden Linien, welche die entsprechenden Ecken der beiden Dreiecke paarweise verbinden, in einem und demselben Punkte.

Wenn man in einem Brianchonschen Sechsecke die geraden Ecken als die Ecken eines Dreiecks und die gegenüberliegenden ungeraden Ecken als die entsprechenden Ecken eines zweiten Dreiecks betrachtet, so schneiden sich die entsprechenden Seiten der beiden Dreiecke paarweise in drei Punkten, welche auf einer und derselben geraden Linie liegen.

Diese geometrischen Sätze gingen aus der doppelten Interpretation derselben analytischen Gleichungen hervor. Wie in dem vorliegenden Falle, so werden alle analytischen Formeln in dieser Vorlesung einer gleichen doppelten geometrischen Interpretation fähig sein und jedem aus ihnen gezogenen geometrischen Satze wird ein anderer entsprechen. Wir werden die entsprechenden Sätze neben einander stellen, jedoch nur den einen Satz wirklich beweisen. Der Beweis des nebenstehenden Satzes ergiebt sich dann nach dem Vorhergehenden von selbst.

Wir verzichten auch darauf, Figuren zu zeichnen, welche die Sätze veranschaulichen sollen. Die vielen Linien in ihnen würden ein weniger verständliches Bild der Sätze geben, als welches man aus ihren Gleichungen abnehmen kann. Das letztere ist scharf, das andere nur unvollkommen.

Zum Beweise der angegebenen beiden Sätze bedarf es nicht des grossen Apparates, den wir aufgewendet haben. Einfacher kommen wir zum Ziele, wenn wir uns aus der vorhergehenden Vorlesung daran erinnern, dass die Gleichungen der gegenüberliegenden Seiten eines in der gegenwärtigen Vorlesung definierten Pascalschen Sechsecks sich durch solche Gleichungen ausdrücken:

$$1) \qquad \begin{cases} a=0, & b=0, & c=0, \\ a'=0, & b'=0, & c'=0, \end{cases}$$

dass man identisch hat:

$$2) \qquad \begin{cases} a-a'=r'', \\ b-b'=r'', \\ c-c'=r'', \end{cases}$$

und dass $r''=0$ die Gleichung der geraden Linie ist, in welcher die gegenüberliegenden Seiten des Pascalschen Sechsecks sich paarweise schneiden. Zugleich wollen wir zur Anwendung im folgenden bemerken, wenn wir identische Gleichungen von der Form 2) auftreten sehen, dass wir vergewissert sein können, dass die Gleichungen 1) die gegenüberliegenden Seiten eines Pascalschen Sechsecks analytisch ausdrücken.

Wenn wir nun drei Symbole ϱ definieren als lineare Ausdrücke der variabelen Koordinaten eines beliebigen Punktes durch die identischen Gleichungen:

$$3) \qquad b-c=\varrho, \quad c-a=\varrho', \quad a-b=\varrho'',$$

so haben wir auf Grund der identischen Gleichungen 2):

$$b'-c'=\varrho, \quad c'-a'=\varrho', \quad a'-b'=\varrho'',$$

woraus folgt, dass die Gleichungen:

$$\varrho = 0, \quad \varrho' = 0, \quad \varrho'' = 0$$

die geraden Linien darstellen, welche die in dem ersten Satze genannten entsprechenden Ecken der beiden Dreiecke verbinden. Da aber nach 3) identisch ist:

$$4) \qquad \varrho + \varrho' + \varrho'' = 0,$$

so schneiden sich die drei geraden Linien ϱ in einem und demselben Punkte.

Von den bewiesenen Sätzen ist jeder die Umkehrung des anderen. Es tritt diese Behauptung besser zu Tage, wenn wir sie ausdrücken wie folgt:

Wenn die Seiten zweier Dreiecke sich paarweise in drei Punkten schneiden, welche auf einer geraden Linie liegen, so schneiden sich die drei Verbindungslinien der entsprechenden Ecken der Dreiecke in einem und demselben Punkte.

Wenn zwei Dreiecke drei geraden Linien einbeschrieben sind, welche von demselben Punkte ausgehen, so schneiden sich die entsprechenden Seiten der Dreiecke in drei Punkten, welche auf einer und derselben geraden Linie liegen.

Um noch einen anderen Beweis des letzten Satzes zu führen, nehmen wir an, dass $\varrho = 0$, $\varrho' = 0$, $\varrho'' = 0$ die Gleichungen der drei von einem Punkte ausgehenden geraden Linien seien. Da sich die Linien in einem Punkte schneiden, so muss die Summe der drei Gleichungen identisch 0 ergeben, nachdem jede vorher mit einem zu bestimmenden Faktor multipliziert worden. Nehmen wir aber an, dass von jenen Gleichungen jede schon den zu bestimmenden Faktor habe, so ist die identische Gleichung 4) die Bedingung der Figur. Nehmen wir ferner an, dass $A = 0$, $B = 0$, $C = 0$ die Gleichungen des einen der Figur einbeschriebenen Dreiecks seien, so müssen sich sechs Faktoren $\alpha\beta\ldots\alpha'\ldots$ finden lassen, dass man identisch hat:

$$\beta B - \gamma' C = \varrho, \quad \gamma C - \alpha' A = \varrho', \quad \alpha A - \beta' B = \varrho''.$$

Addiert man diese Gleichungen, so erhält man auf Grund von 4) die identische Gleichung:

$$(\alpha-\alpha')A+(\beta-\beta')B+(\gamma-\gamma')C=0,$$

eine Gleichung, welche ausdrücken würde, dass die drei Seiten des Dreiecks sich in einem und demselben Punkte schneiden. Da dieses aber gegen die Voraussetzung ist, so muss die Gleichung dadurch eine identische sein, dass $\alpha=\alpha'$, $\beta=\beta'$, $\gamma=\gamma'$.

Setzen wir nun $\alpha A=a$, $\beta B=b$, $\gamma C=c$, so haben wir die Gleichungen $a=0$, $b=0$, $c=0$ der Seiten des einbeschriebenen Dreiecks und neben 4) noch die Bedingungen der Figur:

$$b-c=\varrho,\quad c-a=\varrho',\quad a-b=\varrho''.$$

Die Gleichungen $a'=0$, $b'=0$, $c'=0$ der Seiten des zweiten einbeschriebenen Dreiecks können wir nun gleich solche Faktoren enthalten lassen, dass man hat:

$$b'-c'=\varrho,\quad c'-a'=\varrho',\quad a'-b'=\varrho''.$$

Definieren wir endlich das Symbol r'' durch die identische Gleichung $a-a'=r''$, so folgen aus den letzten sechs identischen Gleichungen die identischen Gleichungen 2), welche eben ausdrücken, dass die entsprechenden Seiten der beiden Dreiecke sich paarweise in drei Punkten schneiden, welche auf derselben geraden Linie $r''=0$ liegen.

Wir kehren zurück zu dem Pascalschen Sechsecke, dessen Seiten durch die Gleichungen 1) ausgedrückt wurden unter den Bedingungen 2). Um die drei Diagonalen des Sechsecks analytisch auszudrücken, welche die gegenüberliegenden Ecken paarweise verbinden, definieren wir die drei Symbole a'', b'', c'' durch die identischen Gleichungen:

5) $\quad a''+b+c'=0,\quad a+b'+c''=0,\quad a'+b''+c=0,$

aus welchen mit Zuziehung von 2) die identischen Gleichungen folgen:

6) $\quad a''+b'+c=0,\quad a+b''+c'=0,\quad a'+b+c''=0.$

Die hierdurch dargelegte doppelte Zusammensetzung der neu eingeführten Symbole aus den alten beweist, dass:

7) $\quad a''=0,\quad b''=0,\quad c''=0$

die Gleichungen der drei Diagonalen des Pascalschen Sechsecks sind.

Definieren wir endlich zwei Symbole r und r' durch die identischen Gleichungen:

$$a'-a''=r, \quad a''-a=r',$$

so haben wir unter Berücksichtigung von 5) und 6):

$$8) \qquad \begin{cases} a'-a''=r, & a''-a=r', \\ b'-b''=r, & b''-b=r', \\ c'-c''=r, & c''-c=r', \end{cases}$$

und aus 8) und 2) folgt:

$$9) \qquad r+r'+r''=0.$$

Die identischen Gleichungen 8) lassen erkennen, dass in der durch die drei Diagonalen des Pascalschen Sechsecks erweiterten Figur mit Ausnahme des Pascalschen Sechsecks, von dem wir ausgingen, noch zwei Pascalsche Sechsecke vorliegen, und die identische Gleichung 9) beweist, dass gewisse drei durch die drei Pascalschen Sechsecke bestimmte gerade Linien sich in einem Punkte schneiden.

Um diese aus den aufgestellten Gleichungen abzunehmenden Sätze bequemer auszudrücken, lassen wir die Definitionen vorausgehen: Wir nennen eine **Pascalsche Linie** diejenige gerade Linie, in welcher sich die gegenüberliegenden Seiten des Pascalschen Sechsecks schneiden; der **Brianchonsche Punkt** eines Brianchonschen Sechsecks soll der Punkt sein, in welchem sich die drei Diagonalen des Sechsecks schneiden. Hiernach haben wir nun die Sätze:

Wenn man in einem gegebenen Pascalschen Sechsecke die drei Diagonalen zieht, welche die gegenüberliegenden Ecken verbinden, so bilden die geraden Seiten und die Diagonalen ein zweites Pascalsches Sechseck mit denselben Ecken

Wenn man in einem gegebenen Brianchonschen Sechsecke die drei Punkte fixiert, in welchen sich die gegenüberliegenden Seiten des Sechsecks schneiden, so bilden die geraden Ecken und die drei fixierten Punkte die Ecken eines zweiten Brianchonschen

als das gegebene, ebenso die ungeraden Seiten und die Diagonalen ein drittes Pascalsches Sechseck mit denselben Ecken. Die diesen drei Sechsecken zugehörigen Pascalschen Linien schneiden sich in einem und demselben Punkte.

Sechsecks mit denselben Seiten als das gegebene, ebenso die ungeraden Ecken und die fixierten Punkte die Ecken eines dritten Brianchonschen Sechsecks mit denselben Seiten. Die diesen drei Brianchonschen Sechsecken zugehörigen Brianchonschen Punkte liegen auf einer und derselben geraden Linie.

Wenn man die auf einander folgenden Ecken des gegebenen Pascalschen Sechsecks mit den Zahlen bezeichnet 1 2 3 4 5 6, wie in der nachfolgenden Figur 13, so hat man die drei Sechsecke, von welchen der Satz handelt:

$$123456, \quad 163254, \quad 143652.$$

Sie entsprechen der Reihe nach den Pascalschen Linien r'', r', r.

Man bemerkt, dass die ungeraden Ecken in jedem dieser Sechsecke dieselben sind 1 3 5. Die ihnen gegenüberliegenden geraden Ecken sind auch dieselben 4 6 2, nur in veränderter Ordnung. Um diese Anordnung besser hervortreten zu lassen, bezeichnen wir jene drei Sechsecke symbolisch durch Brüche, deren Zähler die ungeraden Ecken, deren Nenner die ihnen gegenüberliegenden geraden Ecken enthalten:

$$10) \qquad \frac{135}{462}, \quad \frac{135}{246}, \quad \frac{135}{624}.$$

Diese Symbole für die drei Sechsecke entstehen aus einander durch cyklische Vertauschung der drei Zahlen des Nenners und kehren wieder in sich zurück. Dieselben drei Sechsecke würden aber auch durch die Symbole ausgedrückt werden, welche aus einem der Symbole durch cyklische Vertauschung der Zahlen des Zählers hervorgehen oder wenn man für die angegebenen Brüche die reciproken Brüche nehme.

Wenn man in einem der angegebenen Brüche alle sechs Permutationen der drei Zahlen des Nenners macht, so entstehen ausser den angegebenen noch die Symbole für drei Sechsecke, welche durch cyklische Vertauschung der Zahlen des Nenners wieder in einander übergehen:

$$11)\qquad \frac{1\,3\,5}{6\,4\,2},\quad \frac{1\,3\,5}{4\,2\,6},\quad \frac{1\,3\,5}{2\,6\,4}.$$

Von diesen drei Sechsecken wird der nachfolgende Satz handeln. Hier bemerken wir nun, dass wir nur von einem der drei Sechsecke nachzuweisen brauchen, dass es ein Pascalsches Sechseck ist, um zu wissen, dass alle drei Pascalsche Sechsecke sind und dass ihre Pascalschen Linien sich in einem und demselben Punkte schneiden.

Um auf die zuletzt genannten drei Sechsecke zu kommen, definieren wir die drei Symbole ϱ durch die identischen Gleichungen 3). Aus ihnen und den identischen Gleichungen 5) und 6) folgen dann die identischen Gleichungen:

$$12)\qquad \begin{cases} b - c = \varrho, & c - a = \varrho', & a - b = \varrho'', \\ b' - c' = \varrho, & c' - a' = \varrho', & a' - b' = \varrho'', \\ b'' - c'' = \varrho, & c'' - a'' = \varrho', & a'' - b'' = \varrho'', \end{cases}$$

und daraus:

$$13)\qquad \varrho + \varrho' + \varrho'' = 0.$$

Man sieht, dass hier wieder Pascalsche Sechsecke vorliegen, deren Seiten sind sechs von den neun geraden Linien — den sechs Seiten des gegebenen Pascalschen Sechsecks und dessen drei Diagonalen. — Es sind dieses die Sechsecke 11). Die identische Gleichung 13) beweist, dass die drei diesen Sechsecken zugehörigen Pascalschen Linien ϱ'', ϱ', ϱ sich in einem und demselben Punkte schneiden. Im Anschluss an die vorhergehenden Sätze können wir deshalb sagen:

Wenn man in einem gegebenen Pascalschen Sechsecke die drei Diagonalen zieht, welche die gegenüberliegenden Ecken verbinden, so lassen sich aus den neun geraden Linien der Figur sechs Sechsecke

Wenn man in einem Brianchonschen Sechsecke die drei Punkte fixiert, in welchen sich die gegenüberliegenden Seiten schneiden, so bilden die sechs Ecken und die drei fixierten Punkte kombi-

bilden, deren Ecken mit den Ecken des gegebenen Sechsecks zusammenfallen. Diese sechs Sechsecke sind Pascalsche Sechsecke, und von den ihnen zugehörigen Pascalschen Linien schneiden sich drei Linien r in einem Punkte, die drei anderen ϱ wieder in einem Punkte.

niert zu sechs die Ecken von sechs Sechsecken, deren Seiten mit den Seiten des gegebenen Sechsecks zusammenfallen. Diese sechs Sechsecke sind Brianchonsche Sechsecke, und von den ihnen zugehörigen Brianchonschen Punkten liegen drei Punkte r auf einer geraden Linie, die drei anderen ϱ auf einer zweiten geraden Linie.

Die Punkte, in welchen sich die drei Pascalschen Linien r, oder die drei Pascalschen Linien ϱ schneiden, heissen Steinersche Punkte nach dem Entdecker. Wir werden später auf die Lage dieser Punkte näher eingehen.

Wir bereiten nur eine spätere Ausdehnung der angegebenen Sätze vor, wenn wir dieselben, ausgehend von dem Pascalschen oder Brianchonschen Sechsecke, wie folgt aussprechen und mit der geometrischen Interpretation der identischen Gleichungen 12) und 13) den Anfang machen.

Die geraden Seiten, die ungeraden Seiten und die drei Hauptdiagonalen eines Pascalschen Sechseckes bilden drei Dreiecke, welche dreien geraden Linien ϱ einbeschrieben sind, die von einem und demselben Punkte ausgehen. Die entsprechenden Seiten je zweier von diesen Dreiecken schneiden sich paarweise in einer geraden Linie r, und die drei geraden Linien r schneiden sich

Wenn man in einem Brianchonschen Sechsecke die drei Punkte fixiert, in welchen sich die gegenüberliegenden Seiten des Sechsecks schneiden, so bilden die geraden Ecken des Sechsecks, die ungeraden und die drei fixierten Punkte die Ecken von drei Dreiecken. Die entsprechenden Seiten der drei Dreiecke schneiden sich in einem Punkte ϱ, und die drei Punkte ϱ liegen auf

wieder in einem und demselben Punkte.

einer geraden Linie. Die Verbindungslinien der entsprechenden Ecken je zweier Dreiecke schneiden sich in einem Punkte r und die drei Punkte r liegen wieder auf einer und derselben geraden Linie.

In jedem der genannten beiden Steinerschen Punkte schneiden sich drei Pascalsche Linien, in dem ersten die drei Linien r, in dem anderen die drei Linien ϱ. Wir konstruieren nun zu jeder Pascalschen Linie r, indem wir die beiden anderen als ein Paar betrachten, die ihr zugehörige vierte harmonische Linie. Auf gleiche Weise konstruieren wir die drei vierten harmonischen Linien zu den drei Pascalschen Linien ϱ.

Um ihre Gleichungen aufzustellen, definieren wir die drei Symbole R und die drei Symbole P durch die identischen Gleichungen:

$$14)\quad \begin{cases} r''-r' \equiv R, & \varrho''-\varrho' \equiv P, \\ r-r'' \equiv R', & \varrho-\varrho'' \equiv P', \\ r'-r \equiv R'', & \varrho'-\varrho \equiv P''. \end{cases}$$

Alsdann erhält man die Gleichungen der konstruierten vierten harmonischen Linien, wenn man die eingeführten Symbole einzeln gleich 0 setzt: $R=0$, $R'=0$, ... $P''=0$. Denn es ist $r''-r'=0$ die vierte harmonische Linie zur Linie r, deren Gleichung auf Grund von 9) sich so darstellt $r''+r'=0$, u. s. w.

Aus diesen identischen Gleichungen 14) und den früheren 2), 5), 6), 8) und 12) gehen auf die einfachste Weise folgende hervor:

$$15)\quad \begin{cases} R+P \equiv 3a, & R'+P \equiv 3a', & R''+P \equiv 3a'', \\ R+P' \equiv 3b, & R'+P' \equiv 3b', & R''+P' \equiv 3b'', \\ R+P'' \equiv 3c, & R'+P'' \equiv 3c', & R''+P'' \equiv 3c''. \end{cases}$$

Diese Zusammensetzung der Symbole für die Seiten und Diagonalen des gegebenen Pascalschen Sechseckes aus den in 14) eingeführten Symbolen beweist den Satz:

Die drei vierten harmonischen Linien zu den drei Pascalschen Linien r schneiden die drei vierten harmonischen Linien zu den drei Pascalschen Linien ϱ in neun Punkten, welche auf den Seiten und den Diagonalen des gegebenen Pascalschen Sechsecks liegen.

Es beweisen ferner jene Gleichungen 15), dass ausser den genannten sechs Pascalschen Sechsecken 10) und 11) in der weiter ausgeführten Figur noch andere Pascalsche Sechsecke vorliegen, auf welche wir jedoch nicht weiter eingehen werden.

Die beschriebene Figur hat bereits eine solche Ausdehnung gewonnen, dass sie sich in einer Zeichnung schwer verfolgen lässt. Wir kehren deshalb zu dem Pascalschen Sechsecke zurück, von welchem wir ausgingen und dessen analytischen Ausdruck wir in 1) und 2) gegeben haben. Wir beabsichtigen an dieser Figur noch eine Bemerkung zu machen, deren Bedeutung an dieser Stelle sich allerdings nicht recht würdigen lässt; wir machen sie aber, um uns künftig darauf berufen zu können.

Wir definieren zu diesem Zwecke einen Kegelschnitt als den geometrischen Ort eines Punktes, dessen Koordinaten einer gegebenen Gleichung des zweiten Grades, der Gleichung des Kegelschnittes, genügen, wie wir die geraden Linien als den geometrischen Ort eines Punktes definiert haben, dessen Koordinaten einer gegebenen Gleichung des ersten Grades genügen. Ob ein gegebener Punkt in einem durch seine Gleichung gegebenen Kegelschnitt liege, erfahren wir demnach, wenn wir zusehen, ob die Koordinaten des Punktes der Gleichung des Kegelschnittes genügen. Unter gewissen Voraussetzungen wird der Kegelschnitt ein Linienpaar, unter anderen Voraussetzungen ein Kreis, denn beide werden, wie wir gesehen haben, durch Gleichungen des zweiten Grades analytisch ausgedrückt.

Mit dieser Definition des Kegelschnittes gehen wir an die Untersuchung des Ausdrucks zweiten Grades:

16) $$K \equiv r'' r'' - r'' (a+b+c) + bc + ca + ab^{*},$$

* Der Ausdruck K lässt sich auch aus Quadraten zusammensetzen. Denn substituiert man in demselben für a, b, c die Werte aus 15) und bemerkt, dass die Grössen R und P in 14) allein von den Grössen r und ϱ abhängen, so wird derselbe eine Zusammensetzung der sechs Grössen r und ϱ, die schliesslich die einfache Form annimmt:

$$6\,K = r^2 + r'^2 + r''^2 - \varrho^2 - \varrho'^2 - \varrho''^2.$$

der sich mit Rücksicht auf 2) auch so darstellen lässt:

$$K = (r'' - b)(r'' - c) - a(r'' - b - c) = b'c' - a(r'' - b - c).$$

Hiernach verschwindet der Ausdruck K, wenn $a = 0$ und $b' = 0$, oder wenn $a = 0$ und $c' = 0$. Er verschwindet also, wenn man in ihm für die variabeln Koordinaten die Koordinaten der einen oder der anderen Ecke des Pascalschen Sechseckes setzt, in welchen die Seite a mit den Seiten b' und c' zusammenstösst.

Ebenso können wir nachweisen, dass der Ausdruck K verschwindet, wenn wir für die variabelen Koordinaten in ihm die Koordinaten irgend einer Ecke des Pascalschen Sechsecks setzen.

Da aber $K = 0$ nach der Definition die Gleichung eines Kegelschnittes ist, so sehen wir, dass auf diesem Kegelschnitt die sechs Ecken des Pascalschen Sechsecks liegen. Wir können daher den Satz aussprechen:

Durch die sechs Ecken eines jeden Pascalschen Sechsecks lässt sich ein Kegelschnitt legen.

Es braucht hiernach der angegebene Kegelschnitt nicht der einzige zu sein, welcher durch die sechs Ecken des Pascalschen Sechsecks geht. Allein es bedarf nur des Beweises, der sehr leicht zu führen ist, dass fünf Punkte eines Kegelschnittes den Kegelschnitt unzweideutig bestimmen, um einzusehen, dass es nur einen einzigen Kegelschnitt giebt, welcher durch die sechs Ecken eines Pascalschen Sechsecks geht.*

Die wahre Bedeutung des Satzes tritt erst zu Tage, wenn man sich klar macht, wie derselbe das Mittel an die Hand

* Die nach den Variabeln x, y entwickelte Gleichung eines Kegelschnittes besteht aus sechs Gliedern, wovon drei von der zweiten, zwei von der ersten Ordnung sind; das letzte Glied ist eine Konstante, die man durch Division der Gleichung durch diese Konstante auf die Einheit zurückführen kann. Die Koefficienten der fünf ersten Glieder, welche linear in die Gleichung eingehen, bestimmen dann die Natur des Kegelschnittes. Soll nun der Kegelschnitt durch einen gegebenen Punkt gehen, so müssen die gegebenen Koordinaten des Punktes der Gleichung genügen. Das giebt eine lineare Bedingungsgleichung zwischen den fünf unbekannten Koefficienten. Fünf solcher Bedingungsgleichungen, also fünf Punkte, reichen aus, um die fünf unbekannten Konstanten und damit den Kegelschnitt unzweideutig zu bestimmen.

giebt, durch fünf gegebene Punkte eines Kegelschnittes alle übrigen Punkte desselben linear zu konstruieren.*

Wir haben hiermit die uns gesteckten Grenzen überschritten, denn die Kegelschnitte gehören nur hierher, insofern sie Linienpaare oder Kreise sind. Wir kommen deshalb noch einmal auf das Pascalsche Sechseck mit seinen drei Diagonalen zurück, um die oben angedeutete Ausdehnung zu machen. Dieselben Formeln mit Auslassung der identischen Gleichungen 5) und 6) werden die versprochenen Sätze geben.

Die geraden Seiten eines Pascalschen Sechsecks, seine ungeraden Seiten und seine drei Diagonalen betrachteten wir als die Seiten von drei Dreiecken und fanden, dass diese Dreiecke drei geraden Linien ϱ einbeschrieben sind, welche von demselben Punkte ausgehen. Wir werden jetzt irgend drei Dreiecke betrachten, welche irgend dreien von einem Punkte ausgehenden geraden Linien ϱ einbeschrieben sind.

Die Gleichungen der drei geraden Linien ϱ seien $\varrho = 0$, $\varrho' = 0$, $\varrho'' = 0$. Da diese Linien der Annahme nach sich in einem Punkte schneiden, so können wir ihre Gleichungen gleich in der Form annehmen, dass sie die Gleichung 13) identisch erfüllen.

Es seien ferner 1) und 7) die Gleichungen der Seiten der drei den Linien ϱ einbeschriebenen Dreiecke. Wir können sie nach den vorausgegangenen Auseinandersetzungen gleich mit solchen Faktoren multipliziert annehmen, dass sie den identischen Gleichungen 12) genügen.

* Um sich die Bedeutung des Satzes klar zu machen, muss man noch wissen, dass jede gerade Linie den Kegelschnitt nur in zwei Punkten schneidet. Ist die gerade Linie die x-Axe des Koordinatensystems, so folgt dieses daraus, dass die Gleichung des Kegelschnittes eine quadratische Gleichung wird, wenn man $y = 0$ setzt. Da nun durch Transformation der rechtwinkligen Koordinatensysteme der Grad der Gleichung des Kegelschnittes sich nicht ändert, so gilt dasselbe auch für jede neue x-Axe, also für jede gerade Linie. Auf Grund dieser Andeutungen wird man nun die Aufgabe leicht lösen können:

„Wenn fünf Punkte eines Kegelschnittes gegeben sind, denjenigen Punkt linear zu konstruieren, in welchem eine beliebige, von einem der gegebenen Punkte ausgehende gerade Linie den Kegelschnitt schneidet.“

Führen wir nun die drei Symbole r ein durch die identischen Gleichungen:

$$a' - a'' \equiv r, \quad a'' - a \equiv r', \quad a - a' \equiv r'',$$

so erhalten wir ohne weiteres aus den identischen Gleichungen 12) die identischen Gleichungen 2) und 8) nebst der identischen Gleichung 9). Diese Gleichungen sagen aber aus, dass die drei Linien a ein Dreieck bilden, die drei Linien b ein zweites und die drei Linien c ein drittes Dreieck, welche Dreiecke sämtlich dreien von einem Punkte ausgehenden geraden Linien r einbeschrieben sind. Wir drücken dieses kurz so aus:

Wenn drei Dreiecke dreien geraden Linien einbeschrieben sind, welche von einem und demselben Punkte ausgehen, so bilden die entsprechenden Seiten der drei Dreiecke wieder drei Dreiecke, welche dreien geraden Linien einbeschrieben sind, die von einem anderen Punkte ausgehen.

Wenn die entsprechenden Seiten von drei Dreiecken durch drei Punkte gehen, welche auf einer geraden Linie liegen, so schneiden sich die Verbindungslinien der entsprechenden Ecken je zweier Dreiecke in einem Punkte und die drei Schnittpunkte liegen auf einer geraden Linie.

Wir wollen auf die Figur des ersten Satzes näher eingehen, weil wir dieselbe bei der Untersuchung sämtlicher Sechsecke, welche die sechs Ecken eines gegebenen Pascalschen Sechseckes haben, wieder auftreten sehen werden.

Die Figur besteht aus 15 geraden Linien S, aus den neun Seiten der drei Dreiecke, welche zugleich die Seiten der drei anderen Dreiecke bilden, aus den drei von einem Punkte ausgehenden geraden Linien, welchen die drei ersten Dreiecke einbeschrieben sind und aus den drei von einem Punkte ausgehenden geraden Linien, welchen die drei anderen Dreiecke einbeschrieben sind. Sie besteht aus 20 Punkten R, wenn wir die Ecken der sechs Dreiecke und zugleich die beiden Punkte ins Auge fassen, von welchen das erste und das zweite System von drei geraden Linien ausgehen, welchen die Dreiecke einbeschrieben sind.

Die beiden letzten Punkte R entsprechen einander so, dass, wenn man von dem ersten Punkte in der Figur ausgeht, man zu dem zweiten Punkte gerade so durch die 15 Linien S gelangt, als man zu dem ersten gelangen würde, wenn man von dem zweiten ausginge.

Bemerken wir ferner, dass in jedem Punkte R sich drei gerade Linien S schneiden und dass auf jeder Linie S vier Punkte R liegen, so sehen wir, dass jeder Punkt R seinen entsprechenden in der Figur hat. Denn man kann von jedem der 20 Punkte R in der Figur ausgehen. Von ihm gehen immer drei Linien S aus, welchen drei Dreiecke einbeschrieben sind, und der angegebene Satz führt auf den ihm entsprechenden Punkt.

Wir haben in dem Vorhergehenden nur fünf Sechsecke in Betracht gezogen, welche mit einem gegebenen Pascalschen Sechseck dieselben Ecken haben. Wir fanden, dass sie Pascalsche Sechsecke sind. Aber es giebt noch mehr Sechsecke, welche mit einem gegebenen dieselben Ecken haben. Bezeichnen wir mit 1, 2, . . . 6 die Ecken eines gegebenen Sechsecks, so erhalten wir die Zahl aller Sechsecke mit den Ecken des gegebenen Sechsecks, wenn wir die Permutationen der genannten Zahlen bilden, das ist das Produkt 1.2.3..6.

In diesem Produkt ist jedes Sechseck sechs mal gerechnet, weil die sechs cyklischen Vertauschungen der Ecken eines und desselben Sechsecks immer dasselbe Sechseck geben. Es ist überdies jedes Sechseck noch zwei mal gerechnet, weil die Umkehrung der Ordnung der auf einander folgenden Ecken auf dasselbe Sechseck zurückführt. Wir haben also jenes Produkt zu dividieren durch 6.2, um die Zahl der verschiedenen Sechsecke zu erhalten, welche dieselben sechs Ecken haben.

Es giebt 60 verschiedene Sechsecke, welche sechs gegebene Punkte als Ecken haben.	Es giebt 60 verschiedene Sechsecke, welche sechs gegebene gerade Linien als Seiten haben.

Wenn eines von den 60 Sechsecken, welche sechs gegebene Punkte als Ecken haben, ein Pascalsches Sechseck ist, fanden wir, dass noch fünf andere von den 60 Sechsecken

Pascalsche Sechsecke sind. Es drängt sich nun die Frage auf, ob nicht alle 60 Sechsecke Pascalsche Sechsecke sind, wenn eines unter ihnen ein Pascalsches Sechseck ist. Diese Frage werden wir im Folgenden beantworten.

Als im Vorhergehenden ein Pascalsches Sechseck vorlag, gegeben durch die Gleichungen der Seiten, konnten wir leicht die Diagonalen analytisch ausdrücken, welche die gegenüberliegenden Ecken des Sechsecks verbinden. Die sechs Seiten des gegebenen Pascalschen Sechsecks und die Diagonalen bildeten die Seiten der betrachteten sechs Sechsecke. Die genannten 60 Sechsecke haben aber noch andere Seiten. Sie haben alle geraden Linien als Seiten, die irgend zwei Ecken des gegebenen Pascalschen Sechsecks verbinden.

Wir beginnen daher unsere Untersuchung mit der Aufgabe:

Die 15 geraden Linien analytisch auszudrücken, welche je zwei Ecken eines gegebenen Pascalschen Sechsecks verbinden.

Es seien, wie zu Anfang der Vorlesung:

$$\alpha=0,\quad \beta=0,\quad \gamma=0;\quad \alpha'=0,\quad \beta'=0,\quad \gamma'=0,$$

die gegebenen Gleichungen der Seiten des Pascalschen Sechsecks. Die Bedingungsgleichungen dieser Figur:

$$\begin{aligned}\varkappa\alpha' &= a_{00}\alpha + a_{01}\beta + a_{01}\gamma,\\ \lambda\beta' &= a_{10}\alpha + a_{11}\beta + a_{12}\gamma,\\ \mu\gamma' &= a_{20}\alpha + a_{21}\beta + a_{22}\gamma,\end{aligned}$$

enthalten neun Konstanten, die sich auf drei notwendige zurückführen lassen.

Setzen wir zu diesem Zwecke:

$$\alpha=\frac{1}{\sqrt{a_{00}}}a,\quad \beta=\frac{1}{\sqrt{a_{11}}}b,\quad \gamma=\frac{1}{\sqrt{a_{22}}}c,$$

$$\varkappa\alpha'=\sqrt{a_{00}}\,a',\quad \lambda\beta'=\sqrt{a_{11}}\,b',\quad \mu\gamma'=\sqrt{a_{22}}\,c',$$

$$\frac{a_{12}}{\sqrt{a_{11}a_{22}}}=u,\quad \frac{a_{20}}{\sqrt{a_{22}a_{00}}}=v,\quad \frac{a_{01}}{\sqrt{a_{00}a_{11}}}=w,$$

so haben wir die Gleichungen der Seiten des gegebenen Pascalschen Sechsecks:

$$17)\qquad \begin{cases} a=0,\quad b=0,\quad c=0,\\ a'=0,\quad b'=0,\quad c'=0,\end{cases}$$

und die Bedingungen des Pascalschen Sechsecks:

$$
18)\qquad \left\{\begin{aligned} a' &= a + wb + vc,\\ b' &= wa + b + uc,\\ c' &= va + ub + c. \end{aligned}\right.
$$

Das will sagen, dass man die Gleichungen der Seiten eines Pascalschen Sechsecks durch Multiplikation mit gewissen Faktoren immer auf die Form 17) bringen kann, so dass man die Gleichungen 18) hat, in welchen u, v, w zu bestimmende Konstanten bedeuten.

Wir behaupten nun, dass die Gleichungen der Diagonalen, welche die gegenüberliegenden Ecken des Pascalschen Sechsecks verbinden:

$$
19)\qquad a''=0,\quad b''=0,\quad c''=0,
$$

durch die identischen Gleichungen bestimmt sein werden:

$$
20)\qquad \left\{\begin{aligned} a'' &= a + w'b + v'c,\\ b'' &= w'a + b + u'c,\\ c'' &= v'a + u'b + c, \end{aligned}\right.
$$

wenn wir unter u', v', w' die reciproken Grössen von u, v, w verstehen, das heisst, wenn $uu'=1$, $vv'=1$, $ww'=1$.

Diese Behauptung wird gerechtfertigt sein, wenn man nachweist, dass das Symbol a'', ähnlich wie in 5) und 6), sich sowohl aus den Symbolen b und c' als aus b' und c linear zusammensetzen lässt. Dieses sieht man aber sogleich, wenn man die dritte Gleichung 18) mit v' multipliziert und von der ersten Gleichung 20) abzieht, oder wenn man die zweite Gleichung 18) mit w' multipliziert und von der ersten Gleichung 20) abzieht, und so ferner.

Die folgende Figur soll das Pascalsche Sechseck darstellen mit seinen geraden Seiten a, b, c, seinen ungeraden Seiten a', b', c', und seinen Diagonalen a'', b'', c'', gegeben durch ihre Gleichungen 17) und 19). Die Ecken dieses Sechsecks bezeichnen wir zu weiterem Gebrauch mit den Zeilen 1 2...6.

Fig. 13.

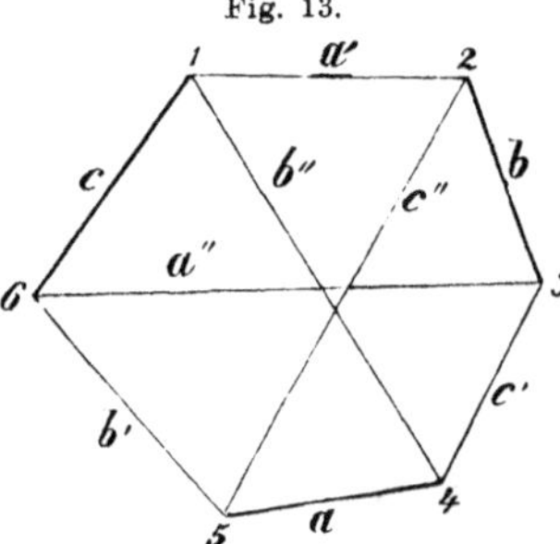

Die genannten neun geraden Linien bilden, wie wir nachgewiesen haben, die Seiten von sechs Pascalschen Sechsecken, welche dieselben Ecken haben als das gegebene Pascalsche Sechseck. Von diesen haben die drei Pascalschen Sechsecke 10) der Reihe nach die Pascalschen Linien r'', r', r, die drei anderen 11) der Reihe nach die drei Pascalschen Linien ϱ'', ϱ', ϱ.

Es hat keine Schwierigkeit, auch unter der geänderten Form der Daten die Gleichungen der genannten sechs Pascalschen Linien anzugeben. Den drei Pascalschen Sechsecken 10) entsprechen der Reihe nach ihre Pascalschen Linien r'', r', r:

$$21)\quad \begin{cases} u'a + v'b + w'c = 0, \qquad ua + vb + wc = 0, \\ (ua + vb + wc) + uvw(u'a + v'b + w'c = 0, \end{cases}$$

und den drei Pascalschen Sechsecken 11) entsprechen der Reihe nach die drei Pascalschen Linien ϱ'', ϱ', ϱ:

$$22)\quad \begin{cases} (u - vw)a - (v - uw)b = 0, \\ (w - uv)c - (u - vw)a = 0, \\ (v - wu)b - (w - vu)c = 0. \end{cases}$$

Auch in dieser Form der Gleichungen der sechs Pascalschen Linien ist es leicht zu erkennen, daas die drei Pascalschen Linien r sich in einem Punkte schneiden, ebenso, dass die drei Pascalschen Linien ϱ sich in einem Punkte schneiden.

Die Symbole der ungeraden Seiten a', b', c' des Pascalschen Sechsecks haben wir in 18) ausgedrückt durch die Symbole a, b, c der geraden Seiten. Wir sehen, dass diese Ausdrücke 18) übergehen in die Symbole 20) der drei Diagonalen, wenn wir für alle Konstanten u, v, w respektive setzen ihre reciproken Werte u', v', w'.

Wir behaupten nun, dass die Ausdrücke 18) der Symbole für die ungeraden Seiten des Pascalschen Sechsecks nicht allein übergehen in die Symbole für die drei Diagonalen 20), sondern auch in die Symbole der noch fehlenden sechs geraden Linien, welche irgend zwei Ecken des Pascalschen Sechsecks verbinden, wenn man für u, v, w zugleich oder einzeln setzt u', v', w'.

Wir wiederholen nur unsere Behauptung, wenn wir sie im Einklange mit der Figur mit Einführung treffenderer symbolischer Bezeichnungen also ausdrücken:

$$23)\left\{\begin{array}{ll}[12]=[45]+w[23]+v[61], & [36]=[45]+w'[23]+v'[61],\\ [56]=w[45]+[23]+u[61], & [14]=w'[45]+[23]+u'[61],\\ [34]=v[45]+u[23]+[61], & [25]=v'[45]+u'[23]+[61],\end{array}\right.$$

$$24)\left\{\begin{array}{ll}[12]=[45]+w[23]+v[61], & [36]=[45]+w'[23]+v'[61],\\ [46]=w[45]+[23]+u'[61], & [15]=w'[45]+[23]+u[61],\\ [35]=v[45]+u'[23]+[61], & [24]=v'[45]+u[23]+[61],\end{array}\right.$$

$$25)\left\{\begin{array}{ll}[13]=[45]+w[23]+v'[61], & [26]=[45]+w'[23]+v[61],\\ [56]=w[45]+[23]+u[61], & [14]=w'[45]+[23]+u'[61],\\ [24]=v'[45]+u[23]+[61], & [35]=v[45]+u'[23]+[61],\end{array}\right.$$

$$26)\left\{\begin{array}{ll}[26]=[45]+w'[23]+v[61], & [13]=[45]+w[23]+v'[61],\\ [15]=w'[45]+[23]+u[61], & [46]=w[45]+[23]+u'[61],\\ [34]=v[45]+u[23]+[61], & [25]=v'[45]+u'[23]+[61].\end{array}\right.$$

Die identischen Gleichungen 23) sind nichts anders als die Wiederholung der identischen Gleichungen 18) und 20), wenn man für die früheren Symbole der geraden, der ungeraden Seiten, und der drei Diagonalen des Pascalschen Sechsecks in Übereinstimmung mit der Figur die Symbole einführt:

$$\begin{array}{lll} a=[45], & b=[23], & c=[61],\\ a'=[12], & b'=[56], & c'=[34],\\ a''=[36], & b''=[14], & c''=[25]. \end{array}$$

Die übrigen identischen Gleichungen drücken mit Wiederholung der Symbole für die ungeraden Seiten und der drei Diagonalen des Pascalschen Sechsecks alle übrigen Verbindungslinien je zweier Ecken des Pascalschen Secksecks doppelt aus als lineare Funktionen der Symbole der geraden Seiten.

Wir beweisen diese Behauptung nur an der zweiten Gleichung 24), weil der gleiche Beweis sich an allen übrigen wiederholt. Ziehen wir nämlich von der genannten Gleichung 24) die zweite Gleichung 23) ab, so sehen wir, dass das Symbol [4 6] linear zusammengesetzt ist aus den Symbolen [5 6] und [6 1], woraus folgt, dass die gerade Linie $[4\,6]=0$ durch den Eckpunkt 6 des Sechsecks geht. Multiplizieren wir dagegen die dritte Gleichung 23) mit u' und ziehen sie von der zweiten Gleichung 24) ab, so sehen wir, dass dasselbe Symbol [4 6] auch aus den Symbolen [4 5] und [3 4] zusammengesetzt ist, dass also jene gerade Linie $[4\,6] = 0$ auch durch die Ecke 4 des Pascalschen Sechsecks geht. Da die gerade Linie $[4\,6] = 0$ die Ecken 4 und 6 des Sechsecks verbindet, so ist auch das Symbol $[4\,6]$ für dieselbe gewählt. Gleiches gilt von den übrigen Symbolen.

Die Lösung der oben gestellten Aufgabe besteht demnach einfach darin, dass man die 15 eingeführten Symbole $[\varkappa\lambda]$ einzeln gleich 0 setzt. Die dadurch entstehenden Gleichungen drücken die gesuchten 15 geraden Linien aus. Die identischen Gleichungen 23) bis 26) lassen die Zusammensetzung aller 15 Symbole $[\varkappa\lambda]$ erkennen aus drei von ihnen mit Zuziehung von nur drei Konstanten u, v, w, da u', v', w' die reciproken Werte der ersteren sind.

Wir heben noch hervor, dass der grosse Apparat, den wir in den Systemen identischer Gleichungen 23) bis 26) niedergelegt haben, sich durch irgend eines von jenen Systemen, zum Beispiel durch das erste System, welches nur eine andere Ausdrucksweise der Gleichungen 18) und 20) ist, und eine Bildungsregel für die übrigen ersetzen lässt.

Man sieht nämlich, dass die drei Symbole $[4\,5]$, $[2\,3]$, $[6\,1]$, durch welche die 12 anderen ausgedrückt wurden, durch die Vertauschungen der Zahlen:

4 mit 5, oder 2 mit 3, oder 6 mit 1,

ungeändert bleiben, während die übrigen 12 sich teilweise ändern.

Es gehen die sechs Symbole, welche in den Gleichungen 23) durch jene drei Symbole ausgedrückt sind, durch die angegebenen Vertauschungen der Reihe nach über in die durch 24), 25), 26) ausgedrückten Symbole. Damit aber auch jene Gleichungen 24), 25), 26) nach den Vertauschungen richtig bleiben, hat man noch die entsprechenden Vertauschungen zu machen:

u mit u', oder v mit v', oder w mit w'.

Wir können deshalb sagen: Man erhält aus jedem der vier Systeme identischer Gleichungen 23) bis 26) die drei übrigen, wenn man in demselben die Vertauschungen macht:

I) 4 mit 5 und u mit u',
II) 2 mit 3 und v mit v',
III) 6 mit 1 und w mit w'.

Schliesslich wiederholen wir zu weiterem Gebrauch nach Einführung der neuen Symbole die Gleichungen 21) und 22) der drei Pascalschen Linien r'', r', r:

$$27)\left\{\begin{array}{l} u'[45]+v'[23]+w'[61] = 0, \quad u[45]+v[23]+w[61] = 0, \\ \{u[45]+v[23]+w[61]\}+uvw\{u'[45]+v'[23]+w'[61]\}=0, \end{array}\right.$$

und der drei Pascalschen Linien ϱ'', ϱ', ϱ:

$$28)\left\{\begin{array}{l} (u-vw)[4\,5]-(v-wu)[2\,3]=0, \\ (w-uv)[6\,1]-(u-vw)[4\,5]=0, \\ (v-wu)[2\,3]-(w-uv)[6\,1]=0, \end{array}\right.$$

welche der Reihe nach den Pascalschen Sechsecken 10) und 11) zugehören.

Nach dieser Voruntersuchung kommen wir nun auf die oben erwähnte Frage nach den Eigenschaften der 60 Sechsecke zurück, welche sechs gegebene Ecken haben, wenn eines derselben ein Pascalsches Sechseck ist.

Das eine Pascalsche Sechseck von den 60 Sechsecken mit den gegebenen sechs Ecken sei das Sechseck 1 2 3 4 5 6, oder $\frac{1\,3\,5}{4\,6\,2}$, von welchem die Symbole der ungeraden Seiten und der drei Diagonalen in den identischen Gleichungen 23) durch die Symbole der geraden Seiten ausgedrückt vorliegen. Wir fanden mit Einschluss des genannten Pascalschen Sechsecks sechs Pascalsche Sechsecke, welche die gegebenen Ecken 1 2 3 4 5 6 haben, nämlich die Sechsecke 10) und 11). Wir bezeichnen sie kürzer, indem wir die drei ersten, ebenso die drei anderen zusammenfassen mit den Zeichen:

$$29)\qquad \left[\frac{1\,3\,5}{4\,6\,2}\right]\ \left[\frac{1\,3\,5}{6\,4\,2}\right],$$

aus welchen man die früheren 10) und 11) wieder herstellen kann durch cyklische Vertauschung der Zahlen des Nenners oder auch des Zählers.

Wie diese sechs Pascalsche Sechsecke aus dem System Gleichungen 23) hervorgingen, so gehen aus jedem der vier

Systeme Gleichungen 23) bis 26) sechs Pascalsche Sechsecke hervor, und wie aus dem Systeme 23) durch die Vertauschungen I), II), III) die übrigen Systeme erhalten werden, so erhält man aus 29) durch dieselben Vertauschungen die 18 Pascalschen Sechsecke:

$$30)\quad \begin{bmatrix}1\,3\,4\\ \hline 5\,6\,2\end{bmatrix}\begin{bmatrix}1\,3\,4\\ \hline 6\,5\,2\end{bmatrix},\quad \begin{bmatrix}1\,2\,5\\ \hline 4\,6\,3\end{bmatrix}\begin{bmatrix}1\,2\,5\\ \hline 6\,4\,3\end{bmatrix},\quad \begin{bmatrix}6\,3\,5\\ \hline 4\,1\,2\end{bmatrix}\begin{bmatrix}6\,3\,5\\ \hline 1\,4\,2\end{bmatrix}.$$

Kehren wir wieder zu den sechs Pascalschen Sechsecken 29) zurück, legen aber die ungeraden Seiten des Pascalschen Sechsecks 1 2 3 4 5 6, deren Gleichungen sind $[1\,2] = 0$, $[3\,4] = 0$, $[5\,6] = 0$, zu Grunde, wie vorhin die geraden Seiten, und bemerken, dass die angegebenen Gleichungen sich durch die Vertauschungen:

IV) 1 mit 2, oder 3 mit 4, oder 5 mit 6

nicht ändern, so erhalten wir durch diese Vertauschungen aus 29) die 18 Pascalschen Sechsecke:

$$31)\quad \begin{bmatrix}2\,3\,5\\ \hline 4\,6\,1\end{bmatrix}\begin{bmatrix}2\,3\,5\\ \hline 6\,4\,1\end{bmatrix},\quad \begin{bmatrix}1\,4\,5\\ \hline 3\,6\,2\end{bmatrix}\begin{bmatrix}1\,4\,5\\ \hline 6\,3\,2\end{bmatrix},\quad \begin{bmatrix}1\,3\,6\\ \hline 4\,5\,2\end{bmatrix}\begin{bmatrix}1\,3\,6\\ \hline 5\,4\,2\end{bmatrix}.$$

Legen wir endlich die Diagonalen $[1\,4] = 0$, $[2\,5] = 0$, $[3\,6] = 0$ zu Grunde, so erhalten wir aus 29) durch die Vertauschungen:

V) 1 mit 4, oder 2 mit 5, oder 3 mit 6

die 18 Pascalschen Sechsecke:

$$32)\quad \begin{bmatrix}4\,3\,5\\ \hline 1\,6\,2\end{bmatrix}\begin{bmatrix}4\,3\,5\\ \hline 6\,1\,2\end{bmatrix},\quad \begin{bmatrix}1\,3\,2\\ \hline 4\,6\,5\end{bmatrix}\begin{bmatrix}1\,3\,2\\ \hline 6\,4\,5\end{bmatrix},\quad \begin{bmatrix}1\,6\,5\\ \hline 4\,3\,2\end{bmatrix}\begin{bmatrix}1\,6\,5\\ \hline 3\,4\,2\end{bmatrix}.$$

Die Gesamtzahl dieser verschiedenen Pascalschen Sechsecke mit den Ecken 1 2 3 4 5 6 ist 60. Demnach haben wir im Anschlusse an die oben aufgestellten Sätze folgende Erweiterungen:

Es giebt 60 verschiedene Sechsecke mit sechs gegebenen Ecken. Sie sind sämtlich Pascalsche Sechsecke, wenn eines derselben ein Pascalsches Sechseck ist.

Es giebt 60 verschiedene Sechsecke mit sechs gegebenen Linien als Seiten. Sie sind sämtlich Brianchonsche Sechsecke, wenn eines derselben ein Brianchonsches Sechseck ist.

Diese 60 Pascalschen Sechsecke mit denselben sechs Ecken gruppieren sich, wenn man sieht, 20 mal zu dreien. Da nun die Pascalschen Linien jeder Gruppe sich in einem Steinerschen Punkte R schneiden, so hat man in dem System der 60 Pascalschen Sechsecke mit denselben sechs Ecken 20 Steinersche Punkte R.

Wir werden, um die Lage der 20 Punkte R näher zu untersuchen, zweckmässig jeden Punkt R mit demselben Symbol bezeichnen, welches der Ausdruck von drei Pascalschen Sechsecken war, deren Pascalsche Linien sich in einem Steinerschen Punkte R schneiden.

In dieser Voraussetzung stellt das Symbol:

$$33)\qquad \begin{bmatrix} 1\,3\,5 \\ \hline 4\,6\,2 \end{bmatrix}$$

den Steinerschen Punkt R dar, in welchem sich die drei Pascalschen Linien 27) schneiden.

Addieren wir die beiden ersten Gleichungen 27), so erhalten wir:

$$34)\qquad (u+u')\,[4\,5]+(v+v')\,[2\,3]+(w+w')\,[6\,1]=0,$$

die Gleichung einer bestimmten geraden Linie S, welche durch jenen Steinerschen Punkt R 33) geht.

Durch die Vertauschungen I), II), III) ändert sich die Gleichung 34) nicht, während das Symbol 33) des Steinerschen Punktes R übergeht in die Symbole von drei anderen Steinerschen Punkten R:

$$35)\qquad \begin{bmatrix} 1\,3\,4 \\ \hline 5\,6\,2 \end{bmatrix} \begin{bmatrix} 1\,2\,5 \\ \hline 4\,6\,3 \end{bmatrix} \begin{bmatrix} 6\,3\,5 \\ \hline 4\,1\,2 \end{bmatrix}.$$

Wir schliessen hieraus, dass die genannten vier Steinerschen Punkte 33) und 35) auf einer und derselben geraden Linie 34) liegen, der Steinerschen geraden Linie S.

Solcher Steinerschen geraden Linien S, auf welchen vier Punkte R liegen, giebt es mehrere in dem Systeme. Auf einer zweiten geraden Linie S liegt der Punkt 33) und die vier Punkte, deren Symbole aus dem genannten durch die Vertauschungen IV) hervorgehen:

$$36)\qquad \begin{bmatrix} 2\,3\,5 \\ \hline 4\,6\,1 \end{bmatrix} \begin{bmatrix} 1\,4\,5 \\ \hline 3\,6\,2 \end{bmatrix} \begin{bmatrix} 1\,3\,6 \\ \hline 4\,5\,2 \end{bmatrix}.$$

Auf einer dritten geraden Linie S liegt der Punkt 33) und die Punkte, deren Symbole aus 33) durch die Vertauschungen V) erhalten werden:

$$37)\qquad \begin{bmatrix}4\,3\,5\\ \hline 1\,6\,2\end{bmatrix}\ \begin{bmatrix}1\,6\,5\\ \hline 4\,3\,2\end{bmatrix}\ \begin{bmatrix}1\,3\,2\\ \hline 4\,6\,5\end{bmatrix}.$$

Wir können daher sagen, dass in jedem der 20 Steinerschen Punkte R sich drei Steinersche gerade Linien S schneiden.

Um die Zahl der verschiedenen Steinerschen Linien S zu ermitteln, bemerken wir, dass wir unserer analytischen Untersuchung die geraden Linien $[4\,5]=0$, $[2\,3]=0$, $[6\,1]=0$ zu Grunde gelegt haben, das sind drei gerade Linien, welche durch sämtliche Ecken der Pascalschen Sechsecke gehen. Die Untersuchung führte schliesslich auf die Steinersche Linie 34). Man kann aber von jeden drei geraden Linien ausgehen, welche durch die sechs Ecken des Pascalschen Sechsecks gelegt sind, und wird jedesmal auf eine Steinersche Linie S hinauskommen. Man hat demnach so viel Steinersche Linien S, als wie viel mal sich drei gerade Linien durch sechs Punkte legen lassen, nämlich 15 mal. Es ist demnach 15 die Zahl der verschiedenen Steinerschen Linien S, auf deren jeder vier Steinersche Punkte R liegen.

Wir haben 15 Linien S und 20 Punkte R. In jedem Punkte R schneiden sich drei Linien S und auf jeder Linie S liegen vier Punkte R. Es sind das dieselben Elemente, aus welchen die oben diskutierte Figur des Satzes von den drei Dreiecken besteht, welche dreien von einem Punkte ausgehenden geraden Linien einbeschrieben sind. Die 15 geraden Linien S und die 20 Punkte R bilden die dort beschriebene Figur.

Man kann sich davon auch direkt überzeugen; denn man ist nach dem Vorhergehenden in der Lage, 15 mal diejenigen vier von den in 29) bis 32) symbolisch dargestellten 20 Steinerschen Punkte R zusammenzustellen, welche in einer jeden der 15 Steinerschen Linien S liegen.

Um dieses ausführlicher darzulegen, sind in den beiden folgenden Tafeln die 60 Pascalschen Sechsecke 29) bis 32) selbst aufgeführt und zwar gruppiert zu drei Sechsecken, deren

Pascalsche Linien sich in einem und demselben Steinerschen Punkte R schneiden. Jeder Gruppe ist das Symbol des ihr zugehörigen Steinerschen Punktes R beigegeben. Die erste Tafel fängt in der ersten Horizontallinie an mit der Interpretation des Symbols für den Steinerschen Punkt R in 33) in verschiedenen Formen. Die Vertikalreihen bezeichnen die drei Steinerschen Punkte, welche mit dem Steinerschen Punkte 33) auf einer und derselben Steinerschen Linie S liegen. Sie sind ihrer Reihenfolge nach hergenommen aus 33) und 36), aus 33) und 37) und aus 33) und 35).

$$\overset{\delta}{\begin{bmatrix}1\,3\,5\\ \hline 2\,4\,6\end{bmatrix}}\begin{cases}123456\\143652\\163254\end{cases}\qquad \overset{\delta}{\begin{bmatrix}1\,3\,5\\ \hline 4\,6\,2\end{bmatrix}}\begin{cases}123456\\143652\\163254\end{cases}\qquad \overset{\delta}{\begin{bmatrix}1\,3\,5\\ \hline 6\,2\,4\end{bmatrix}}\begin{cases}123456\\143652\\163254\end{cases}$$

$$\overset{\alpha^0}{\begin{bmatrix}1\,3\,6\\ \hline 2\,4\,5\end{bmatrix}}\begin{cases}123465\\143562\\153264\end{cases}\qquad \overset{\beta^0}{\begin{bmatrix}4\,3\,5\\ \hline 1\,6\,2\end{bmatrix}}\begin{cases}146325\\136524\\156423\end{cases}\qquad \overset{\gamma_0}{\begin{bmatrix}1\,2\,5\\ \hline 6\,3\,4\end{bmatrix}}\begin{cases}165423\\145326\\135624\end{cases}$$

$$\overset{\alpha'}{\begin{bmatrix}1\,4\,5\\ \hline 2\,3\,6\end{bmatrix}}\begin{cases}124356\\134652\\164253\end{cases}\qquad \overset{\beta'}{\begin{bmatrix}1\,3\,2\\ \hline 4\,6\,5\end{bmatrix}}\begin{cases}142536\\152634\\162435\end{cases}\qquad \overset{\gamma'}{\begin{bmatrix}6\,3\,5\\ \hline 1\,2\,4\end{bmatrix}}\begin{cases}162345\\132546\\152642\end{cases}$$

$$\overset{\alpha''}{\begin{bmatrix}2\,3\,5\\ \hline 1\,4\,6\end{bmatrix}}\begin{cases}124365\\134562\\154263\end{cases}\qquad \overset{\beta''}{\begin{bmatrix}1\,6\,5\\ \hline 4\,3\,2\end{bmatrix}}\begin{cases}146352\\136254\\126453\end{cases}\qquad \overset{\gamma''}{\begin{bmatrix}1\,3\,4\\ \hline 6\,2\,5\end{bmatrix}}\begin{cases}163245\\123546\\153642.\end{cases}$$

Was die Konstruktion dieser Tafel anbetrifft, so fängt sie in der ersten Horizontallinie an mit den verschiedenen gleichberechtigten Symbolen des mit δ bezeichneten Steinerschen Punktes R, welche durch cyklische Vertauschung der drei Zahlen im Nenner des symbolischen Bruches in einander übergehen. Aus dem Anfangsgliede jeder der drei Vertikalreihen erhält man die darunter stehenden Glieder derselben Reihe, wenn man je zwei korrespondierende Zahlen des Zählers und Nenners in dem symbolischen Bruche mit einander vertauscht.

Es ist dieses eine sehr einfache Regel, um aus dem Symbole eines Steinerschen Punktes R die Symbole von drei anderen Steinerschen Punkten zu schaffen, welche mit dem anfänglichen Steinerschen Punkte auf einer und derselben geraden Linie S liegen.

In gleicher Weise ist auch die nachfolgende Tafel für die noch übrigen Steinerschen Punkte konstruiert. Sie fängt an mit dem zweiten Steinerschen Punkte d in 29).

Punkt	Sechsecke	Punkt	Sechsecke	Punkt	Sechsecke
d $\left[\frac{1\,3\,5}{4\,2\,6}\right]$	125436 145632 165234	d $\left[\frac{1\,3\,5}{6\,4\,2}\right]$	125436 145632 165234	d $\left[\frac{1\,3\,5}{2\,6\,4}\right]$	125436 145632 165234
α_0 $\left[\frac{1\,3\,6}{4\,2\,5}\right]$	126435 146532 156234	α_1 $\left[\frac{1\,4\,5}{6\,3\,2}\right]$	164352 134256 124653	α_{11} $\left[\frac{2\,3\,5}{1\,6\,4}\right]$	126345 136542 156243
β_0 $\left[\frac{4\,3\,5}{1\,2\,6}\right]$	142365 132564 152463	β_1 $\left[\frac{1\,3\,2}{6\,4\,5}\right]$	163425 143526 153624	β_{11} $\left[\frac{1\,6\,5}{2\,3\,4}\right]$	126354 136452 146253
γ_0 $\left[\frac{1\,2\,5}{4\,3\,6}\right]$	142356 132654 162453	γ_1 $\left[\frac{6\,3\,5}{1\,4\,2}\right]$	164325 134526 154623	γ_{11} $\left[\frac{1\,3\,4}{2\,6\,5}\right]$	123645 163542 153246.

Diese beiden Tafeln führen sämtliche 20 Steinersche Punkte R auf:

$$\begin{matrix} \delta & \alpha^0 & \beta^0 & \gamma^0 & \alpha' & \beta' & \gamma' & \alpha'' & \beta'' & \gamma'' \\ d & \alpha_0 & \beta_0 & \gamma_0 & \alpha_1 & \beta_1 & \gamma_1 & \alpha_{11} & \beta_{11} & \gamma_{11}. \end{matrix}$$

Diese Punkte paaren sich, wie durch ihre Bezeichnung angedeutet ist. Denn man erhält aus dem Symbole eines derselben das Symbol des darunter oder darüber stehenden Punktes, wenn man irgend zwei Zahlen des Zählers oder des Nenners in dem symbolischen Bruche mit einander vertauscht. Nur historisch wollen wir hier bemerken, dass die 10 Steinerschen Punktepaare R harmonische Pole des Kegelschnittes sind, dem die 60 Pascalschen Sechsecke einbeschrieben sind. Crelles Journal Bd. 41 pag. 269.*

* Die 60 Pascalschen Linien schneiden sich, wie man gesehen hat, 20 mal zu dreien in einem Steinerschen Punkte R. Sie schneiden sich aber überdies noch 60 mal zu dreien in einem Punkte K. Aus dieser Entdeckung von Kirkman sind dann weitere Entdeckungen von Cayley und Salmon über die Lage der 60 Punkte K hervorgegangen, welche den Steinerschen Sätzen in der Art parallel gehen, dass auf der einen

Wir stellen schliesslich die vier Steinerschen Punkte R zusammen, welche immer auf einer der 15 Steinerschen geraden Linien S liegen:

$$\begin{array}{cccc|cccc} \delta & \alpha^0 & \alpha' & \alpha'' & d & \alpha_0 & \beta_0 & \gamma_0 \\ \delta & \beta^0 & \beta' & \beta'' & d & \alpha_1 & \beta_1 & \gamma_1 \\ \delta & \gamma^0 & \gamma' & \gamma'' & d & \alpha_{11} & \beta_{11} & \gamma_{11} \end{array}$$

$$\begin{array}{cccc|cccc|cccc} \alpha^0 & \beta^0 & \gamma_1 & \gamma_{11} & \alpha' & \beta' & \gamma_{11} & \gamma_0 & \alpha'' & \beta'' & \gamma_0 & \gamma_1 \\ \beta^0 & \gamma^0 & \alpha_1 & \alpha_{11} & \beta' & \gamma' & \alpha_{11} & \alpha_0 & \beta'' & \gamma'' & \alpha_0 & \alpha_1 \\ \gamma^0 & \alpha^0 & \beta_1 & \beta_{11} & \gamma' & \alpha' & \beta_{11} & \beta_0 & \gamma'' & \alpha'' & \beta_0 & \beta_1. \end{array}$$

Die bei der Konstruktion der vorhergehenden Tafeln verwendete Regel wird diese Zusammenstellung bestätigen.

Dreizehnte Vorlesung.

Der Kreis.

Wir haben bereits in der ersten Vorlesung die Gleichung des Kreises abgeleitet. Wir erhalten dieselbe, wenn wir das Quadrat der Entfernung eines variabelen Punktes xy von einem gegebenen Punkte ab um das Quadrat des Radius r vermindern und die Differenz gleich 0 setzen:

$$1) \qquad (x-a)^2 + (y-b)^2 - r^2 = 0.$$

Diese Form der Kreisgleichung, gleichviel ob unentwickelt oder entwickelt, werden wir die **Normalform** nennen zum Unterschiede von der **allgemeinen Form**, welche aus der Multi-

Seite gerade Linien und Punkte, auf der anderen Seite Punkte und gerade Linien sich gegenseitig entsprechen.

Es ist gewiss ein reiner Zufall, dass auf diese Weise allen von französischen und deutschen Mathematikern gemachten Entdeckungen in der Richtung des Hexagramma mysticum — so bezeichnet man nämlich ein dem Kegelschnitte einbeschriebenes Sechseck — ganz reciproke englische Entdeckungen gegenüber stehen. In Crelles Journal Bd. 68 pag. 193 findet man die erwähnte Reciprocität ausführlich dargelegt.

In demselben Journal Bd. 75 pag. 1 ist auch durch algebraische Auffassung des Pascalschen Satzes und seiner Folgerungen ein Weg eröffnet, diese Sätze allgemein auf algebraische Kurven und Oberflächen auszudehnen.

plikation jener Gleichung mit einem beliebigen konstanten Faktor hervorgeht. Ein Kriterium für die entwickelte Kreisgleichung in der Normalform ist hiernach, dass sowohl der Koefficient von x^2 als der von y^2 gleich der Einheit ist, während in der allgemeinen Form diese Koefficienten nur einander gleich sind.

Wenn wir in dem linken Teile der Gleichung 1) unter x und y die Koordinaten eines beliebigen Punktes p verstehen, der nicht in der Peripherie des Kreises liegt, so drückt die Summe der beiden ersten Glieder das Quadrat der Entfernung d des Punktes p von dem Centrum c des Kreises aus. Der linke Teil der Gleichung 1) wird demnach:

$$(d+r)(d-r),$$

gleich dem Produkt der beiden Abschnitte, welche der Kreis auf der geraden Linie pc von p aus gerechnet macht. Da dieses Produkt bekanntlich gleich ist dem Quadrat der von dem Punkte p an den Kreis gezogenen Tangente, so haben wir den Satz:

Wenn man den linken Teil einer in der Normalform gegebenen Kreisgleichung von seinem rechten Teile, der $=0$ ist, trennt, so drückt derselbe das Quadrat der Tangente aus, welche von einem beliebigen durch die Koordinaten x, y gegebenen Punkte an den Kreis gezogen ist.

Die entwickelte Kreisgleichung ist im allgemeinen von der Form:

2) $$Ax^2+Bxy+Cy^2+Dx+Ey+F=0.$$

Aber nicht jede Gleichung von dieser Form stellt analytisch einen Kreis dar. Es wird sich der linke Teil dieser Gleichung auf die Form des linken Teiles der Gleichung 1), multipliziert mit einem noch zu bestimmenden Faktor λ, zurückführen lassen müssen, wenn die Gleichung 2) die eines Kreises sein soll. Dieses trifft zu unter den Bedingungen:

$$\lambda=A, \qquad 0=B, \qquad \lambda=C,$$
$$-2\lambda a=D, \quad -2\lambda b=E, \quad \lambda(a^2+b^2-r^2)=F.$$

Eliminiert man aus diesen sechs Gleichungen die vier Unbekannten a, b, r, λ, so erhält man die Bedingungen, unter welchen die Gleichung 2) einen Kreis darstellt:

3) $$A=C, \quad B=0.$$

Wenn diese beiden Bedingungen erfüllt werden, stellt die Gleichung 2) immer einen Kreis dar. Denn wir finden unter diesen Bedingungen die Werte der Unbekannten:

4) $$\lambda = A, \quad a = \frac{-D}{2A}, \quad b = \frac{-E}{2A}, \quad r^2 = \frac{D^2 + E^2 - 4AF}{4A^2}.$$

Es kann sich freilich ereignen, dass der Wert des Radius r des Kreises imaginär wird, jedoch werden wir auch imaginäre Kreise in den Kreis unserer Betrachtungen ziehen.

In die Gleichung 1) des Kreises führt man die homogenen Koordinaten ein, wenn man für x und y setzt $\frac{x}{z}$ und $\frac{y}{z}$ und mit z^2 multipliziert, wodurch man erhält:

5) $$(x - az)^2 + (y - bz)^2 - r^2 z^2 = 0.$$

Dieser homogenen Gleichung des Kreises werden wir uns mit Vorteil bedienen, um die Aufgabe zu lösen:

Die Gleichung 1) eines Kreises und die Koordinaten $x_0 y_0$ und $x_1 y_1$ irgend zweier Punkte 0 und 1 sind gegeben, die Koordinaten der Schnittpunkte zu bestimmen, in welchen die Verbindungslinie der gegebenen Punkte den Kreis schneidet.

Die homogenen Koordinaten x, y, z eines beliebigen Punktes der Verbindungslinie sind bekanntlich:

6) $$x = x_0 - \lambda x_1, \quad y = y_0 - \lambda y_1, \quad z = 1 - \lambda.$$

Es wird der beliebige Punkt der Verbindungslinie der Schnittpunkt derselben mit dem Kreise, wenn die Werte von x, y, z aus 6) in die homogene Gleichung 5) des Kreises gesetzt der Gleichung genügen. Die letztere wird dabei eine quadratische Gleichung in λ:

7) $$\alpha\lambda^2 - 2\beta\lambda + \gamma = 0,$$

indem man hat:

8) $$\begin{cases} \alpha = (x_1 - a)^2 + (y_1 - b)^2 - r^2, \\ \beta = (x_0 - a)(x_1 - a) + (y_0 - b)(y_1 - b) - r^2, \\ \gamma = (x_0 - a)^2 + (y_0 - b)^2 - r^2. \end{cases}$$

Löst man nun die quadratische Gleichung 7) auf und setzt für λ in 6) die eine oder die andere Wurzel, so hat man die homogenen Koordinaten der gesuchten Schnittpunkte.

Das Schnittpunktepaar ist harmonisch mit dem gegebenen Punktepaare, wenn die Wurzeln der quadratischen Gleichung gleich, aber von entgegengesetzten Vorzeichen sind, was man aus den Werten 6) der Koordinaten der Schnittpunkte ersehen kann. Die Bedingung für ein gegebenes Punktepaar der Art ist demnach $\beta = 0$.

Man nennt zwei Punkte, deren Verbindungslinie den Kreis in einem Punktepaare schneidet, welches harmonisch ist mit den beiden Punkten, harmonische Pole des Kreises. Die Bedingung $\beta = 0$ zwischen den Koordinaten x, y des einen und x_1, y_1 des anderen Poles wird demnach:

9) $$(x-a)(x_1-a)+(y-b)(y_1-b)-r^2=0.$$

Es ist dieses zugleich die Gleichung einer geraden Linie, auf welcher der eine Pol variiert, wenn der andere unverändert bleibt; mit anderen Worten:

Der geometrische Ort des einem gegebenen Punkte zugeordneten harmonischen Poles des Kreises ist eine gerade Linie.

Diese gerade Linie führt den Namen der Polare des gegebenen Punktes und der gegebene Punkt den Namen des Poles der geraden Linie. Die Gleichung 9) stellt also die Polare des durch seine Koordinaten x_1, y_1 gegebenen Punktes dar.

Man konstruiert hiernach die Polare eines gegebenen Punktes, wenn man durch den gegebenen Punkt irgend zwei gerade Linien zieht und auf jeder derselben zu dem Schnittpunktepaare des Kreises und dem gegebenen Punkte den vierten harmonischen Punkt fixiert. Die Verbindungslinie der vierten harmonischen Punkte wird die gesuchte Polare sein.

Sind im speciellen jene beiden durch den gegebenen Punkt gezogenen geraden Linien Tangenten des Kreises, so werden die vierten harmonischen Punkte auf ihnen die Berührungspunkte der Tangenten, und die Polare des gegebenen Punktes stellt sich dar als die Verbindungslinie der Berührungspunkte der von dem gegebenen Punkte an den Kreis gezogenen Tangenten.

Durch die geringste Zahl von geraden Linien ist die angedeutete Konstruktion in der ersten Figur ausgeführt, in welcher von dem gegebenen Punkte p zwei beliebige gerade Linien ausgehen, die den Kreis in den Punkten 1, 3 und 4, 2 treffen. Die punktierte gerade Linie P, welche die Schnittpunkte der gegenüberliegenden Seiten des Vierecks 1 2 3 4 verbindet, ist die

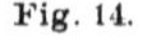

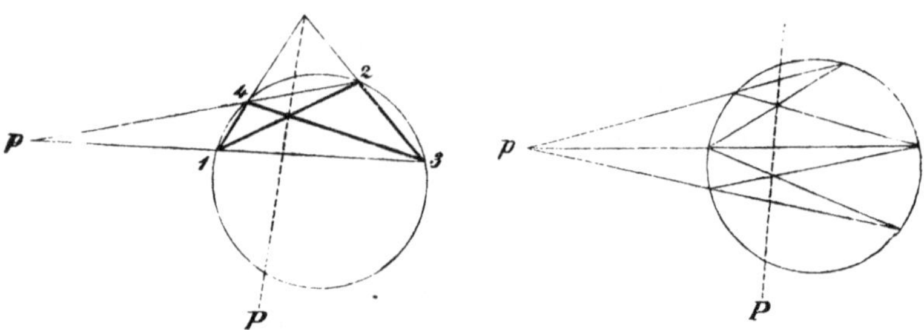

gesuchte Polare des gegebenen Punktes p, weil sie die beiden von dem Punkte p ausgehenden geraden Linien in den vierten harmonischen Punkten schneidet. Der Beweis davon beruht auf dem Satze, dass in einem vervollständigten Viereck 1 2 3 4 jede Diagonale von den beiden anderen Diagonalen harmonisch geschnitten wird.

Eine andere Ausführung der Konstruktion in der zweiten Figur, in welcher von dem gegebenen Punkte p drei beliebige gerade Linien ausgehen, ist begründet durch die erste Konstruktion.

Aus der angegebenen Konstruktion wird ersichtlich, dass die Polare eines Punktes immer senkrecht steht auf der geraden Linie, welche den Punkt mit dem Mittelpunkte des Kreises verbindet. Es ergiebt sich ferner daraus, dass die Polare des Mittelpunktes eines Kreises eine gerade Linie im Unendlichen ist.

Wählen wir auf der Polare 9) des gegebenen Punktes 1 einen beliebigen Punkt 0, so genügen seine Koordinaten x_0, y_0 jener Gleichung und man hat:

$$(x_0 - a)(x_1 - a) + (y_0 - b)(y_1 - b) - r^2 = 0.$$

Auf Grund dieser Gleichung genügen aber auch die Koordinaten x_1, y_1 des Punktes 1 der Gleichung der Polare des gewählten Punktes 0:

$$(x-a)(x_0-a)+(y-b)(y_0-b)-r^2=0.$$

Wir können deshalb sagen:

Harmonische Pole eines Kreises haben die charakteristische Eigenschaft, dass die Polare des einen durch den anderen geht.

Fixieren wir auf einer geraden Linie mehrere Punkte, so ist jeder derselben harmonischer Pol zum Pole der geraden Linie. Nach dem letzten Satze schneiden sich die Polaren der fixierten Punkte in dem Pole der geraden Linie. Wir haben demnach den Satz, welcher dient den Pol einer gegebenen geraden Linie zu konstruieren:

Wenn ein Punkt eine gerade Linie durchläuft, so dreht sich seine Polare um den Pol der geraden Linie.

Wir können den Satz auch umkehren wie folgt:

Wenn eine gerade Linie sich um einen festen Punkt auf ihr dreht, so beschreibt der Pol der geraden Linie die Polare des festen Punktes.

Denn zieht man durch den festen Punkt eine gerade Linie, so bildet der Pol derselben und der feste Punkt ein Polenpaar. Da aber die Polare des einen durch den anderen geht, so liegt der Pol der geraden Linie auf der Polare des festen Punktes.

Wenn der Pol in der Peripherie des Kreises liegt, so ist seine Polare Tangente des Kreises in dem Pol.

Zieht man nämlich durch den Pol, der in der Peripherie des Kreises liegt, um seine Polare zu konstruieren, Sekanten des Kreises, so wird der vierte harmonische Punkt auf ihnen immer mit dem Pole zusammenfallen. Nur in dem Falle, wenn die Sekante Tangente wird, fällt der vierte harmonische Punkt nicht mit dem Pole zusammen, sondern kann jeder beliebige Punkt der Tangente sein. Da nun der geometrische Ort der vierten harmonischen Punkte die Polare ist, so ist in dem vorliegenden Falle die Polare Tangente des Kreises. Es ist demnach die Gleichung 9) die Gleichung der Tangente des Kreises in dem Punkte seiner Peripherie, dessen Koordinaten x_1, y_1 sind.

Wir kehren zurück zu der quadratischen Gleichung 7), von welcher die Bestimmung der Schnittpunkte der geraden Linie 0 1 und des Kreises abhängt. Die gerade Linie 0 1 wird Tangente des Kreises, wenn die Schnittpunkte zusammenfallen, das ist, wenn die Wurzeln der quadratischen Gleichung 7) gleich werden. Die Wurzeln derselben werden aber einander gleich unter der Bedingung $\beta^2 - \alpha\gamma = 0$. Unter dieser Bedingung wird also die gerade Linie 0 1 Tangente des Kreises. Betrachten wir nun den Punkt 1 als gegeben, so wird der geometrische Ort des Punktes 0, dessen Verbindungslinie mit dem gegebenen Punkte 1 eine Tangente des Kreises ist, das Tangentenpaar, welches sich von dem Punkte 1 an den Kreis legen lässt. Setzen wir demnach in die Bedingungsgleichung $\beta^2 - \alpha\gamma = 0$ die Werte 8), und für x_0 und y_0 die Variabeln, so erhalten wir die Gleichung des Tangentenpaares vom Punkte 1 an den Kreis gelegt:

$$10) \quad \begin{cases} \{(x-a)(x_1-a)+(y-b)(y_1-b)-r^2\}^2 \\ -\{(x-a)^2+(y-b)^2-r^2\}\{(x_1-a)^2+(y_1-b)^2-r^2\}=0. \end{cases}$$

Dass diese Gleichung ein Linienpaar darstellt, welches von dem Punkte 1 ausgeht, davon kann man sich nachträglich dadurch überzeugen, dass man die Gleichung 10) durch Entwickelung auf die Form 1) der achten Vorlesung bringt, die Werte der Koefficienten $a_{\varkappa\lambda}$ berechnet und sie in die Gleichungen 4) jener Vorlesung, den Bedingungen für ein vom Punkte 1 ausgehendes Linienpaar, einsetzt. Man wird sehen, dass jene Bedingungsgleichungen erfüllt werden. Doch halten wir diese Probe nach dem Vorhergehenden für überflüssig.

Wie ein Kreis durch die Punkte in seiner Peripherie bestimmt ist, so wird derselbe auch bestimmt sein durch seine Tangenten. Betrachten wir demnach den Kreis als gegeben durch seine Tangenten und operieren mit diesen Tangenten wie vorhin mit den Punkten in der Peripherie des Kreises, so ergiebt sich daraus eine neue analoge Behandlungsweise des Kreises. Wir beginnen dieselbe mit der Aufgabe:

Die Bedingung zwischen den Koordinaten u, v einer geraden Linie zu bestimmen, unter welcher die gerade Linie Tangente des Kreises ist, dessen Mittelpunkt durch seine Koordinaten a, b und dessen Radius r gegeben seien.

Die in Punktkoordinaten gegebene Gleichung einer geraden Linie:

$$ux + vy + 1 = 0$$

wird Tangentengleichung des Kreises, wenn der senkrechte Abstand der geraden Linie von dem Mittelpunkte des Kreises gleich dem Radius ist. Drücken wir daher den senkrechten Abstand der geraden Linie von dem Mittelpunkte nach den bekannten Regeln aus:

$$\frac{ua + vb + 1}{\sqrt{(u^2 + v^2)}}$$

und setzen ihn $= r$, so haben wir die gesuchte Bedingung, die sich durch Quadrierung beider Teile der Gleichung auf die Form bringen lässt:

$$11)\qquad (au + bv + 1)^2 - r^2(u^2 + v^2) = 0.$$

Wir nennen diese Gleichung die Gleichung des Kreises in Linienkoordinaten, indem wir darunter die Relation verstehen, welche die Koordinaten u, v einer geraden Linie zu erfüllen haben, wenn sie Tangente des Kreises sein soll. Die Koordinaten jeder beliebigen Tangente des Kreises genügen der Gleichung, wie umgekehrt jede gerade Linie, deren Koordinaten der Gleichung genügen, Tangente des Kreises ist.

Die Gleichung 11) repräsentiert die Normalform, welche von der allgemeinen Form der Kreisgleichung in Linienkoordinaten sich nur durch einen konstanten Faktor unterscheidet.

Der Vollständigkeit wegen führen wir den folgenden Satz an, der sich nach dem Vorhergehenden von selbst versteht:

Wenn man den linken Teil einer in der Normalform gegebenen Kreisgleichung in Linienkoordinaten von seinem rechten Teile, der $=0$ ist, trennt, ihn hierauf durch $u^2 + v^2$ dividiert, so stellt der Quotient die Differenz des Quadrates des senkrechten Abstandes einer durch ihre Koordinaten uv gegebenen geraden

Linie von dem Mittelpunkte des Kreises und des Quadrates des Radius dar.

Diese Differenz ist gleich dem Quadrat der Tangente, welche von dem Fusspunkte des Lotes, welches von dem Mittelpunkte des Kreises auf die gegebene gerade Linie gefällt ist, an den Kreis gelegt werden kann. Kürzer können wir sagen, dass jene Differenz das Quadrat der kürzesten Tangente darstelle, welche von einem variabelen Punkte der gegebenen geraden Linie an den Kreis gezogen werden kann.

Die entwickelte Kreisgleichung 11) hat die Form:

$$12)\qquad Au^2 + Buv + Cv^2 + Du + Ev + F = 0.$$

Da diese Gleichung sechs Konstanten enthält, die mit einem beliebigen Faktor λ multiplizierte Gleichung 11) aber nur vier Konstanten, so müssen zwischen jenen sechs Konstanten zwei Relationen obwalten, wenn die Gleichung 12) einen Kreis darstellen soll. Diese Relationen werden wir feststellen.

Setzen wir zu diesem Zwecke die Koefficienten in 12) den entsprechenden mit λ multiplizierten Koefficienten in der Entwickelung von 11) einander gleich, so erhalten wir:

$$\lambda(a^2 - r^2) = A, \quad 2\lambda ab = B, \quad \lambda(b^2 - r^2) = C,$$
$$2\lambda a = D, \quad 2\lambda b = E, \quad \lambda = F.$$

Durch Elimination der Unbekannten λ, a, b, r erhalten wir die Bedingungen, unter welchen die Gleichung 12) in Linienkoordinaten einen Kreis darstellt:

$$13)\qquad DE - 2BF = 0, \quad D^2 - 4AF = E^2 - 4CF.$$

Die Koordinaten a, b des Mittelpunktes und r der Radius des Kreises werden unter diesen Bedingungen aus obigen sechs Gleichungen gefunden:

$$14)\quad a = \frac{D}{2F}, \quad b = \frac{E}{2F}, \quad r^2 = \frac{D^2 - 4AF}{4F^2} = \frac{E^2 - 4CF}{4F^2}.$$

Durch Einführung der homogenen Linienkoordinaten geht die Gleichung 11) des Kreises über in:

$$15)\qquad (au + bv + w)^2 - r^2(u^2 + v^2) = 0,$$

eine bequemere Form für die Behandlung der folgenden Aufgabe:

Die Gleichung 15) eines Kreises und die Koordinaten u_0, v_0 und u_1, v_1 irgend zweier geraden Linien 0 und 1 sind gegeben; die Koordinaten der Tangenten zu bestimmen, welche sich von dem Schnittpunkte der gegebenen geraden Linien an den Kreis ziehen lassen.

Die homogenen Koordinaten u, v, w irgend einer geraden Linie, welche durch den Schnittpunkt der gegebenen geht, sind bekanntlich:

16) $$u = u_0 - \lambda u_1, \quad v = v_0 - \lambda v_1, \quad w = 1 - \lambda.$$

Soll diese gerade Linie Tangente des Kreises werden, so hat man den willkürlichen Faktor λ so zu bestimmen, dass die Werte von u, v, w aus 16) in 15) eingesetzt der Gleichung genügen. Dies führt auf die quadratische Gleichung:

17) $$A\lambda^2 - 2B\lambda + C = 0,$$

indem man hat:

18) $$\begin{cases} A = (au_1 + bv_1 + 1)^2 - r^2(u_1^2 + v_1^2), \\ B = (au_0 + bv_0 + 1)(au_1 + bv_1 + 1) - r^2(u_0 u_1 + v_0 v_1), \\ C = (au_0 + bv_0 + 1)^2 - r^2(u_0^2 + v_0^2). \end{cases}$$

Löst man die quadratische Gleichung 17) auf und setzt in 16) für λ die eine oder die andere Wurzel, so hat man die homogenen Koordinaten der gesuchten Tangenten des Kreises.

Aus jenen Werten 16) der homogenen Koordinaten ist ersichtlich, dass das gegebene Linienpaar harmonisch ist mit dem Tangentenpaare, wenn die Wurzeln der quadratischen Gleichung gleich, aber von entgegengesetzten Vorzeichen sind, das heisst unter der Bedingung $B = 0$.

Zwei gerade Linien, die harmonisch sind mit dem Tangentenpaare, welches sich von dem Schnittpunkte der geraden Linien an den Kreis legen lässt, heissen harmonische Polaren des Kreises. Die Bedingung $B = 0$ zwischen den Koordinaten u, v der einen und u_1, v_1 der anderen ihr zugeordneten Polare des Kreises ist demnach:

19) $$(au + bv + 1)(au_1 + bv_1 + 1) - r^2(uu_1 + vv_1) = 0.$$

Es ist dieses die Gleichung eines Punktes, durch welchen alle einer gegebenen geraden Linie 1 zugeordneten harmonischen Polaren gehen. Um ihn zu bestimmen, ziehen wir in einem der Schnittpunkte der gegebenen geraden Linie 1 und des Kreises eine Tangente an letzteren. Diese Tangente und die gegebene gerade Linie 1 sind harmonische Polaren nach der Definition der harmonischen Polaren. Die Tangente in dem zweiten Schnittpunkte und die gegebene gerade Linie 1 sind wieder harmonische Polaren. Jede dieser Tangenten ist also harmonische Polare zur gegebenen geraden Linie 1, der Schnittpunkt der Tangenten also der gesuchte Punkt. Da aber der Schnittpunkt zweier Tangenten eines Kreises der Pol der geraden Linie ist, welche die Berührungspunkte verbindet, so ist der gesuchte Punkt der Pol der gegebenen geraden Linie 1 und wir haben damit den Satz bewiesen:

Alle einer gegebenen geraden Linie zugeordneten harmonischen Polaren eines Kreises schneiden sich in dem Pole der gegebenen geraden Linie,

oder mit anderen Worten:

Harmonische Polaren eines Kreises haben die charakteristische Eigenschaft, dass der Pol der einen auf der anderen liegt.

Die Gleichung 19) stellt hiernach den Pol dar der durch die Koordinaten u_1, v_1 gegebenen geraden Linie.

Wir haben bis dahin nur den Fall diskutiert, wenn die quadratische Gleichung 17), von welcher die Bestimmung des Tangentenpaares abhängt, welches von dem Schnittpunkte zweier gegebenen geraden Linien 0 und 1 an den Kreis gezogen werden kann, gleiche Wurzeln mit entgegengesetzten Vorzeichen hat. Es bleibt noch übrig, den Fall gleicher Wurzeln zu untersuchen.

Dieser Fall tritt ein, wenn $B^2 - AC = 0$. Unter dieser Bedingung werden zwei gerade Linien 0 und 1 sich in einem Punkte schneiden, von dem aus die beiden an den Kreis gezogenen Tangenten zusammenfallen. Die geometrische Anschauung lehrt, dass dann der Schnittpunkt in der Peripherie des Kreises liegen muss. Es ist demnach jene Gleichung die Bedingung, unter welcher zwei durch ihre Koordinaten gegebene gerade Linien 0 und 1 sich in einem Punkte der Peripherie des Kreises schneiden.

Betrachten wir nun die gerade Linie 1 als eine gegebene, die andere als gesucht und setzen u, v für u_0, v_0, so haben wir mit Rücksicht auf 18) die Bedingungsgleichung:

$$20)\quad \begin{cases} \{(au+bv+1)(au_1+bv_1+1)-r^2(uu_1+vv_1)\}^2, \\ -\{(au+bv+1)^2-r^2(u^2+v^2)\}\{(au_1+bv_1+1)^2-r^2(u_1{}^2+v_1{}^2)\}=0. \end{cases}$$

Es giebt aber auf der gegebenen geraden Linie 1 zwei Punkte, von welchen die an den Kreis gezogenen Tangenten jedesmal zusammenfallen, das sind die Schnittpunkte der gegebenen geraden Linie 1 und des Kreises. Die Koordinaten u, v in der Gleichung 20) müssen also geraden Linien angehören, welche entweder durch den einen Schnittpunkt oder durch den anderen gehen. Die Gleichung 20) stellt demnach das Punktepaar dar, in welchem die gegebene gerade Linie 1 den Kreis schneidet.

Dass die Gleichung 20) wirklich ein Punktepaar auf der geraden Linie 1 darstellt, davon kann man sich zum Überflusse überzeugen, wenn man die Gleichung 20) auf die Form 2) der achten Vorlesung bringt und dann die Bedingungen 10) jener Vorlesung für ein Punktepaar aufstellt. Man wird sehen, dass die Bedingungen erfüllt werden.

Vierzehnte Vorlesung.

Das System von Kreisen, welche durch die Schnittpunkte zweier Kreise gehen.

Da die Kreisgleichungen alle von derselben Form sind, so bringt es Vorteil, für diese Form ein bestimmtes Symbol k einzuführen. Wir werden deshalb mit k_0, k_1 ... die Ausdrücke bezeichnen:

$$1)\quad \begin{cases} k_0=(x-a_0)^2+(y-b_0)^2-r_0{}^2, \\ k_1=(x-a_1)^2+(y-b_1)^2-r_1{}^2, \\ \dots\dots\dots\dots \end{cases}$$

Um die Mittelpunkte der Kreise analytisch darzustellen, werden wir uns der Symbole A_0, A_1, ... bedienen:

$$2)\quad \begin{cases} A_0 = a_0 u + b_0 v + 1, \\ A_1 = a_1 u + b_1 v + 1, \\ \dots\dots\dots \end{cases}$$

Betrachten wir nun zwei durch ihre Gleichungen in der Normalform gegebene Kreise:

$$3)\quad k_0 = 0, \quad k_1 = 0,$$

und bilden die Gleichung mit dem willkürlichen Faktor λ:

$$4)\quad k_0 - \lambda k_1 = 0,$$

so stellt dieselbe wieder einen Kreis dar, weil sie den Bedingungen 3) der vorhergehenden Vorlesung genügt.

Dieser Kreis geht durch jeden der beiden Punkte hindurch, in welchen sich die gegebenen Kreise schneiden. Denn denkt man sich die Koordinaten eines der beiden Schnittpunkte aus den Gleichungen 3) berechnet und setzt sie in k_0 und k_1 ein, so verschwinden diese Ausdrücke. Es verschwindet also auch der linke Teil der Gleichung 4) durch Einsetzen der berechneten Koordinaten, und die Gleichung wird erfüllt.

Die Gleichung $k_0 - \lambda k_1 = 0$ stellt das ganze System von Kreisen dar, welche sich in den beiden Punkten schneiden, in welchen sich die gegebenen Kreise $k_0 = 0$ und $k_1 = 0$ schneiden.

Da die erstgenannte Gleichung einen willkürlichen Faktor λ enthält, so kann man denselben immer so bestimmen, dass der durch die Gleichung repräsentierte Kreis durch einen beliebig gegebenen Punkt geht. Da nun ein bestimmter Kreis des Systems durch drei Punkte seiner Peripherie, durch die beiden Schnittpunkte der gegebenen Kreise und durch noch einen Punkt bestimmt ist, so wird man den Faktor λ so bestimmen können, dass $k_0 - \lambda k_1 = 0$ die Gleichung des bestimmten Kreises wird. Die genannte Gleichung mit dem willkürlichen Faktor λ stellt in der That alle Kreise des Systems ohne Ausnahme dar.

Bestimmen wir nach den Formeln 4) der vorhergehenden Vorlesung die Koordinaten a, b des Mittelpunktes und den Radius r des Kreises 4), so finden wir:

$$4)\quad a = \frac{a_0 - \lambda a_1}{1 - \lambda}, \quad b = \frac{b_0 - \lambda b_1}{1 - \lambda}, \quad r^2 = \frac{r_1^2 \lambda^2 + \{[01]^2 - r_0^2 - r_1^2\}\lambda + r_0^2}{(1 - \lambda)^2},$$

wenn wir mit [0 1] den Abstand der Mittelpunkte 0 und 1 der Kreise $k_0 = 0$ und $k_1 = 0$ von einander bezeichnen. Bilden wir nun aus den gefundenen Koordinaten des Mittelpunktes die Gleichung desselben, so können wir mit Hinweisung auf die Bezeichnungen 1) und 2) noch sagen:

Wenn $k_0 = 0$ und $k_1 = 0$ die Gleichungen zweier gegebenen Kreise in der Normalform sind, $A_0 = 0$ und $A_1 = 0$ die Gleichungen der Mittelpunkte derselben ebenfalls in der Normalform, so ist:

6) $$k_0 - \lambda k_1 = 0$$

die Gleichung irgend eines Kreises, der durch die Schnittpunkte der gegebenen Kreise geht, und:

7) $$A_0 - \lambda A_1 = 0$$

die Gleichung seines Mittelpunktes. Der Radius r desselben wird durch die Formel bestimmt:

8) $$r^2 = \frac{r_1^2 \lambda^2 + \{[0\,1]^2 - r_0^2 - r_1^2\} \lambda + r_0^2}{(1-\lambda)^2}$$

Die Gleichung 7) beweist, dass die Mittelpunkte aller Kreise des Systems auf der Verbindungslinie der Mittelpunkte der gegebenen Kreise liegen.

Unter den Kreisen des Systems zeichnet sich ein Kreis besonders aus, dem der Wert $\lambda = 1$ entspricht. Sein Radius ist nach 8) unendlich gross und sein Mittelpunkt 7) fällt in das Unendliche. Ein solcher Kreis muss in dem Teile, der im Endlichen liegt, eine gerade Linie vorstellen. Und in der That sehen wir, dass seine Gleichung:

9) $$k_0 - k_1 = 0$$

eine gerade Linie darstellt, weil in derselben die Glieder des zweiten Grades ganz fehlen.

Diese durch die Gleichung 9) dargestellte gerade Linie, welche die Schnittpunkte der gegebenen beiden Kreise verbindet, führt den Namen der gemeinschaftlichen Sekante der Kreise. Sie ist unter allen Umständen reell und kann, wenn die Kreise sich in reellen Punkten schneiden, leicht konstruiert werden. Schneiden sich die gegebenen Kreise in imaginären Punkten, so bedarf es einer anderen charakteristischen

Eigenschaft der gemeinschaftlichen Sekante zu ihrer Konstruktion.

Wir können eine charakteristische Eigenschaft der gemeinschaftlichen Sekante zweier gegebenen Kreise unmittelbar aus ihrer Gleichung 9) ablesen. Erinnern wir uns nämlich, dass k_0 und k_1 die Quadrate der Längen der von einem Punkte x, y an die gegebenen Kreise $k_0 = 0$ und $k_1 = 0$ gezogenen Tangenten ausdrücken, so sehen wir, dass die Gleichung 9) den geometrischen Ort derjenigen Punkte darstellt, von welchen die Tangenten, an die gegebenen Kreise gezogen, einander gleich sind. Wir haben demnach den Satz:

Die gemeinschaftliche Sekante zweier Kreise ist der geometrische Ort derjenigen Punkte, von welchen die an die Kreise gezogenen Tangenten einander gleich sind.

Halbiert man daher irgend zwei gemeinschaftliche Tangenten zweier Kreise, so wird die Verbindungslinie der Halbierungspunkte die gemeinschaftliche Sekante der beiden Kreise sein, mögen sich die Kreise in reellen oder in imaginären Punkten schneiden. Die Konstruktion der gemeinschaftlichen Sekante zweier Kreise, von welchen der eine ganz innerhalb des anderen liegt, macht nach dem angegebenen Satze auch keine Schwierigkeit.

Wie die Gleichung 9) eben geometrisch interpretiert worden ist, so kann man auch die allgemeinere 6) geometrisch deuten, wie folgt:

Der geometrische Ort derjenigen Punkte, von welchen die Tangenten an zwei gegebene Kreise gezogen ein gegebenes Verhältnis haben, ist ein Kreis, der durch die Schnittpunkte der gegebenen Kreise geht.

Unter den Kreisen des Systems 4), welche durch die Schnittpunkte der gegebenen beiden Kreise gehen, zeichnen sich zwei Kreise aus, deren Radien r verschwinden. Setzen wir in 8) $r = 0$, so erhalten wir die in λ quadratische Gleichung:

$$10)\qquad r_1^2\lambda^2 + \{[0\,1]^2 - r_0^2 - r_1^2\}\lambda + r_0^2 = 0,$$

deren Wurzeln λ_0 und λ_1 den beiden Kreisen entsprechen. Aus 6) und 7) geht nämlich die Gleichung des einen Kreises und die Gleichung seines Mittelpunktes hervor, wenn man für λ die eine Wurzel der quadratischen Gleichung 10) setzt. Die andere Wurzel entspricht ebenso dem anderen Kreise. Die Mittelpunkte dieser Kreise heissen die Grenzpunkte des Systems der Kreise 4).

Die Grenzpunkte sind reell oder imaginär, je nachdem die Wurzeln der quadratischen Gleichung 10) reell oder imaginär sind. Die Realität der Wurzeln hängt ab von dem Ausdrucke:

$$\{[01]^2 - r_0^2 - r_1^2\}^2 - 4 r_0^2 r_1^2.$$

Ist er positiv, so sind die Wurzeln reell, im anderen Falle sind die Wurzeln imaginär. Der angegebene Ausdruck lässt sich in Faktoren zerlegen:

$$-\{[01]+r_0+r_1\}\{-[01]+r_0+r_1\}\{[01]-r_0+r_1\}\{[01]+r_0-r_1\}$$

und man bemerkt in dieser Zerlegung leicht, dass er positiv ist unter der Bedingung:

$$[01] > r_0 + r_1 \quad \text{oder} \quad [01] < r_1 - r_0, \quad \text{wenn} \quad r_1 > r_0,$$

unter welcher die gegebenen Kreise sich in imaginären Punkten schneiden. Wir können deshalb sagen:

Ein System von Kreisen, welche durch zwei gegebene Punkte gehen, hat zwei imaginäre Grenzpunkte, wenn die gegebenen Punkte reell sind; das System von Kreisen hat reelle Grenzpunkte, wenn die Kreise sich in imaginären Punkten schneiden.

Da die Gleichung 8) bei einem gegebenen Radius r in λ quadratisch ist, so sieht man in dem Systeme immer zwei Kreise auftreten mit einem gegebenen Radius.

Das System von Kreisen zu konstruieren, welche durch die Schnittpunkte zweier gegebenen Kreise geht, hat keine Schwierigkeit, wenn die gegebenen Kreise sich in reellen Punkten schneiden. Sind die Schnittpunkte der gegebenen Kreise imaginär, so müssen wir uns nach einer die Konstruktion vermittelnden charakteristischen Eigenschaft des Systems umsehen.

Aus dem Vorhergehenden wissen wir, dass die von einem beliebigen Punkte p der gemeinschaftlichen Sekante an die gegebenen beiden Kreise gezogenen Tangenten gleiche Länge haben. Da aber je zwei Kreise des Systems dieselbe gemeinschaftliche Sekante haben, so werden auch die von dem Punkte p an irgend zwei Kreise des Systems gezogenen Tangenten von gleicher Länge sein. Mit anderen Worten:

Wenn man von einem beliebigen Punkte der gemeinschaftlichen Sekante eines Systems von Kreisen, welche sich in denselben beiden Punkten schneiden, Tangenten an die Kreise zieht, so sind alle von gleicher Länge.

Rein analytisch beweisen wir den Satz wie folgt. Wir verstehen unter x und y die Koordinaten eines Punktes p auf der gemeinschaftlichen Sekante der Kreise, welche deshalb der Gleichung $k_0 - k_1 = 0$ genügen. Bringen wir nun die Gleichung des Kreises 4) durch Division mit $1 - \lambda$ auf die Normalform, so stellt der Ausdruck $\frac{k_0 - \lambda k_1}{1 - \lambda}$ das Quadrat der Länge der vom Punkte p an den Kreis gezogenen Tangente dar. Dieser Ausdruck wird aber nach der vorhergehenden Gleichung 9) gleich $\frac{k_0 - \lambda k_0}{1 - \lambda} = k_0$.

Der geometrische Ort der Berührungspunkte ist demnach ein Kreis mit dem Mittelpunkte p, welcher jeden Kreis des Systems senkrecht schneidet. Dieser das System senkrecht schneidende Kreis schneidet auch die beiden Kreise des Systems senkrecht, deren Radien gleich Null sind. Das heisst, der Kreis geht durch die Grenzpunkte des Systems. Lassen wir nun den Mittelpunkt p des senkrecht schneidenden Kreises auf der gemeinschaftlichen Sekante variieren, so erhalten wir ein zweites System von Kreisen, welche das gegebene System senkrecht schneiden.

Da alle Kreise des zweiten Systems durch die Grenzpunkte gehen, so ist die Verbindungslinie der Grenzpunkte des ersten Systems die gemeinschaftliche Sekante des zweiten Systems, und das sweite System von gleicher Art als das erste, an welchem sich dieselben Untersuchungen anstellen lassen. Diese Untersuchungen führen auf den Satz:

Wenn ein System von Kreisen sich in denselben beiden Punkten schneidet, so giebt es ein zweites System von Kreisen, welche das erste System senkrecht schneiden und welche sich unter einander in denselben beiden Punkten schneiden. Die Grenzpunkte des einen Systems sind die Schnittpunkte des anderen. Sind die Grenzpunkte des einen Systems reell, so sind die Grenzpunkte des anderen imaginär.

Die folgende Figur giebt ein Bild von Kreisen, die sich in denselben imaginären Punkten schneiden. Die Verbindungslinie ihrer Mittelpunkte steht senkrecht auf der gemeinschaft-

Fig. 15.

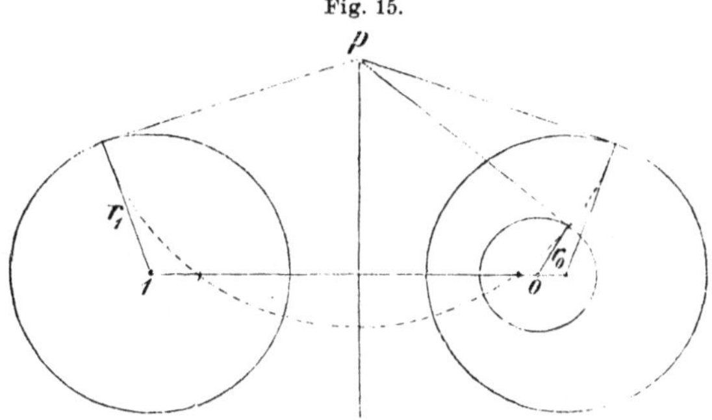

lichen Sekante, auf welcher der Mittelpunkt p des das System senkrecht schneidenden Kreises liegt. Von den das System senkrecht schneidenden Kreisen ist nur der punktierte Kreis mit dem Mittelpunkte p verzeichnet.

Wenn es sich darum handelte, das System der Kreise 4), welche sich in denselben beiden Punkten schneiden, einfacher darzustellen, so würde es Vorteil bringen, wenn man an Stelle der gegebenen beiden Kreise die beiden Kreise des Systems nähme, deren Radien gleich Null sind und welche das System der Kreise 4) ebenso bestimmen als die gegebenen beiden Kreise. Nimmt man diese Kreise für die gegebenen und sind $0'$ und $1'$ ihre Mittelpunkte, so geht die Gleichung 8), durch welche der Radius r des aus dem Systeme genommenen Kreises 6) bestimmt wird, über in:

$$r^2 = \frac{[0'1']^2 \lambda}{(1-\lambda)^2}.$$

Da diese Gleichung ungeändert bleibt, wenn man für λ setzt $\frac{1}{\lambda}$, so werden $k_0 - \lambda k_1 = 0$ und $\lambda k_0 - k_1 = 0$ die Gleichungen der Kreise von gleichen Radien sein, welche zu beiden Seiten der gemeinschaftlichen Sekante liegen. Wir verzichten jedoch auf den angedeuteten Vorteil.

Um weitere Eigenschaften des betrachteten Systems von Kreisen 4) zu ermitteln, schreiben wir nach Vorschrift von 9) der vorhergehenden Vorlesung die Gleichungen der Polaren eines durch seine Koordinaten x_1, y_1 gegebenen Punktes hin, für die gegebenen beiden Kreise 3) und für den Kreis 4), dessen Mittelpunkt a, b und dessen Radius r in 5) analytisch ausgedrückt sind:

$$11)\quad \begin{cases} P_0 \equiv (x-a_0)(x_1-a_0)+(y-b_0)(y_1-b_0)-r_0{}^2=0, \\ P_1 \equiv (x-a_1)(x_1-a_1)+(y-b_1)(y_1-b_1)-r_1{}^2=0, \\ P \equiv (x-a)(x_1-a)+(y-b)(y_1-b)-r^2=0. \end{cases}$$

Von diesen drei Gleichungen wird die dritte mit $1-\lambda$ multipliziert erhalten, wenn man von der ersten die mit λ multiplizierte zweite Gleichung abzieht. Es beweist dieses, dass die Polare des Kreises 4) durch den Schnittpunkt der Polaren der beiden Kreise 3) geht. Da aber der Kreis 4) das ganze System von Kreisen repräsentiert, so haben wir den Satz:

Die Polaren eines beliebig gegebenen Punktes in einem Systeme von Kreisen, welche sich in zwei festen Punkten schneiden, gehen durch einen und denselben Punkt.

Der letztere Punkt ist harmonischer Pol zum gegebenen Punkte in jedem Kreise des Systems. Wir können deshalb auch sagen:

Jeder gegebene Punkt hat einen ganz bestimmten harmonischen Pol in einem System von Kreisen, welche sich in denselben beiden Punkten schneiden.

Mit dem Beweise des erstgenannten Satzes wird man wenig zufrieden sein, weil es den drei Grössen P nicht unmittelbar auzusehen ist, dass zwischen ihnen die identische Relation $P_0 - \lambda P_1 \equiv (1-\lambda)P$ besteht, auf Grund welcher der Satz hervorging, sondern dass man erst durch eine Rechnung, wie sie in dem Laufe der Vorlesungen nicht verlangt wurde, jene Relation verifizieren muss. Wir werden deshalb einen eleganteren Beweis folgen lassen, der hervorgehen wird aus einer dazu geeigneteren Darstellung der Gleichung der Polare, von der wir auch in dem Folgenden vielfältigen Gebrauch machen werden.

Wenn wir mit k und P die Ausdrücke bezeichnen:

$$12)\qquad \begin{cases} k = (x-a)^2 + (y-b)^2 - r^2, \\ P = (x-a)(x_1-a) + (y-b)(y_1-b) - r^2, \end{cases}$$

so ist nach dem Vorhergehenden $P = 0$ die Gleichung der Polare des Punktes $x_1\, y_1$ in dem Kreise $k = 0$. Um nun dem Ausdrucke P eine andere Gestalt zu geben, bemerken wir, dass die Ausdrücke:

$$(x-a)^2 - 2(x-a)(x_1-a) + (x_1-a)^2 - (x-x_1)^2,$$
$$(y-b)^2 - 2(y-b)(y_1-b) + (y_1-b)^2 - (y-y_1)^2,$$

identisch verschwinden. Addieren wir sie zu $2P$, so erhalten wir:

$$2P = \{(x-a)^2 + (y-b)^2 - r^2\} + \{(x_1-a)^2 + (y_1-b)^2 - r^2\} - (x-x_1)^2 - (y-y_1)^2$$

einen Ausdruck für $2P$, dessen erstes Glied k ist und dessen zweites Glied aus k erhalten wird, wenn man darin für x und y die Koordinaten des Poles setzt. Bezeichnen wir demnach den letzteren Ausdruck mit $[k]$, so haben wir:

$$13)\qquad 2P = k + [k] - (x-x_1)^2 - (y-y_1)^2,$$

und darauf hin den Satz:

Wenn $k = 0$ die Gleichung eines Kreises in der Normalform ist und x_1, y_1 die Koordinaten eines beliebig gegebenen Punktes, so ist:

$$14)\qquad k + [k] - (x-x_1)^2 - (y-y_1)^2 = 0$$

die Gleichung der Polare des gegebenen Punktes.

Bilden wir nun nach dieser Regel die Gleichungen der Polare des gegebenen Punktes für die Kreise $k_0 = 0$, $k_1 = 0$ und $k_0 - \lambda k_1 = 0$ und bemerken, dass die letzte Gleichung durch Division mit $(1-\lambda)$ auf die Normalform zurückgeführt wird, so finden wir:

$$15)\quad \begin{cases} 2P_0 = k_0 + [k_0] - (x - x_1)^2 - (y - y_1)^2 = 0, \\ 2P_1 = k_1 + [k_1] - (x - x_1)^2 - (y - y_1)^2 = 0, \\ 2P = \dfrac{k_0 - \lambda k_1}{1 - \lambda} + \dfrac{[k_0] - \lambda [k_1]}{1 - \lambda} - (x - x_1)^2 - (y - y_1)^2 = 0. \end{cases}$$

Die oben genannte Relation $P_0 - \lambda P_1 = (1 - \lambda) P$, aus welcher der zu beweisende Satz hervorging, liegt hier zu Tage. Denselben Satz kann man übrigens auch aus der dritten Gleichung 15) allein ablesen, wenn man bemerkt, dass diese Gleichung sowohl linear in λ ist, als in Rücksicht auf die variabelen Koordinaten.

Um die bewiesene Relation auf eine andere Art zu deuten, erinnern wir daran, dass die erste Gleichung 15) die Bedingung eines durch die Koordinaten x, y und x_1, y_1 gegebenen Polenpaares des Kreises $k_0 = 0$ ausdrückt. Die zweite und die dritte Gleichung sind die Bedingungen desselben Polenpaares für den Kreis $k_1 = 0$ und den Kreis $k_0 - \lambda k_1 = 0$. Da nun die dritte Gleichung 15) aus den beiden ersten folgt, so beweist das den Satz:

Wenn ein Punktepaar ein Polenpaar ist für einen Kreis und zugleich für noch einen Kreis, so ist das Punktepaar Polenpaar für jeden Kreis, der durch die Schnittpunkte der beiden Kreise geht.

Nach diesem Satze hat es keine Schwierigkeit, Polenpaare für das ganze System von Kreisen zu konstruieren, welche sich in zwei Punkten schneiden. Ist nämlich ein Pol beliebig gegeben und man konstruiert die Polaren des gegebenen Poles in zwei Kreisen des Systems, so ist der Schnittpunkt der Polaren der dem gegebenen zugehörige Pol für das ganze System von Kreisen.

Wollen wir ein Polenpaar des Systems auf einer gegebenen geraden Linie konstruieren, so werden wir die gerade Linie durch zwei Kreise des Systems schneiden lassen und dasjenige Punktepaar fixieren, welches harmonisch ist mit dem einen Schnittpunktepaar wie mit dem anderen. Da das fixierte Punktepaar Polenpaar ist für beide Kreise, so ist es nach dem letzten Satze Polenpaar für jeden Kreis des Systems, das heisst, jeder Kreis des Systems wird von der gegebenen geraden Linie in einem Punktepaare geschnitten, welches harmonisch ist mit dem fixierten Punktepaare. Gehen wir auf die Definition der Involution zurück, so erkennen wir in der gegebenen Auseinandersetzung den Satz:

Drei Kreise, von welchen jeder durch zwei beliebig gegebene Punkte geht, schneiden jede gerade Linie in Punktepaaren der Involution.

Wir lenken unsere Aufmerksamkeit noch einmal auf die beiden ersten Gleichungen 15), die Bedingungen eines Polenpaares xy und $x_1 y_1$ der Kreise $k_0 = 0$ und $k_1 = 0$ und, nach dem gegebenen Satze, sämtlicher Kreise des Systems. Ziehen wir die eine Gleichung von der anderen ab, so erhalten wir:

16) $$k_0 - k_1 = -\{[k_0] - [k_1]\},$$

eine Gleichung, welche sich ebenfalls geometrisch deuten lässt.

Wir bemerken zu diesem Zwecke, dass die Gleichung 9) der gemeinschaftlichen Sekante des Systems Kreise nicht die Normalform der Gleichung einer geraden Linie hat, dass wir sie aber durch Multiplikation mit einem bestimmten Faktor auf die Normalform zurückführen können, in welcher der linke Teil der Gleichung die negative Entfernung eines beliebigen Punktes von der gemeinschaftlichen Sekante ausdrückt. Multiplizieren wir nun die Gleichung 16) mit diesem Faktor, so stellt der linke Teil der Gleichung die negative Entfernung des Poles xy von der gemeinschaftlichen Sekante dar, der rechte Teil derselben Gleichung die positive Entfernung des Poles $x_1 y_1$ von derselben Sekante und die Gleichung drückt analytisch den Satz aus:

Harmonische Pole eines Systems von Kreisen, welche sich in zwei beliebig gegebenen Punkten schneiden, stehen von der gemeinschaftlichen Sekante der Kreise auf beiden Seiten derselben gleich weit ab.

Wir drücken diesen Satz nur anders aus, wenn wir sagen:

Die Verbindungslinie eines jeden Polenpaares in einem System von Kreisen, welche sich in denselben beiden Punkten schneiden, wird von der gemeinschaftlichen Sekante der Kreise halbiert.

An zwei mit ihren Mittelpunkten 0 und 1 und ihren Radien r_0 und r_1 gegebene Kreise 3) lassen sich vier gemeinschaftliche Tangenten legen. Diese Tangenten paaren sich, indem das eine wie das andere Paar sich auf der Centralaxe, der Verbindungslinie der Mittelpunkte 0 und 1, schneiden.

Liegt der Schnittpunkt q auf der Verlängerung der Centralaxe, so heissen die Tangenten äussere Tangenten; wenn der Schnittpunkt q_1 auf der Centralaxe selbst liegt, innere Tangenten der Kreise. Die bezeichneten Punkte q auf der Verlängerung der Centralaxe und q_1 auf der Centralaxe selbst heissen der äussere und der innere Ähnlichkeitspunkt der gegebenen Kreise. Aus der Ähnlichkeit der Dreiecke in der Figur sieht man, dass das Verhältnis der Abstände der

Fig. 16.

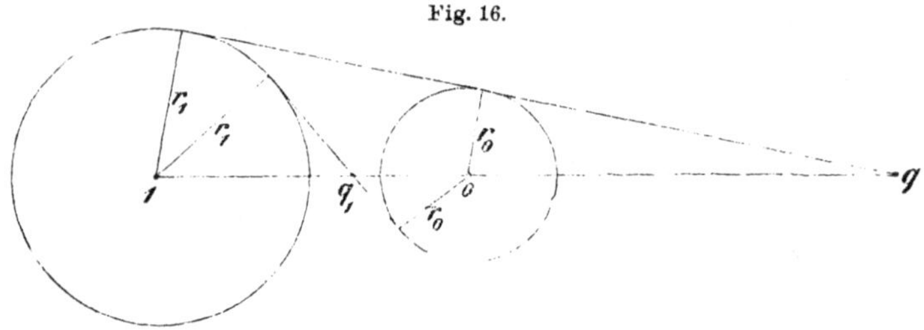

Ähnlichkeitspunkte von den Mittelpunkten 0 und 1 der Kreise ist $r_0 : r_1$ oder $r_0 : -r_1$. Da nun die Gleichung 7) mit dem willkürlichen Faktor λ jeden Punkt der Centralaxe, also auch die Ähnlichkeitspunkte darstellt, so haben wir für den äusseren Ähnlichkeitspunkt $\lambda = \frac{r_0}{r_1}$ und für den inneren Ähnlichkeitspunkt $\lambda = -\frac{r_0}{r_1}$ und daher ihre Gleichungen:

$$17) \qquad \frac{A_0}{r_0} - \frac{A_1}{r_1} = 0, \quad \frac{A_0}{r_0} + \frac{A_1}{r_1} = 0.$$

Aus der Form dieser Gleichungen ist ersichtlich, dass die Ähnlichkeitspunkte harmonisch sind zu den Mittelpunkten $A_0 = 0$, $A_1 = 0$ der Kreise.

Wir werden nun Aufgaben stellen und lösen, welche den Zweck haben, die beschriebene Figur zweier Kreise und ihrer gemeinschaftlichen Tangenten analytisch wieder zu geben und die Entwickelung weiterer Eigenschaften der Figur vorzubereiten.

Es sind die Gleichungen zweier Kreise in der Normalform $k_0 = 0$, $k_1 = 0$ gegeben; gesucht wird die Gleichung der Polare des Mittelpunktes des letzteren Kreises in Bezug auf den ersten.

Nach 14) ist die Gleichung der Polare eines beliebigen Punktes $x_1 y_1$ in dem Kreise $k_0 = 0$:

$$k_0 + [k_0]_{x_1 y_1} - (x - x_1)^2 - (y - y_1)^2 = 0;$$

daraus ergiebt sich nun zunächst, wenn man für x_1, y_1 die Koordinaten a_1, b_1 des Mittelpunktes des zweiten Kreises setzt:

$$k_0 + [k_0]_{a_1 b_1} - k_1 - r_1^2 = 0$$

und schliesslich die Gleichung der gesuchten Polare:

$$18) \qquad k_0 - k_1 + [k_0]_{a_0 b_0} + [k_1]_{a_0 b_0} = 0.$$

Es sind die Gleichungen zweier Kreise $k_0 = 0$, $k_1 = 0$ und die Gleichungen ihrer Mittelpunkte $A_0 = 0$, $A_1 = 0$ in der Normalform gegeben; gesucht wird die Polare eines beliebigen, durch die Gleichung $A_0 - \lambda A_1 = 0$ gegebenen Punktes der Centralaxe der Kreise in Bezug auf den ersten Kreis.

Der auf der Centralaxe gegebene Punkt ist der Mittelpunkt eines Kreises, dessen Gleichung in der Normalform ist:

$$\frac{k_0 - \lambda k_1}{1 - \lambda} = 0.$$

Setzen wir daher für k_1 in der Gleichung 18) den linken Teil der angegebenen Kreisgleichung, so erhalten wir die Gleichung der gesuchten Polare. Diese Gleichung lässt sich ohne Schwierigkeit auf die Form bringen:

$$19) \qquad k_1 - k_0 - [0\,1]^2 + r_0^2 + r_1^2 - \frac{2}{\lambda} r_0^2 = 0,$$

wenn wir unter $[0\,1]$ die Entfernung der Mittelpunkte 0 und 1 der gegebenen Kreise verstehen, deren Quadrat ist $[0\,1]^2 = (a_0 - a_1)^2 + (b_0 - b_1)^2$.

Es sind die Gleichungen $k_0 = 0$, $k_1 = 0$ zweier Kreise in der Normalform gegeben; die Gleichung der Polare des äusseren Ähnlichkeitspunktes der Kreise in dem Kreise $k_0 = 0$ zu bestimmen.

Die gesuchte Gleichung wird aus 19) erhalten, wenn wir setzen $\lambda = \frac{r_0}{r_1}$, wodurch jene Gleichung übergeht in:

$$k_1 - k_0 - [01]^2 + (r_1 - r_0)^2 = 0.$$

Führen wir der Bequemlichkeit wegen die Bezeichnung ein:

20) $$q = [01]^2 - (r_1 - r_0)^2,$$

von der wir auch im Folgenden Gebrauch machen werden, so haben wir die Gleichung der Polare des äusseren Ähnlichkeitspunktes der gegebenen Kreise im Kreise $k_0 = 0$:

21) $$k_1 - k_0 - q = 0.$$

Wenn wir in dieser Gleichung $-r_0$ für r_0 setzen, wodurch sich allein q ändert, erhalten wir die Gleichung der Polare für den inneren Ähnlichkeitspunkt. Es stellen sich also die Gleichungen der Polaren der Ähnlichkeitspunkte der gegebenen Kreise in dem Kreise $k_0 = 0$ vollständig hingeschrieben so dar:

22) $$\begin{cases} k_1 - k_0 - \{[01] - r_0 + r_1\}\{+[01] + r_0 - r_1\} = 0, \\ k_1 - k_0 + \{[01] + r_0 + r_1\}\{-[01] + r_0 + r_1\} = 0. \end{cases}$$

Die Gleichung des äusseren Tangentenpaares zu bestimmen, welches den durch ihre Gleichungen $k_0 = 0$ und $k_1 = 0$ in der Normalform gegebenen Kreisen gemeinschaftlich ist.

Wir haben in der vorhergehenden Vorlesung die Gleichung 10) des Tangentenpaares gegeben, welches von einem durch die Koordinaten x_1, y_1 gegebenen Punkte an den Kreis $k = 0$ gezogen werden kann. Nehmen wir für den Kreis $k = 0$ dort den Kreis $k_0 = 0$ hier, und adoptieren die bereits eingeführten Bezeichnungen 12) und 13), so ist ersichtlich, dass die Gleichung des von dem Punkte $x_1 y_1$ an den Kreis $k_0 = 0$ gezogenen Tangentenpaares sich so darstellen lässt:

$$\{k_0 + [k_0] - (x - x_1)^2 - (y - y_1)^2\}^2 - 4k_0[k_0] = 0.$$

Es wird dieses Tangentenpaar das gesuchte äussere gemeinschaftliche Tangentenpaar der gegebenen Kreise, wenn x_1

und y_1 die Koordinaten des in 17) angegebenen äusseren Ähnlichkeitspunktes werden, das heisst, wenn man substituiert:

$$x_1 = \frac{\frac{a_0}{r_0} - \frac{a_1}{r_1}}{\frac{1}{r_0} - \frac{1}{r_1}}, \quad y_1 = \frac{\frac{b_0}{r_0} - \frac{b_1}{r_1}}{\frac{1}{r_0} - \frac{1}{r_1}}.$$

Die Reduktion der angegebenen Gleichung des Tangentenpaares nach der Substitution auf ihre einfachste Form verlangt aber eigene Rechnung. Um die Rechnung zu umgehen, bemerken wir, dass, wenn wir den ersten Teil der obigen Gleichung gleich 0 setzen:

$$k_0 + [k_0] - (x - x_1)^2 - (y - y_1)^2 = 0,$$

wir auf Grund von 14) die Gleichung der Polare des äusseren Ähnlichkeitspunktes der gegebenen Kreise im Kreise $k_0 = 0$ haben; eine Gleichung, welcher wir in 21) die Gestalt gegeben haben:

$$k_1 - k_0 - q = 0.$$

Die linken Teile der beiden letzten Gleichungen sind nicht identisch, können aber durch einen Faktor C identisch gemacht werden, so dass man hat:

$$k_0 + [k_0] - (x - x_1)^2 - (y - y_1)^2 = C\{k_1 - k_0 - q\}.$$

Um den Faktor C in dieser identischen Gleichung zu bestimmen, bemerken wir, dass die Substitutionen der angegebenen Koordinaten x_1, y_1 des äusseren Ähnlichkeitspunktes in k_0 und k_1 diese Ausdrücke übergehen machen in:

$$[k_0] = \frac{r_0^2}{(r_1 - r_0)^2} \cdot q, \quad [k_1] = \frac{r_1^2}{(r_1 - r_0)^2} \cdot q.$$

Setzen wir in der identischen Gleichung für x und y respektive x_1 und y_1, so geht sie über in:

$$2[k_0] = C\{[k_1] - [k_0] - q\}$$

und wenn wir die angegebenen Werte von $[k_0]$ und $[k_1]$ einsetzen, erhalten wir den gesuchten Wert der Konstante:

$$C = \frac{r_0}{r_1 - r_0}.$$

Substituieren wir die behandelten Ausdrücke in die Gleichung des Tangentenpaares, von der wir ausgingen, so erhalten wir:

$$23)\qquad \{k_1 - k_0 - q\}^2 - 4k_0 q = 0,$$

oder entwickelt in symmetrischer Form die Gleichung des äusseren Tangentenpaares der gegebenen Kreise:

$$24)\qquad k_0^2 + k_1^2 + q^2 - 2k_0k_1 - 2k_0 q - 2k_1 q = 0.$$

Dass dieses Tangentenpaar durch die Schnittpunkte des Kreises $k_0 = 0$ und der Polare 21) des äusseren Ähnlichkeitspunktes in jenem Kreise geht, ist ersichtlich aus der Form der Gleichung 23) des Tangentenpaares, welche erfüllt wird, sobald die genannten beiden Gleichungen erfüllt werden.

Die geometrische Bedeutung der Konstante q in der Gleichung 24) ergiebt sich aus der sie definierenden Gleichung 20), welche aussagt, dass q das Quadrat der Kathete eines rechtwinkligen Dreiecks ist, dessen Hypotenuse die Entfernung der Mittelpunkte der gegebenen Kreise von einander, und dessen andere Kathete die Differenz der Radien dieser Kreise ist. Daraus wird ersichtlich, dass q das Quadrat der Entfernung der beiden Berührungspunkte einer äusseren gemeinschaftlichen Tangente der Kreise von einander ist.

Dasselbe lässt sich unmittelbar aus der Gleichung 24) beweisen, wenn man sie in irrationale Faktoren zerlegt, wie folgt:

$$25)\qquad \begin{cases} \{\sqrt{k_0} + \sqrt{k_1} + \sqrt{q}\}\{-\sqrt{k_0} + \sqrt{k_1} + \sqrt{q}\} \\ \{\sqrt{k_0} - \sqrt{k_1} + \sqrt{q}\}\{+\sqrt{k_0} + \sqrt{k_1} - \sqrt{q}\} = 0. \end{cases}$$

Ein Punkt kann auf dem durch diese Gleichung dargestellten Tangentenpaare nicht liegen, wenn seine Koordinaten x, y nicht einen der vier Faktoren verschwinden machen. Da nun $\sqrt{k_0}$ und $\sqrt{k_1}$ die Längen der von dem Punkte an die Kreise $k_0 = 0$ und $k_1 = 0$ gezogenen Tangenten ausdrücken, so muss die Summe oder die Differenz der Längen der Tangenten von einem Punkte des Tangentenpaares eine konstante Grösse $\pm\sqrt{q}$ sein. Das heisst eben, die Entfernung der Berührungspunkte einer äusseren Tangente von einander ist gleich $\sqrt{q}$.

Wir bemerken noch, dass die Gleichung 24) oder 25) in die Gleichung des inneren Tangentenpaares der gegebenen

Kreise übergeht, wenn man $-r_0$ für r_0 setzt, wodurch sich in diesen Gleichungen nur q ändert.

Man hat gesehen, dass die Gleichungen der Kreise, deren Mittelpunkte beliebig auf der Centralaxe der gegebenen Kreise $k_0=0$ und $k_1=0$ liegen, wenn sie sich in denselben Punkten mit den gegebenen Kreisen schneiden, von der Form sind: $mk_0+nk_1=0$. Man verändert in einer Kreisgleichung nur den Radius des Kreises, wenn man zu derselben eine Konstante additiv hinzufügt. Es können deshalb die Gleichungen aller Kreise, deren Mittelpunkte auf der Centralaxe der gegebenen Kreise $k_0=0$ und $k_1=0$ liegen, auf die Form zurückgeführt werden:

26) $$mk_0+nk_1+p=0,$$

und alle Gleichungen von derselben Form stellen Kreise dar, deren Mittelpunkte auf der Centralaxe liegen. Unter der Bedingung $m+n=0$ stellt die Gleichung 26) jede gerade Linie dar, welche senkrecht gegen die Centralaxe ist.

Von der angegebenen Form ist die Kreisgleichung:

27) $$k_0+k_1-q=0.$$

Sie stellt, wenn wir q variieren lassen, alle Kreise dar, deren Mittelpunkte die Centralaxe der gegebenen Kreise halbieren.

Auf eine Kreisgleichung von der angegebenen Form führt auch die folgende Aufgabe:

Die Gleichung des Kreises zu bestimmen, der durch vier Berührungspunkte der äusseren Tangenten zweier durch ihre Gleichungen in der Normalform $k_0=0$, $k_1=0$ gegebenen Kreise hindurchgeht.

Schreiben wir die Gleichung des äusseren Tangentenpaares 24) in der Form hin:

$$\{k_0+k_1-q\}^2-4k_0k_1=0,$$

so können wir daraus schliessen, dass:

28) $$k_0+k_1-q=0$$

die Gleichung des gesuchten Kreises sein muss. Denn wenn dieser Gleichung eines Kreises genügt wird und zugleich einer der gegebenen Kreisgleichungen $k_0=0$, $k_1=0$, so wird auch der angegebenen Tangentengleichung genügt. Der Vergleich der Gleichungen 28) und 27) führt zu dem Satze:

Der Mittelpunkt des Kreises, der durch die Berührungspunkte der äusseren gemeinschaftlichen Tangenten zweier Kreise geht, halbiert die Centralaxe der Kreise. Wenn einer der beiden Kreise den Radius 0 hat, so ist dieses ein bekannterer Satz der Geometrie.

Wir specialisieren unsere Kreisgleichung 28), wenn wir für die Kreise $k_0=0$ und $k_1=0$, deren Mittelpunkte 0 und 1 sind, die beiden Grenzkreise des Systems 4) nehmen, $k'_0=0$ und $k'_1=0$, deren Radien gleich 0 und deren Mittelpunkte $0'$ und $1'$ seien. Die specialisierte Gleichung ist:

29) $$k'_0+k'_1-[0'1']^2=0.$$

Sie stellt einen Kreis dar, dessen Mittelpunkt auf der Centralaxe der gegebenen Kreise $k_0=0$ und $k_1=0$ liegt und der durch die Grenzpunkte des Systems 4) geht. Der specialisierten Gleichung 29) werden wir uns zur zweiten Auflösung der folgenden Aufgabe bedienen.

Es sind die Gleichungen $k_0=0$, $k_1=0$ zweier Kreise in der Normalform gegeben; es soll die Gleichung des Kreises bestimmt werden, der durch die Grenzpunkte von Kreisen geht, welche sich in den Schnittpunkten der gegebenen Kreise schneiden und dessen Mittelpunkt auf der Centralaxe der gegebenen Kreise liegt.

Da der Mittelpunkt des gesuchten Kreises auf der Centralaxe der gegebenen Kreise liegt, so wird die Form der Kreisgleichung die in 26) angegebene sein müssen:

30) $$mk_0+nk_1+p=0.$$

Es handelt sich also darum, die Koefficienten m, n, p in dieser Gleichung zu bestimmen.

Zu diesem Zwecke bemerken wir, dass

31) $$x=\frac{a_0-\lambda a_1}{1-\lambda}, \qquad y=\frac{b_0-\lambda b_1}{1-\lambda}$$

die Koordinaten eines beliebigen Punktes der Centralaxe der gegebenen Kreise sind. Hat λ einen Wert, der der quadratischen Gleichung 10) genügt, deren Wurzeln die Grenzpunkte bestimmen, so stellen jene Ausdrücke 31) die Koordinaten eines Grenzpunktes dar.

Setzt man nun die Ausdrücke 31) für x und y in die Gleichung 30), so erhält man eine quadratische Gleichung in λ, welche die Schnittpunkte des Kreises 30) und der Centralaxe bestimmt. Da diese Schnittpunkte aber die Grenzpunkte sein sollen, so muss die genannte quadratische Gleichung dieselbe sein, als die quadratische Gleichung 10), welche die Grenzpunkte bestimmt, das heisst, die Koefficienten der einen nach Potenzen von λ entwickelten quadratischen Gleichung müssen proportional sein den entsprechenden Koefficienten in der anderen entwickelten Gleichung.

Aus dieser Proportionalität der Koefficienten gehen nun zwei in Rücksicht auf m, n, p lineare und homogene Gleichungen hervor, aus welchen sich die Verhältnisse der Unbekannten m, n, p bestimmen lassen. Bestimmt man dieselben und setzt ihre Werte in 30) ein, so erhält man die Gleichung des gesuchten Kreises:

32) $$k_0\{[0\,1]^2 - r_0^2 + r_1^2\} + k_1\{[0\,1]^2 + r_0^2 - r_1^2\} = -p,$$

wenn:

$$p = \{[0\,1] + r_0 + r_1\}\{-[0\,1] + r_0 + r_1\} \times$$
$$\{[0\,1] - r_0 + r_1\}\{+[0\,1] + r_0 - r_1\}.$$

Diese Gleichung geht in die Gleichung 29) über, wenn wir für die Kreise $k_0 = 0$ und $k_1 = 0$ die Grenzkreise $k'_0 = 0$ und $k'_1 = 0$ mit verschwindenden Radien und den Mittelpunkten $0'$ und $1'$ nehmen, was als eine Kontrolle der Rechnung dienen kann.

Die Herleitung der Gleichung 32) auf dem angegebenen Wege erfordert nicht unbeträchtliche Rechnungen. Wir empfehlen deshalb zur Lösung der vorliegenden Aufgabe den folgenden Weg, der die Ausdrucksweise der symmetrischen Funktionen der Wurzeln λ_0 und λ_1 der quadratischen Gleichung 10) verlangt.

Wir gehen von der Gleichung 29) des gesuchten Kreises aus:

33) $$k'_0 + k'_1 - [0'\,1']^2 = 0.$$

Diese Gleichung enthält freilich nicht die Data der Aufgabe. Es wird deshalb unsere Aufgabe sein, diese Data in die Gleichung einzuführen. Wir bemerken zu diesem Zwecke, dass:

$$k'_0 = \frac{k_0 - \lambda_0 k_1}{1 - \lambda_0}, \quad k'_1 = \frac{k_0 - \lambda_1 k_1}{1 - \lambda_1},$$

und dass die Summe dieser Ausdrücke von k'_0 und k'_1 eine symmetrische Funktion der Wurzeln der quadratischen Gleichung 10) ist, welche sich durch die Koefficienten in jener Gleichung wie folgt darstellen lässt:

$$34)\quad k'_0 + k'_1 = \frac{1}{[0\,1]^2}\left\{k_0\{[0\,1]^2 - r_0^2 + r_1^2\} + k_1\{[0\,1]^2 + r_0^2 - r_1^2\}\right\}.$$

Ebenso ist der Ausdruck $[0'\,1']^2$ zusammengesetzt aus den Koordinaten a'_0, b'_0 und a'_1, b'_1 der Grenzpunkte wie folgt:

$$[0'\,1']^2 = (a'_0 - a'_1)^2 + (b'_0 - b'_1)^2$$

eine symmetrische Funktion der Wurzeln λ_0 und λ_1, weil:

$$a'_0 = \frac{a_0 - \lambda_0 a_1}{1 - \lambda_0}, \quad b'_0 = \frac{b_0 - \lambda_0 b_1}{1 - \lambda_0},$$

$$a'_1 = \frac{a_0 - \lambda_1 a_1}{1 - \lambda_1}, \quad b'_1 = \frac{b_0 - \lambda_1 b_1}{1 - \lambda_1}.$$

Drückt man auch diese symmetrische Funktion $[0'\,1']^2$ durch die Koefficienten in der Gleichung 10) aus, so findet man:

$$35)\qquad [0'\,1']^2 = -\frac{p}{[0\,1]^2},$$

wo p den in 32) gegebenen Wert hat.

Setzen wir endlich in 33) die in 34) und 35) gefundenen Ausdrücke ein, so erhalten wir die gesuchte Gleichung 32).

Wir haben diesen Weg der Auflösung der Aufgabe mit grösserer Ausführlichkeit verfolgt, weil er durch die Gleichung 35) eine Einsicht giebt in die Bedeutung der Konstante p in der gesuchten Gleichung 32). Jene Gleichung 35) sagt nämlich aus, dass die Konstante p in der Gleichung 32) negativ genommen gleich ist dem Quadrat des Produktes der Entfernung der Mittelpunkte der gegebenen Kreise von einander und der Entfernung der Grenzpunkte von einander. Die geometrische Bedeutung der übrigen Koefficienten von k_0 und k_1 in der Gleichung 32) ergiebt sich aus ihren Ausdrücken von selbst.

Wenn man mit Q und B die Ausdrücke bezeichnet:

$$36)\quad \begin{cases} Q = k_0\{[01]^2 - r_0^2 + r_1^2\} + k_1\{[01]^2 + r_0^2 - r_1^2\} + p, \\ B = (b_0 - b_1)x - (a_0 - a_1)y + (a_0 b_1 - a_1 b_0), \end{cases}$$

welche gleich 0 gesetzt den Kreis 32) und die Centralaxe der gegebenen Kreise $k_0 = 0$ und $k_1 = 0$ ausdrücken, so lassen sich sämtliche Kreise, welche durch die Grenzpunkte gehen und darum das betreffende System Kreise senkrecht schneiden, durch die angegebenen Symbole so darstellen:

Es ist $Q - \mu B = 0$ mit dem willkürlichen Faktor μ der analytische Ausdruck aller Kreise, welche das System Kreise $k_0 - \lambda k_1 = 0$ senkrecht schneiden.

Wenn man von dieser Vorlesung zurückblickt auf die vorhergehende, in welcher die Kreisgleichung in doppelter Weise behandelt wurde, in Punktkoordinaten und in Linienkoordinaten, so möchte man nach der Analogie mit den früheren Vorlesungen in den folgenden eine gleiche Behandlung der Gleichung $k_0 - \lambda k_1 = 0$ erwarten unter der Voraussetzung, dass $k_0 = 0$ und $k_1 = 0$ die Gleichungen zweier in Linienkoordinaten gegebenen Kreise seien. Von einer solchen Behandlung müssen wir jedoch hier Abstand nehmen, weil jene Gleichung nicht mehr der analytische Ausdruck eines Kreises ist, sondern eines Kegelschnittes, der die vier gemeinschaftlichen Tangenten der gegebenen Kreise berührt.

Wir schliessen die Vorlesung mit der Hinweisung auf eine Quelle von empfehlenswerten Aufgaben, von welchen nur einige gelöst vorliegen:

Man weiss, dass die Gleichung eines jeden Kreises mit einem Mittelpunkte auf der Centralaxe der gegebenen Kreise $k_0 = 0$ und $k_1 = 0$ und dass die Gleichung jeder geraden Linie, welche auf der Centralaxe der gegebenen Kreise senkrecht steht, von der Form 26) $mk_0 + nk_1 + p = 0$ sind. Definiert man nun einen Kreis mit dem Mittelpunkte auf der Centralaxe oder eine auf ihr senkrecht stehende gerade Linie durch Eigenschaften derselben rücksichtlich der gegebenen Kreise, so erhebt sich jedesmal die Frage nach den Werten der Koefficienten m, n, p in der angegebenen Gleichung, welche dem Kreise oder der geraden Linie entsprechen.

Fünfzehnte Vorlesung.

Das System von Kreisen, welche von einem Kreise senkrecht geschnitten werden. Das Problem der Berührung eines Kreises an drei gegebenen Kreisen.

Im Anschlusse an die Bezeichnungen 1) und 2) der vorhergehenden Vorlesung gehen wir von den Gleichungen dreier gegebenen Kreise aus:

1) $$k_0 = 0, \quad k_1 = 0, \quad k_2 = 0,$$

deren Mittelpunkte durch die Gleichungen analytisch ausgedrückt werden:

2) $$A_0 = 0, \quad A_1 = 0, \quad A_2 = 0.$$

Wir bilden aus den gegebenen Kreisgleichungen die Gleichung mit den unbestimmten Koefficienten λ, μ:

3) $$k_0 + \lambda k_1 + \mu k_2 = 0$$

und bemerken, dass diese Gleichung den Bedingungen 3) der dreizehnten Vorlesung für einen Kreis genügt, weshalb die Gleichung 3) wieder einen Kreis darstellt. Seine Gleichung wird durch Division mit $(1 + \lambda + \mu)$ auf die Normalform zurückgeführt.

Die Koordinaten des Mittelpunktes a, b dieses Kreises 3) werden durch Entwickelung der Kreisgleichung nach Vorschrift von 4) der dreizehnten Vorlesung gefunden:

$$a = \frac{a_0 + \lambda a_1 + \mu a_2}{1 + \lambda + \mu}, \quad b = \frac{b_0 + \lambda b_1 + \mu b_2}{1 + \lambda + \mu},$$

woraus sich die Gleichung des Mittelpunktes des Kreises 3) ergiebt:

4) $$A_0 + \lambda A_1 + \mu A_2 = 0.$$

Da diese letzte Gleichung jeden beliebigen Punkt darstellt, so können wir sagen, dass die Gleichung 3) mit den unbestimmten Faktoren λ und μ einen Kreis darstelle mit einem beliebigen Mittelpunkte.

Was den Radius dieses Kreises anbetrifft, so ist er nach 4) der dreizehnten Vorlesung ein ganz bestimmter Ausdruck in λ und μ, also durch seinen Mittelpunkt gegeben. Es stellt demnach die Gleichung 3) nicht jeden beliebigen Kreis dar. Bemerken wir aber, dass durch Hinzufügung einer beliebigen Konstante in der Gleichung eines Kreises sich nur der Radius des Kreises beliebig ändert, so können wir sagen:

Die Gleichung mit den willkürlichen Konstanten $\varkappa$, λ, μ, ν:

5) $$\varkappa k_0 + \lambda k_1 + \mu k_2 + \nu = 0$$

stellt jeden beliebigen Kreis und jede beliebige gerade Linie dar.

Denn wenn $\varkappa + \lambda + \mu = 0$ wird, so geht der Kreis in eine gerade Linie über und von den vier willkürlichen Konstanten $\varkappa$, λ, μ, ν des Kreises bleiben nur drei übrig.

Wir heben diesen Satz hervor als eine Quelle weiterer Aufgaben, wie wir sie am Ende der vorhergehenden Vorlesung in Vorschlag gebracht haben; ja, wir behaupten, dass auf dem angegebenen Satze sich eine neue Behandlungsweise der analytischen Geometrie der geraden Linie und des Kreises gründen lässt.

Da die Kreise 3) nicht ganz willkürlich sind, so werden wir die charakteristische Eigenschaft des Systems 3) zu erforschen haben.

Ziehen wir zu diesem Zwecke die Gleichungen 1) der gegebenen Kreise, welche ebenfalls dem Systeme 3) angehören, von einander ab, so erhalten wir:

6) $$k_1 - k_2 = 0, \quad k_2 - k_0 = 0, \quad k_0 - k_1 = 0$$

die Gleichungen der gemeinschaftlichen Sekanten je zweier gegebenen Kreise. Dass die Summe der drei Gleichungen 6) identisch verschwindet, beweist den Satz:

Die gemeinschaftlichen Sekanten je zweier Kreise von drei gegebenen Kreisen schneiden sich in demselben Punkte C, genannt das Centrum der gemeinschaftlichen Sekanten.

Nehmen wir aus dem System 3) irgend zwei Kreise, deren Gleichungen auf die Normalform zurückgeführt sein, werden:

$$\frac{k_0+\lambda k_1+\mu k_2}{1+\lambda+\mu}=0, \quad \frac{k_0+\lambda' k_1+\mu' k_2}{1+\lambda'+\mu'}=0,$$

und ziehen die Gleichungen von einander ab, um die Gleichung der gemeinschaftlichen Sekante der beiden Kreise zu bilden, so sehen wir, dass die gebildete Gleichung linear zusammengesetzt ist aus den Gleichungen 6), woraus wir schliessen:

Die gemeinschaftlichen Sekanten je zweier Kreise des Systems 3) schneiden sich in dem Centrum C der gemeinschaftlichen Sekanten der gegebenen Kreise.

Wir wollen nicht unterlassen zu bemerken, dass die gemeinschaftliche Sekante zweier Kreise des Systems nach der Zusammensetzung ihrer Gleichung sich betrachten lässt als ein Kreis des Systems, dessen Radius unendlich gross ist, weshalb man auch sagen kann, dass die Kreise des Systems mit unendlich grossem Radius sich in dem Centrum C schneiden. Die Frage nach den Kreisen des Systems, deren Radien 0 sind, liegt dann nahe. Die Beantwortung dieser Frage wird sich im folgenden von selbst ergeben. Die weitere Frage nach den Kreisen des Systems von gleichen Radien soll hiermit nur angeregt sein.

Der hervorgehobene Satz giebt ein Mittel, jeden beliebigen Kreis des Systems 3) zu konstruieren. Suchen wir nämlich denjenigen Kreis des Systems, dessen Mittelpunkt ein gegebener Punkt sein soll, so werden wir von dem Centrum C der gemeinschaftlichen Sekanten der gegebenen Kreise ein Lot auf die Centralaxe des gesuchten und eines der gegebenen Kreise zu fällen haben. Die Schnittpunkte des Lotes mit dem gegebenen Kreise werden Punkte der Peripherie des gesuchten Kreises sein, denn das Lot ist die gemeinschaftliche Sekante der beiden Kreise.

Wenn wir unter x und y die Koordinaten des Centrums C verstehen, so erfüllen sie sämtliche Gleichungen 6), weil die durch jene Gleichungen dargestellten geraden Linien sich in dem Punkte C schneiden. In dieser Voraussetzung ist:

$$k_0=k_1=k_2,$$

was wir geometrisch so deuten:

Die von dem Centrum der gemeinschaftlichen Sekanten dreier gegebenen Kreise an die Kreise gezogenen Tangenten sind von gleicher Länge.

Man kann demnach durch die Berührungspunkte der von dem Centrum C an die drei gegebenen Kreise gezogenen Tangenten einen Kreis legen, dessen Mittelpunkt C und dessen Radius von der Länge einer jeden Tangente sein wird.

Dieser Kreis schneidet jeden der gegebenen Kreise senkrecht. Sein Mittelpunkt ist durch zwei von den Gleichungen 6) bestimmt, sein Radius ϱ gleich der Länge einer jener Tangenten, durch die Gleichung $\varrho^2 = [k_0]$, in welcher unter $[k_0]$ der Ausdruck k_0 zu verstehen ist, in welchem für die variabelen Koordinaten die Koordinaten des Mittelpunktes gesetzt sind.

Nehmen wir die Gleichung 3) irgend eines Kreises des betrachteten Systems und führen sie durch Division mit $1+\lambda+\mu$ auf die Normalform zurück, so wird der linke Teil, wenn man in demselben für die variabelen Koordinaten die Koordinaten des Centrums setzt, den Wert $[k_0]$ annehmen, weil für diese Koordinaten $k_0 = k_1 = k_2 = [k_0]$ ist. Daraus ziehen wir die Schlüsse:

Die von dem Centrum der gemeinschaftlichen Sekanten dreier gegebenen Kreise 1) an die Kreise des Systems 3) gezogenen Tangenten sind von gleicher Länge.

Alle Kreise des Systems 3) werden von einem und demselben Kreise senkrecht geschnitten, dem Orthogonalkreise des Systems.

Dass es ausser den Kreisen des Systems 3) keinen Kreis giebt, der von dem Orthogonalkreise senkrecht geschnitten wird, lässt sich so nachweisen. Wir nehmen an, dass ein Kreis 5) ausserhalb des Systems von der genannten Eigenschaft sei. Bringen wir dann die Kreisgleichung 5) durch Division mit $\varkappa+\lambda+\mu$ auf die Normalform, so muss der linke Teil der Kreisgleichung den Wert $[k_0]$ annehmen, wenn wir in demselben für die variabelen Koordinaten die Koordinaten des Centrums C setzen. Dieses ist aber, da $[k_0] = [k_1] = [k_2]$, nicht möglich, wenn nicht $\nu = 0$ ist.

Hierauf gründet sich nun eine zweite Konstruktion eines beliebigen Kreises des Systems 3) mit Hilfe des Orthogonalkreises. Zieht man nämlich irgend zwei Radien des letzteren Kreises und konstruiert irgend einen Kreis, der von den beiden Radien in ihren Endpunkten berührt wird, so ist dieser ein Kreis des Systems.

Daraus ist wiederum ersichtlich, dass der Orthogonalkreis der geometrische Ort ist für die Mittelpunkte derjenigen Kreise des Systems, deren Radien gleich 0 sind, und dass seine Peripherie die Grenze bildet für die Mittelpunkte der Kreise des Systems, die reell oder imaginär sind.

Wenn wir uns nun die Aufgabe stellen:

Die Gleichung des Kreises zu bestimmen, der die gegebenen Kreise 1) orthogonal schneidet, so ist diese Aufgabe durch das Vorhergehende als gelöst zu betrachten. Denn zwei von den Gleichungen 6) geben die Koordinaten des Mittelpunktes C des gesuchten Kreises und sein Radius ϱ ist bestimmt durch die Gleichung $\varrho^2 = [k_0]$. Aus diesen Elementen lässt sich aber die Gleichung des gesuchten Kreises zusammensetzen.

Wir müssen uns begnügen, die Bildung der gesuchten Kreisgleichung anzugeben; die vollständig ausgerechnete Kreisgleichung würde einen zu grossen Umfang haben.

Die ebengenannte Gleichung des Orthogonalkreises ist nicht von der Form 5). Wir wollen daher noch einen Weg angeben, auf dem man zur Gleichung des Orthogonalkreises in jener Form gelangt.

Unter den Kreisen des Systems 3) giebt es einen Kreis, dessen Mittelpunkt das Centrum C, der Mittelpunkt des Orthogonalkreises, ist. Die Gleichung dieses Kreises 3) hat mit den ihm entsprechenden Werten von λ und μ bereits die Form 5). Addiert man zu dieser Kreisgleichung eine beliebige Konstante, so erhält man die Gleichungen aller mit dem Orthogonalkreise koncentrischen Kreise. Ein bestimmter Wert der Konstante wird dem Orthogonalkreise entsprechen. Diesen Wert wird man festzustellen haben.

Zu diesem Zwecke erinnern wir daran, dass der Radius ϱ des Orthogonalkreises ausgedrückt ist durch die Gleichung:

$$\varrho^2 = [k_0] = [k_1] = [k_2];$$

dass ferner die auf die Normalform zurückgeführte Gleichung des mit dem Orthogonalkreis koncentrischen Kreises des Systems, dessen Radius r sei:

7) $$\frac{k_0 + \lambda k_1 + \mu k_2}{1 + \lambda + \mu} = 0.$$

Bemerken wir nun, dass, wenn man in dem linken Teile einer in der Normalform gegebenen Kreisgleichung für die variabelen Koordinaten die Koordinaten des Mittelpunktes setzt, derselbe das negative Quadrat des Radius des Kreises ausdrückt, so finden wir für den vorliegenden Kreis 7), dessen Radius r:

8) $$-r^2 = [k_0] = [k_1] = [k_2].$$

Wir haben demnach den Satz:

Zwischen dem Radius ϱ des Orthogonalkreises des Systems 3) und dem Radius r des mit ihm koncentrischen Kreises des Systems existiert die Relation:

9) $$\varrho^2 + r^2 = 0.$$

Addieren wir hiernach zur Gleichung 7) des mit dem Orthogonalkreise koncentrischen Kreises $2r^2$, so erhalten wir die Gleichung des Orthogonalkreises in der gewünschten Form:

10) $$\frac{k_0 + \lambda k_1 + \mu k_2}{1 + \lambda + \mu} + 2r^2 = 0.$$

Die Grössen λ und μ in dieser Gleichung sind so zu bestimmen, dass ihre Werte in die Gleichung 4) eingesetzt, diese in die Gleichung des Centrums C der gemeinschaftlichen Sekanten übergehen machen.

Es hat keinen Zweck, die ausgerechnete Gleichung hinzuschreiben. Man würde sie wegen ihrer grossen Ausdehnung doch nicht übersehen und aus ihr auf ihre Natur weitere Schlüsse ziehen können. Liegt jedoch die Aufgabe der Erforschung einer nur schwierig übersehbaren Gleichung vor — solche Aufgaben drängen sich in der Mathematik nur zu oft auf —, so giebt es kein Mittel, als die Bildungsweise der Gleichung in das Auge zu fassen und aus ihr Schlüsse zu ziehen auf die Natur der vorschriftsmässig zu bildenden Gleichung. Mit der ausgerechneten Gleichung würde man sich nur nutzlos belästigen.

Nach dieser Digression kehren wir noch einmal zurück zu den durch die Gleichungen 1) gegebenen Kreisen.

Die Ähnlichkeitspunkte von zweien dieser Kreise haben wir in der vorhergehenden Vorlesung durch ihre Gleichungen bestimmt. Hiernach werden die Ähnlichkeitspunkte je zweier von den gegebenen drei Kreisen durch die Gleichungen analytisch ausgedrückt:

$$11) \quad \begin{cases} \frac{A_1}{r_1} - \frac{A_2}{r_2} = 0, & \frac{A_2}{r_2} - \frac{A_0}{r_0} = 0, \quad \frac{A_0}{r_0} - \frac{A_1}{r_1} = 0, \\ \frac{A_1}{r_1} + \frac{A_2}{r_2} = 0, & \frac{A_2}{r_2} + \frac{A_0}{r_0} = 0, \quad \frac{A_0}{r_0} + \frac{A_1}{r_1} = 0. \end{cases}$$

Es sind dieses Punktgleichungen von derselben Form, wie wir sie am Ende der fünften Vorlesung ausführlich untersucht haben. Wir wiederholen nur die dort gegebenen Sätze, wenn wir uns hier so ausdrücken:

Von den sechs Ähnlichkeitspunkten je zweier von drei gegebenen Kreisen liegen die drei äusseren Ähnlichkeitspunkte auf einer geraden Linie. Jeder äussere Ähnlichkeitspunkt und jeder innere Ähnlichkeitspunkt liegen auf einer geraden Linie, die wieder durch einen anderen inneren Ähnlichkeitspunkt geht.

Das geometrische Bild der sechs Ähnlichkeitspunkte von drei gegebenen Kreisen sind hiernach die sechs Schnittpunkte von vier geraden Linien. Diese vier geraden Linien, von welchen jede durch drei Ähnlichkeitspunkte der gegebenen Kreise geht, werden die Ähnlichkeitsaxen der Kreise genannt. Die Ähnlichkeitsaxe, welche durch die drei äusseren Ähnlichkeitspunkte geht, wollen wir mit dem Namen der äusseren Ähnlichkeitsaxe bezeichnen und in Rücksicht auf sie uns die Aufgabe stellen:

Die Gleichung der äusseren Ähnlichkeitsaxe der gegebenen drei Kreise 1) zu bestimmen.

Um die Gleichung einer geraden Linie, hier der äusseren Ähnlichkeitsaxe, zusammenzusetzen, braucht man die Gleichungen von drei geraden Linien, welche nicht durch einen und denselben Punkt gehen. Wir wählen die Centralaxen der gegebenen Kreise und bilden zu diesem Zwecke die Ausdrücke:

$$12)\quad \begin{cases} B_0 = (b_1 - b_2)\,x - (a_1 - a_2)\,y + a_1 b_2 - a_2 b_1, \\ B_1 = (b_2 - b_0)\,x - (a_2 - a_0)\,y + a_2 b_0 - a_0 b_2, \\ B_2 = (b_0 - b_1)\,x - (a_0 - a_1)\,y + a_0 b_1 - a_1 b_0, \end{cases}$$

von welchen jeder für die Koordinaten von zwei Centren der gegebenen Kreise verschwindet.

Alsdann sind die Gleichungen der Centralaxen 12, 20, 01 der gegebenen drei Kreise 1) der Reihe nach:

$$13)\qquad B_0 = 0, \quad B_1 = 0, \quad B_2 = 0.$$

Die Gleichungen von drei geraden Linien, von welchen jede ein Kreiscentrum verbindet mit dem äusseren Ähnlichkeitspunkte, welcher auf der Centralaxe der beiden anderen Kreise liegt, sind von der Form:

$$14)\quad r_1 B_1 + r_2 B_2 = 0, \quad r_2 B_2 + r_0 B_0 = 0, \quad r_0 B_0 + r_1 B_1 = 0.$$

Bestimmen wir nun die unbekannten Koefficienten r_0, r_1, r_2 in diesen Gleichungen so, dass die durch die Gleichungen dargestellten geraden Linien durch die genannten äusseren Ähnlichkeitspunkte gehen, deren Koordinaten wir aus den drei ersten Horizontalgleichungen 11) entnehmen, so finden wir, dass jene unbekannten Koefficienten den Radien r_0, r_1, r_2 der gegebenen Kreise gleich werden.

Aus den angegebenen Gleichungen setzen wir endlich die Gleichung der gesuchten äusseren Ähnlichkeitsaxe zusammen:

$$15)\qquad r_0 B_0 + r_1 B_1 + r_2 B_2 = 0.$$

Die Gleichungen der drei anderen Ähnlichkeitsaxen der gegebenen Kreise erhält man aus dieser 15) durch Veränderung der Vorzeichen der Grössen r_0, r_1, r_2.

Die eben gelöste Aufgabe gehört in den Kreis der Aufgaben, die wir am Anfange der Vorlesung empfohlen haben. Wir wollen daher die Auflösung 15) noch auf die Form 5) zurückführen, wenn wir gleich daraus weiter keinen Nutzen zu ziehen beabsichtigen. Wir beginnen mit der Darstellung der Gleichungen der Centralaxen in jener Form.

Wenn wir gleich die Ausdrücke k_0, k_1, k_2 einführen wollten, so würden die gesuchten Gleichungen der Centralaxen der gegebenen drei Kreise unnötig kompliziert, weil jene Ausdrücke die Radien der Kreise enthalten, von welchen die Centralaxen unabhängig sind. Wir werden deshalb mit Vorteil von den Bezeichnungen Gebrauch machen:

$$16)\quad \begin{cases} Q_0 = k_0 + r_0{}^2 = (x - a_0)^2 + (y - b_0)^2, \\ Q_1 = k_1 + r_1{}^2 = (x - a_1)^2 + (y - b_1)^2, \\ Q_2 = k_2 + r_2{}^2 = (x - a_2)^2 + (y - b_2)^2. \end{cases}$$

Es sind nun $Q_1 - Q_2 = 0$ und $Q_2 - Q_0 = 0$ die Gleichungen von zwei ganz bestimmten geraden Linien. Aus diesen Gleichungen setzen wir nun mit den willkürlichen Koefficienten λ, μ die Gleichung jeder beliebigen geraden Linie zusammen:

$$(Q_1 - Q_2) + \lambda(Q_2 - Q_0) + \mu = 0.$$

Soll diese Gleichung die Centralaxe 12 darstellen, so müssen die Koefficienten λ, μ so bestimmt sein, dass der Gleichung genügt wird sowohl für $x = a_1$ und $y = b_1$, als für $x = a_2$ und $y = b_2$. Bestimmen wir darnach die Werte von λ und μ und setzen sie in die Gleichung ein, so ergiebt sich die Gleichung der gesuchten Centralaxe 12:

$$\begin{aligned} ([01]^2 - [02]^2)(Q_1 - Q_2) - [12]^2(Q_2 - Q_0) + [12]^2(Q_0 - Q_1) \\ - [12]^2([02]^2 + [01]^2 - [12]^2) = 0. \end{aligned}$$

Wir leiten hieraus die Gleichungen $C_0 = 0$, $C_1 = 0$, $C_2 = 0$ der gesuchten Centralaxen 12, 20, 01 der Reihe nach ab:

$$17)\quad \begin{cases} C_0 = ([01]^2 - [02]^2)(Q_1 - Q_2) - [12]^2(Q_2 - Q_0) \\ \qquad + [12]^2(Q_0 - Q_1) - [12]^2([02]^2 + [01]^2 - [12]^2) = 0, \\ C_1 = [20]^2(Q_1 - Q_2) + ([12]^2 - [10]^2)(Q_2 - Q_0) \\ \qquad - [20]^2(Q_0 - Q_1) - [20]^2([10]^2 + [12]^2 - [20]^2) = 0, \\ C_2 = - [01]^2(Q_1 - Q_2) + [01]^2(Q_2 - Q_0) \\ \qquad + ([20]^2 - [21]^2)(Q_0 - Q_1) - [01]^2([21]^2 + [20]^2 - [01]^2) = 0, \end{cases}$$

welche Gleichungen die Form 5) annehmen, wenn man nach 16) Q_0, Q_1, Q_2 ausdrückt durch k_0, k_1, k_2.

Bemerken wir nun, dass die Gleichungen 17) $C_0 = 0$, $C_1 = 0$, $C_2 = 0$ dieselben Centralaxen darstellen, als die Gleichungen 13) $B_0 = 0$, $B_1 = 0$, $B_2 = 0$, so können wir daraus schliessen, dass sich drei Faktoren ϱ_0, ϱ_1, ϱ_2 der Art bestimmen lassen müssen, dass man identisch hat:

$$C_0 \equiv \varrho_0 B_0, \quad C_1 \equiv \varrho_1 B_1, \quad C_2 \equiv \varrho_2 B_2.$$

Es bedarf nur der Bestimmung eines dieser Faktoren, die anderen ergeben sich leicht aus ihm nach dem Bildungsgesetz der Gleichungen.

Wir setzen die Koefficienten von x in der ersten identischen Gleichung auf beiden Seiten der Gleichung einander gleich und finden:

$$-\tfrac{1}{4}\varrho_0 = (a_1 b_2 - a_2 b_1) + (a_2 b_0 - a_0 b_2) + (a_0 b_1 - a_1 b_0).$$

Aus diesem Werte von ϱ_0 und dem erwähnten Bildungsgesetze der Gleichungen schliessen wir weiter, dass sämtliche Faktoren ϱ_0, ϱ_1, ϱ_2, was sich auch ausrechnen lässt, einander gleich sind und dass jene identischen Gleichungen sich einfacher so darstellen lassen:

$$B_0 \equiv \frac{1}{\varrho_0} C_0, \quad B_1 \equiv \frac{1}{\varrho_0} C_1, \quad B_2 \equiv \frac{1}{\varrho_0} C_2.$$

Setzen wir diese Ausdrücke in die Gleichung 15) der äusseren Ähnlichkeitsaxe, so geht dieselbe über in:

18) $$r_0 C_0 + r_1 C_1 + r_2 C_2 = 0.$$

Wir erhalten aus dieser Gleichung endlich die Gleichung der äusseren Ähnlichkeitsaxe in der gewünschten Form 5), wenn wir für C_0, C_1, C_2 ihre Ausdrücke 17) setzen und hierauf für Q_0, Q_1, Q_2 aus 16) ihre Werte:

$$Q_0 = k_0 + r_0^2, \quad Q_1 = k_1 + r_1^2, \quad Q_2 = k_2 + r_2^2.$$

Den Pol der äusseren Ähnlichkeitsaxe der gegebenen drei Kreise 1) in dem Kreise $k_0 = 0$ zu bestimmen.

In der vorhergehenden Vorlesung haben wir unter 22) und 21) die Gleichung der Polare des äusseren Ähnlichkeitspunktes der Kreise $k_1 = 0$ und $k_0 = 0$ in dem letzteren Kreise aufgestellt. Bilden wir darnach auch die Gleichung der Polare des äusseren Ähnlichkeitspunktes der Kreise $k_2 = 0$ und $k_0 = 0$

in dem letzteren, so haben wir die Gleichungen der beiden Polaren in dem Kreise $k_0 = 0$:

$$19) \quad \frac{k_1 - k_0}{[10]^2 - (r_1 - r_0)^2} - 1 = 0, \quad \frac{k_2 - k_0}{[20]^2 - (r_2 - r_0)^2} - 1 = 0,$$

die sich in dem zu bestimmenden Pol der äusseren Ähnlichkeitsaxe schneiden, weil ihre Pole auf der äusseren Ähnlichkeitsaxe liegen. Die aus diesen beiden Gleichungen linear zu berechnenden Koordinaten sind demnach die Koordinaten des gesuchten Poles.

Nach diesen vorbereitenden Betrachtungen schliessen wir die Vorlesung mit der Auflösung der Aufgabe:

Den Kreis zu bestimmen, der drei gegebene Kreise 1) berührt.

Man kann mehrere Auflösungen der Aufgabe finden. Um eine bestimmte Auflösung zu fixieren, wollen wir annehmen, dass die gegebenen Kreise ausserhalb von einander liegen und dass auch jeder gegebene Kreis ausserhalb des gesuchten Kreises liege, wie in der Figur.

Wir werden die Koordinaten x, y des Mittelpunktes p und den Radius r des Kreises suchen, der die gegebenen Kreise 1)

Fig. 17.

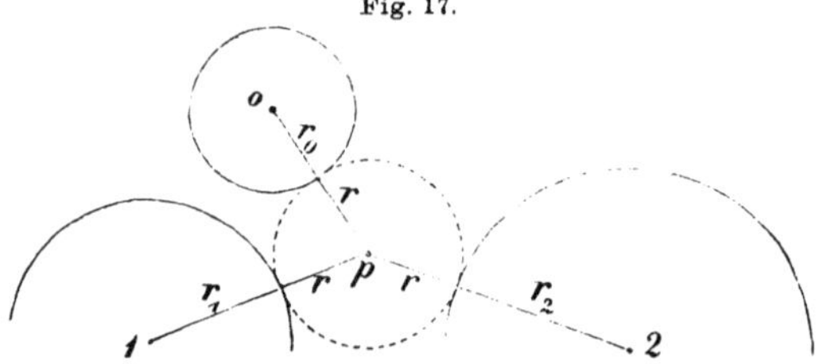

berührt. Sie werden mit Rücksicht auf die in der vorhergehenden Vorlesung eingeführten Bezeichnungen 1) durch folgende Gleichungen bestimmt:

$$20) \quad \begin{cases} k_0 + r_0^2 = (r + r_0)^2, \\ k_1 + r_1^2 = (r + r_1)^2, \\ k_2 + r_2^2 = (r + r_2)^2, \end{cases}$$

welche nichts weiter ausdrücken, als was wir unmittelbar aus der Figur absehen, dass:

$$[p0]^2 = (r + r_0)^2, \quad [p1]^2 = (r + r_1)^2, \quad [p2]^2 = (r + r_2)^2.$$

Die angegebenen drei Gleichungen 20) lösen das Problem. Denn berechnen wir aus ihnen die drei Unbekannten x, y, r, so erhalten wir die Koordinaten des Mittelpunktes und den Radius des gesuchten Kreises.

Die anderen Lösungen werden aus jenen Gleichungen 20) erhalten, wenn man die Vorzeichen der drei Grössen r_0, r_1, r_2 ändert. Da dieses sieben mal geschehen kann, so haben wir acht Auflösungen unserer Aufgabe.

Von diesen acht Auflösungen heben wir zwei hervor, nämlich den in Rede stehenden Fall, wenn der gesuchte Kreis die gegebenen Kreise ausschliesst, und den Fall, wenn die gegebenen Kreise sämtlich innerhalb des gesuchten Kreises liegen. Die dem letzteren Fall entsprechenden Gleichungen erhalten wir aus jenen Gleichungen 20), wenn wir für r_0, r_1, r_2 respektive setzen $-r_0$, $-r_1$, $-r_2$. Das Gemeinsame dieser beiden Fälle wird die weitere Behandlung der Gleichungen 20) lehren. Aber auch die anderen sechs Fälle paaren sich der Art, dass der eine aus dem anderen hervorgeht, wenn man die den Grössen r_0, r_1, r_2 zukommenden Vorzeichen in die entgegengesetzten übergehen lässt.

Die das Problem lösenden Gleichungen 20) enthalten ausser den ersten Potenzen der Unbekannten noch die Quadrate derselben. Letztere eliminieren wir, wenn wir je zwei Gleichungen von einander abziehen. Dadurch erhalten wir die drei linearen Gleichungen:

$$21) \quad \begin{cases} k_1 - k_2 = 2r(r_1 - r_2), \\ k_2 - k_0 = 2r(r_2 - r_0), \\ k_0 - k_1 = 2r(r_0 - r_1), \end{cases}$$

welche aber nur die Stelle von zwei Gleichungen zur Bestimmung der Unbekannten vertreten, weil ihre Summe identisch 0 giebt.

Wenn wir nun mittelst zweier von diesen Gleichungen die Koordinaten x, y linear durch r ausdrücken und diese Ausdrücke für x und y in eine von den Gleichungen 20) setzen, so erhalten wir eine quadratische Gleichung in r. Diese quadratische Gleichung hat man aufzulösen. Die eine Wurzel der

Gleichung wird der Radius des gesuchten Kreises sein. Welche geometrische Bedeutung die andere Wurzel hat, werden wir zu untersuchen haben.

Multiplizieren wir zu diesem Zwecke die Gleichungen 21) der Reihe nach mit r_0, r_1, r_2 und addieren, so erhalten wir:

$$22)\qquad r_0(k_1-k_2)+r_1(k_2-k_0)+r_2(k_0-k_1)=0$$

die Gleichung einer geraden Linie, wenn wir die Koordinaten x, y als Variabele betrachten.

Auf dieser geraden Linie liegt der Mittelpunkt des gesuchten Kreises, weil seine Koordinaten eben der Gleichung genügen. Der Kreis mit seinem Mittelpunkt wird ein anderer, nämlich der zweite oben hervorgehobene Fall, wenn wir die Vorzeichen sämtlicher Grössen r_0, r_1, r_2 ändern, aber die Gleichung 22) und die gerade Linie, die sie darstellt, ändern sich dadurch nicht. Daraus schliessen wir, dass die Mittelpunkte der beiden Kreise auf der geraden Linie 22) liegen.

Beachten wir ferner die Zusammensetzung der Gleichung 22) aus den Gleichungen 6) der gemeinschaftlichen Sekanten, die sich in ihrem Centrum C schneiden, so sehen wir, dass auch das Centrum C der gemeinschaftlichen Sekanten der gegebenen drei Kreise auf dieser geraden Linie 22) liegt.

Eine zweite Eigenschaft der geraden Linie 22) ergiebt sich aus dem Produkt ihrer Gleichung und der Gleichung 15) der äusseren Ähnlichkeitsaxe der gegebenen Kreise. Da in der Entwickelung des Produktes, wie leicht zu erkennen, die Koefficienten von x^2 und y^2 gleich, aber von entgegengesetzten Vorzeichen sind, so folgt daraus, dass die genannten beiden geraden Linien auf einander senkrecht stehen.

Mit der Erweiterung der gemachten Bemerkungen auf die anderen Ähnlichkeitsaxen der gegebenen drei Kreise geben wir dieselben in dem Satze kurz wieder:

Wenn man von dem Centrum der gemeinschaftlichen Sekanten dreier gegebenen Kreise Lote fällt auf die vier Ähnlichkeitsaxen der Kreise, so liegen auf jedem der vier Lote zwei Mittelpunkte der die gegebenen Kreise berührenden acht Kreise.

Fällen wir demnach von dem Centrum C der gemeinschaftlichen Sekanten der gegebenen drei Kreise ein Lot auf die äussere Ähnlichkeitsaxe derselben, so wissen wir, dass die Mittelpunkte der beiden hervorgehobenen Berührungskreise auf diesem Lote liegen. Da die Bestimmung der Mittelpunkte selbst aber, wie wir gesehen haben, auf eine quadratische Gleichung zurückführt, so ist die Konstruktion derselben nicht ohne Hilfe eines Kreises ausführbar.

Wir wählen als Mittel hierzu den gegebenen Kreis $k_0 = 0$, und werden auf ihm den Berührungspunkt zu bestimmen suchen. Da der Berührungspunkt, dessen Koordinaten x', y' sein mögen, auf der Verbindungslinie der Punkte x, y und a_0, b_0 liegt und von ihnen um r und r_0 absteht, so haben wir die Relationen zwischen den Koordinaten dieser Punkte:

$$x = \frac{(r+r_0)\,x' - r\,a_0}{r_0}, \quad y = \frac{(r+r_0)\,y' - r\,b_0}{r_0}.$$

Setzen wir diese Werte von x und y in die beiden letzten linearen Gleichungen 21) ein und beachten, dass jeder lineare Ausdruck der Variabelen x, y links vom Gleichheitszeichen durch die angegebenen Substitutionen für die Variabelen übergeht in das Produkt $(r+r_0):r$ und des linearen Ausdruckes mit der Veränderung von x und y in x' und y' minus dem Produkte von $r:r_0$ und demselben linearen Ausdrucke mit der Veränderung von x und y in a_0 und b_0, so finden wir ohne Rechnung, wenn wir mit k'_0, k'_1, k'_2 die Ausdrücke k_0, k_1, k_2 bezeichnen, nach Vertauschung der Koordinaten x, y mit x', y':

$$\frac{r+r_0}{r_0}(k'_2 - k'_0) - \frac{r}{r_0}([02]^2 - r_2^2 + r_0^2) = 2r(r_2 - r_0),$$

$$\frac{r+r_0}{r_0}(k'_0 - k'_1) - \frac{r}{r_0}(-r_0^2 - [01]^2 + r_1^2) = 2r(r_0 - r_1),$$

woraus nach der Reduktion die linearen Gleichungen für den Berührungspunkt hervorgehen:

$$23) \quad \begin{cases} \dfrac{k'_1 - k'_0}{[10]^2 - (r_1 - r_0)^2} - \dfrac{r}{r+r_0} = 0, \\[2ex] \dfrac{k'_2 - k'_0}{[20]^2 - (r_2 - r_0)^2} - \dfrac{r}{r+r_0} = 0, \end{cases}$$

Gleichungen, die sich von den den Pol der äusseren Ähnlichkeitsaxe im Kreise $k_0 = 0$ bestimmenden Gleichungen 19) nur durch das Glied $r:(r+r_0)$ unterscheiden, welches dort gleich der Einheit ist. Wir erhalten daher die Gleichung derselben geraden Linie, wenn wir die Differenz der Gleichungen 19) oder die Differenz der Gleichungen 23) bilden.

Die Differenz der Gleichungen 19) stellt eine gerade Linie dar, welche den Pol, den die Gleichungen im Kreise $k_0 = 0$ bestimmen, mit dem Centrum C der gemeinschaftlichen Sekanten verbindet. Die Differenz der Gleichungen 23) stellt dieselbe gerade Linie dar, welche durch den gesuchten Berührungspunkt des Kreises $k_0 = 0$ geht. Ziehen wir demnach von dem Centrum C der gemeinschaftlichen Sekanten der gegebenen Kreise durch den Pol der äusseren Ähnlichkeitsaxe im Kreise $k_0 = 0$ eine gerade Linie, so geht diese durch den Berührungspunkt des Kreises $k_0 = 0$.

Da die Differenz der Gleichungen 23) ungeändert bleibt, wenn man die Vorzeichen sämtlicher Radien r_0, r_1, r_2 ändert, so geht jene gezogene gerade Linie auch durch den Punkt des Kreises $k_0 = 0$, in welchem derjenige Berührungskreis, der die gegebenen drei Kreise umschliesst, jenen berührt.

Hieraus ergiebt sich nun folgende Konstruktion des Mittelpunktes und des Radius des die gegebenen drei Kreise berührenden Kreises.

Wir ziehen eine von den vier Ähnlichkeitsaxen der gegebenen drei Kreise und bestimmen den Pol derselben in dem Kreise $k_0 = 0$. Die Verbindungslinie dieses Poles mit dem Centrum C der gemeinschaftlichen Sekanten schneidet den Kreis $k_0 = 0$ in zwei Punkten. Der eine Schnittpunkt wird der Berührungspunkt eines, der andere der Berührungspunkt eines anderen von den acht Berührungskreisen sein.

Um den Mittelpunkt des Berührungskreises zu bestimmen, ziehen wir einen Radius des Kreises $k_0 = 0$ durch einen jener Berührungspunkte und verlängern denselben, bis er das von dem Centrum C auf die Ähnlichkeitsaxe gefällte Lot schneidet. Der Schnittpunkt ist der Mittelpunkt des gesuchten Berührungskreises und sein Radius verbindet den Mittelpunkt mit dem Berührungspunkte.

Die angegebene Konstruktion lässt sich an jedem der gegebenen Kreise wie an dem Kreise $k_0 = 0$ ausführen. Sie ist unsymmetrisch. Wir ziehen es daher vor, an die Stelle der Konstruktion den durch das Vorhergehende bewiesenen symmetrischen Satz aufzustellen:

Wenn man von dem Centrum der gemeinschaftlichen Sekanten dreier gegebenen Kreise durch die Pole einer Ähnlichkeitsaxe in den drei Kreisen drei gerade Linien zieht, so schneidet jede dieser Linien den Kreis, durch dessen Pol sie geht, in den Punkten, in welchen die gegebenen Kreise von zwei Kreisen zugleich berührt werden.

Aus diesem Satze und dem vorhergehenden ist die Konstruktion des Berührungskreises an drei gegebene Kreise leicht abzusehen.

Druck von B. G. Teubner in Dresden.

Verbesserungen.

Seite 70 Zeile 21 v. o.: $\frac{U_0}{u_0}$ anstatt $\frac{U_0}{u_1}$.

" 137 " 19 " " $(a'x + b'y)$ anstatt $a'x + b'y)$.

www.ingramcontent.com/pod-product-compliance
Lightning Source LLC
LaVergne TN
LVHW010557110826
845149LV00003B/684
* 9 7 8 1 4 1 8 1 8 1 1 7 8 *